AVANT-PROPOS

Jeudi 11 mars 2004, 7 h 39 du matin, dix bombes explosent dans trois trains différents sur plusieurs voies ferroviaires à proximité de la gare d'Atocha, au sud de Madrid. Pour leurs deux cents morts et 1 500 blessés, les Espagnols peuvent remercier le gouvernement du Parti Populaire – droite et extrême-droite – de José Maria Aznar qui a fourni son soutien politique et militaire dès les premières heures à la croisade américaine contre le peuple irakien. Après que le ministre de l'Intérieur, Angel Acebes, a déclaré, dès l'attentat, que les services de sécurité étaient certains de la responsabilité de l'ETA, que le ministre des Affaires étrangères, Ana Palacio, a envoyé une circulaire aux ambassades espagnoles à travers le monde leur demandant de profiter de toutes les occasions pour dénoncer l'ETA, de révélation en révélation, le réseau Al Qaïda, création de la Central Intelligence Agency, apparaît finalement comme l'auteur présumé des attentats. Après tout, pourquoi pas. Quels que soient les poseurs de bombes, une chose est sûre : la « guerre propre » un temps imaginée par les propagandistes de Washington est bien finie, si tant est qu'elle ait jamais existé. La guerre ne serait-elle bonne que pour les peuples du Sud, retransmise en direct comme un grand spectacle télévisuel morbide aux spectateurs occidentaux ? Et au nom de quoi, ceux qui collaborent au martyre de la République irakienne depuis 1991 -- car la guerre et l'occupation s'ajoutent désormais à douze années d'un effroyable embargo – échapperaient-ils aujourd'hui à ce qu'ils qualifiaient hier, paradant du haut de leurs états-majors, de « frappes chirurgicales » ? Angleterre, Italie, Japon, Pologne, Danemark, Pays-Bas, Hongrie, Albanie, Bulgarie, Pakistan, Arabie Saoudite... Les gouvernements de ces pays ont du sang sur les mains ; le sang d'hommes, de femmes et d'enfants du monde arabe qui ne demandent qu'à vivre libres et tranquilles en profitant des richesses de leur terre et de leur civilisation. Tout comme les résistants de la France occupée par l'armée allemande en 1941, ils sont en état de légitime défense face aux occupants, aux pillards et à leurs collaborateurs. Un homme porte plus particulièrement une responsabilité écrasante et directe dans les drames que connaissent le Proche et le Moyen-Orient mais aussi d'autres pays : Kofi Annan, le secrétaire général de l'Organisation des Nations unies. Rarement sur le devant de la scène, sinon de manière très officielle, il n'en a pas moins pris de graves décisions jusqu'à laisser faire l'inadmissible.

Kofi Annan, l'homme des Américains

« Nous, peuples des Nations unies, résolus à préserver les générations futures du fléau de la guerre qui deux fois en l'espace d'une vie humaine a infligé à l'humanité d'indicibles souffrances, à proclamer à nouveau notre foi dans les droits fondamentaux de l'homme, dans la dignité et la valeur de la personne humaine, dans l'égalité des droits des hommes et des femmes, ainsi que des nations, grandes et petites, à créer les conditions nécessaires au maintien de la justice et du respect des obligations nées des traités et autres sources du droit international, à favoriser le progrès social et instaurer de meilleures conditions de vie dans une liberté plus grande... », proclament les premières lignes de la Charte des Nations unies signée le 26 juin 1945 par les représentants de cinquante et un États, membres originels. Quelques mois plus tard, le 24 octobre 1945, l'ONU naît officiellement.

Beau texte, noble idéal, ambitions affirmées.

Cinquante-huit ans plus tard, le 5 février 2003, Colin Powell, secrétaire d'État américain, tente de convaincre les membres du Conseil de sécurité de l'ONU, non de rechercher une solution de paix avec l'Irak mais d'engager... la guerre contre la nation arabe ! Et le militaire reconverti en diplomate n'y va pas de main morte pour tromper les autres membres du Conseil de sécurité : il se livre carrément à une entreprise de désinformation en utilisant un rapport truqué pour accuser l'Irak de violation de la résolution 1441 du Conseil de sécurité. Il apparaît en effet quelques jours plus tard que ce faux document a été réalisé sous la direction d'Alastair Campbell qui participe chaque jour par vidéo-conférence à la réunion de la structure de propagande de la Maison-Blanche. La seconde et principale partie du rapport distribuée aux parlementaires anglais et au Conseil de sécurité de l'ONU, prétendue synthèse des notes des services de renseignement, n'est en réalité que la copie mot pour mot d'extraits d'un article paru dans la *Middle East Review of International Affairs* (MERIA). Origine ? Le Centre interdisciplinaire d'Herzliya, une université privée installée à proximité de Tel-Aviv et financée par de généreux donateurs américains.

Quels membres du Conseil de sécurité des Nations unies ont protesté contre cette manipulation qui aurait pu les conduire à décider d'une guerre sur la base de fausses informations ?

Aucun.

Kofi Annan, secrétaire général de l'ONU, a-t-il condamné publiquement cette entreprise de désinformation destinée à tromper les membres du Conseil de sécurité pour les engager à rejoindre une coalition militaire que le gouvernement américain tente alors vainement de constituer pour piller le monde arabe? Non. Et pour cause : François Nordmann, ancien ambassadeur représentant permanent de la Suisse près les organisations internationales à Genève, rappelle que « les États-Unis imposèrent le choix d'un nouveau secrétaire général en 1996 en la personne de M. Kofi Annan »...

La trahison du 17 mars 2003

Dès lors, faut-il s'étonner que Kofi Annan décide seul le 17 mars 2003 de passer outre la Charte des Nations unies et la volonté du Conseil de sécurité se rapportant à l'Irak en rapatriant les inspecteurs et personnels de l'ONU qui y sont présents ? Cédant ainsi la place à une armée d'invasion et d'occupation, le secrétaire général de l'ONU ne viole-t-il pas la Charte des Nations unies et la volonté du Conseil de sécurité, mettant en berne le drapeau de la paix des Nations unies ? Là où les Casques bleus, ces prétendus « soldats de la paix », auraient dû intervenir afin de protéger l'intégrité d'un État laïque et son peuple dans le respect des décisions de l'organisation internationale, Kofi Annan ouvre grandes les portes de la désertion et du désert devant l'armada meurtrière de quelques pays bandits attirés par l'odeur du pétrole.

Qui demande la démission du secrétaire général qui n'est que le premier fonctionnaire de l'ONU au service des États membres pour ne pas avoir fait respecter la Charte des Nations unies et les décisions du Conseil de sécurité ? Personne.

Et, si la question se pose aujourd'hui cruellement de savoir à quoi sert l'ONU tant l'outrage est flagrant, c'est qu'il devient fréquent que le Charte des Nations unies soit violée, que les décisions de son Assemblée générale ou du Conseil de sécurité demeurent sans suite.

Les « bonnes guerres » de l'ONU

Quelques exemples parmi de nombreux autres : le 29 avril 1997, le représentant de la République de Cuba aux Nations unies remet au secrétaire général un rapport explosif démontrant, preuves à l'appui, comment les États-Unis se livrent à la guerre bactériologique contre Cuba par le largage de virus à partir d'un avion opérant pour le Département d'État américain[1]. Il s'ensuit des conséquences dramatiques pour l'agriculture cubaine par l'apparition de l'épidémie de Thrips Palmi, un minuscule insecte vecteur de diffusion de virus et qui s'attaque à toutes les cultures. Particulièrement virulent et destructeur, celui-ci est classé parmi les invertébrés qui peuvent tomber dans le champ de la Convention sur les armes biologiques par la Fédération des scientifiques américains.

1. Rapport A/52/128, 52e session, Assemblée générale.

Quelles suites ont été données par l'ONU contre cette violation de la Charte des Nations unies, contre cet acte assassin d'une très grande gravité ? Encore une fois, aucune !

De même l'utilisation d'obus à uranium appauvri par les armées américaines, anglaises et françaises en 1991 lors de la guerre du Golfe, puis en Bosnie en 1995, puis encore contre la Serbie en 1999, puis encore à nouveau contre l'Irak en 2003 ne fera l'objet d'aucune sanction. Pourtant, le recours à cet agent cancérigène – le plus puissant que l'on connaisse – provoque une véritable catastrophe sanitaire : régions entières polluées pour des millions d'années, augmentation considérable des cancers et des malformations à la naissance dans les populations de ces régions, mort de plus de 9 000 soldats américains en dix ans. Si des organisations de l'ONU dénoncent les conséquences de ce génocide silencieux dans des rapports, aucune mesure n'est prise par le Conseil de sécurité ou l'Assemblée générale pour sanctionner et obliger les pays de l'OTAN à réparer les crimes commis contre les populations civiles et interdire l'utilisation de ces armes. « Aujourd'hui, ces armes très dangereuses continuent d'être utilisées dans des conflits sur des chars, chasseurs et hélicoptères américains, anglais et français notamment. Les Américains et les Anglais s'en sont servis à nouveau, de manière plus discrète par crainte de leur opinion publique, contre l'Irak », confirme Luc Mampaey, attaché de recherche du Groupe de recherche et d'information sur la paix et la sécurité, GRIP (www.grip.org).

À l'instar des colons du siècle passé, l'ONU a ses « bonnes guerres », celles que quelques États occidentaux préparent au seul profit de leurs sociétés transnationales en travaillant l'opinion – que n'a-t-on entendu, des années durant, sur les prétendues armes chimiques de destruction massive de l'Irak dont les experts reconnaissent aujourd'hui qu'elles n'ont jamais existé... –, croisades parées de l'alibi de « civilisation », de « démocratie » et les moins bonnes : celles qu'elle entoure d'un silence persistant comme pour cacher que des armes continuent de tuer affreusement après s'être tues. Alors que l'Irak continue d'être mis à feu et à sang par les troupes d'occupation, en mars 2004, David Kay, qui dirigea pendant sept mois les recherches des 1 400 inspecteurs américains chargés de trouver les armes de destruction massive, reconnaît « qu'il n'y a pas une chance sérieuse de démontrer l'existence d'armes de destruction massive parce que les meilleures preuves indiquent qu'elles n'existaient pas ». Républicain, nommé à ce poste par le directeur de la CIA, il démissionne devant le refus des dirigeants de Washington de prendre en compte les conclusions de leurs propres experts sur l'inexistence de ces armes. Mis devant le fait accompli, l'ONU doit aussi cacher que la « communauté internationale » n'est plus qu'une formule creuse vide de la moindre volonté politique commune internationale.

Une organisation discréditée

Comment cela est-il possible ?

Comment l'ONU peut-elle piétiner ainsi elle-même les principes de sa propre Charte ? Et, dans ces conditions, l'organisation internationale sert-elle encore vraiment à « maintenir la paix et la sécurité internationales, à développer entre les Nations des relations amicales fondées sur le respect du principe de l'égalité de droits des peuples et de leur droit à disposer d'eux-mêmes » ?

Que reste-t-il encore de l'idéal proclamé des Nations unies, tandis que deux États – les États-Unis et l'Angleterre – prétendent imposer leur volonté au reste de la planète en partant en guerre contre la République irakienne « quelle que soit la décision du Conseil de sécurité des Nations unies », pour reprendre la formule des dirigeants américains ? Il fallait enquêter, partir voir l'envers du décor des beaux drapeaux flottant au vent, des conférences de presse très policées du secrétaire général et des interventions très médiatisées des « soldats de la paix » débarquant dans les pays à « sauver ».

L'ONU ? On en parle souvent mais qu'en sait-on au juste ?

Que se passe-t-il au siège de l'ONU à New York et au Palais des Nations de Genève, premier centre d'accueil au monde des organisations internationales ? Et comment fonctionne l'organisation internationale chargée, si l'on s'en tient à la Charte des Nations unies, de mobiliser les énergies des nations pour la construction d'un monde meilleur ? Mais surtout, depuis le 17 mars 2003, à quoi peut bien encore servir l'ONU après avoir laissé faire l'agression contre l'Irak tout comme elle laisse se répéter les agressions militaires contre d'autres peuples : Cuba, Haïti, Palestine, Libye, Afghanistan, Côte-d'Ivoire, Haïti, Venezuela et d'autres ne seraient-ils pas dignes de la Charte des Nations unies ?

Derrière les discours proprets, les manifestations humanitaires soignées et les apparences de représentativité des « peuples du monde » le drame est profond, la réalité sinistre.

Beaux discours et réalité sinistre

Dans cette première enquête journalistique au sein de l'ONU, fonctionnaires, employés, directeurs, anciens dirigeants, juristes, journalistes, spécialistes des Nations unies témoignent. Des syndicalistes aussi comme Jacques Vigne, fondateur de New Wood, premier syndicat de l'ONU, pour qui « les Nations unies sont l'incarnation de la violation des droits de l'homme ! ». Car, derrière le noble idéal de paix, de justice et de progrès affirmé, au sein même de l'ONU, se dissimule le bilan catastrophique d'une organisation totalitaire : démocratie de façade, hauts fonctionnaires intouchables, droits du travail bafoués, emploi précaire, syndicalistes sanctionnés, flambée du harcèlement sexuel et moral, viols et prostitution d'enfants par des « soldats de la paix », esclaves dans les missions diplomatiques...

Franchi les portes des immeubles somptueux de l'organisation internationale, le bilan de l'ONU à travers le monde n'est pas non plus sans poser de questions sur son efficacité, son rôle et sa raison d'être : une personne meurt de faim toutes les quatre secondes – 24 000 personnes par jour selon les statisticiens de l'ONU –, des épidémies anciennes et nouvelles se propagent, trois milliards d'habitants sur six « vivent » avec moins de deux dollars par jour, le revenu par tête est aujourd'hui plus bas dans quatre-vingts pays qu'il y a dix ans, près d'un milliard de personnes sont sans travail, un milliard d'habitants de la terre ne savent ni lire ni écrire leur nom, huit cents millions n'ont pas accès aux soins, quatre millions de femmes et de fillettes sont achetées et vendues annuellement pour l'esclavage et la prostitution et jamais autant d'enfants n'ont eu à « choisir » entre la guerre, la prostitution et la mort !

Faut-il brûler l'ONU ?

Enquête au sein de l'organisation internationale, au-delà des couloirs interdits au public et des apparences médiatiques.

Jean-Loup IZAMBERT
Mai 2004

CHAPITRE I

LES RÈGLES DU « BUREAU YANKEE »

Le dialogue suivant aura lieu dans le bureau 356 du Palais des Nations le 26 mai 2007 :

La porte s'ouvre, un jeune homme passe la tête :

– Pardon, madame, vous travaillez ici ?

– Oui, depuis deux semaines répond la dame qui trône dans un bureau vide. Avant, j'étais à Bangkok et, dans deux ans, j'espère être à New York où une promotion m'attend. Et vous ?

– Moi je viens d'arriver, murmure le nouveau venu.

– Et que faites-vous ? demande la dame.

– Je ne sais pas, répond l'homme embarrassé, la personne qui m'a recruté a été mutée à Santiago.

– Alors qui est votre superviseur ?

– Mais je crois que c'est vous, madame !

– Désolée, mais mon prédécesseur est parti sans me dire où se trouvaient les dossiers !

Au cours des cinq prochaines années, le tiers du secrétariat de l'ONU va prendre sa retraite. De plus, pour se conformer aux nouvelles normes, la moitié du personnel aura changé d'affectation durant cette période, de façon à obtenir une promotion.

« Sans commentaires ! » conclut *UN Special*, la revue des fonctionnaires internationaux qui rapporte le comique de cette situation[1].

Tous les jours, des faits similaires où le grotesque le dispute au drame profond se déroulent au sein de l'Organisation des Nations unies et de ses institutions spécialisées, ensemble couvert par l'appellation de « système onusien ». Avec les autres organisations internationales gouvernementales, celles-ci emploient en Suisse – essentiellement à Genève – 23 073 personnes dont 12 357 fonctionnaires permanents et 10 716 personnes ayant un autre statut (personnel temporaire, visiteurs, boursiers, consultants, etc.)[2].

Derrière les deux appellations de « fonctionnaires permanents » et « personnes ayant un autre statut », déjà, le système onusien s'esquisse tel que l'on ne peut l'imaginer : personnes employées parfois à la journée, travail précaire érigé en modèle, droit du travail bafoué, atteintes aux libertés syndicales, harcèlement moral, « services sexuels aux agents du maintien de la paix », « viols et autres actes de violence sexuelle commis par des soldats et fonctionnaires des Nations unies[3] »...

Une situation qui, trop souvent, conduit au pire : traitement médical de longue durée, suivi psychiatrique mais aussi, parfois, suicide...

Nous ne sommes pas sur *La Planète des singes* de Pierre Boulle ou dans *Le Château* de Franz Kafka, mais bien à l'ONU qui, avec son secrétaire général, a reçu le prix Nobel de la Paix en 2001 !

---

1. *UN Special*, septembre 2002.
2. Source : Office cantonal de la statistique, enquête 2001 *Les organisations internationales à Genève et en Suisse*.
3. Rapport de l'ONU, E/CN.4/2001/73 du 23 janvier 2001.

Un système pensé par les seules grandes puissances

Le système onusien? C'est d'abord l'Organisation des Nations unies mise en place au lendemain de la Seconde Guerre mondiale lorsque, du 25 avril au 26 juin 1945, les représentants de cinquante gouvernements réunis à San Francisco élaborent et signent la Charte des Nations unies. Ils prennent pour base de leurs travaux les propositions rédigées entre août et octobre 1944 par les représentants de l'URSS, des États-Unis et de la Chine.

La Charte des Nations unies fixe les droits et obligations des États membres – 191 en novembre 2002 –, définit les organes et procédures de fonctionnement dans tous les secteurs de la vie internationale (règlement pacifique des différends, action en cas de menace contre la paix, coopération économique internationale, etc.).

Quatre buts principaux sont énoncés dans la Charte : maintenir la paix et la sécurité internationales, développer entre les nations des relations amicales fondées sur le respect du principe de l'égalité des droits des peuples et de leur droit à disposer d'eux-mêmes, réaliser la coopération internationale en résolvant les problèmes internationaux d'ordre économique, social, culturel et humanitaire et en développant le respect des droits de l'homme et des libertés fondamentales, constituer un centre où s'harmonisent les efforts des nations vers ces buts communs.

Genève, premier centre d'accueil des OI

Une fois la guerre achevée, les alliés victorieux mettent alors en place leur nouvelle organisation universelle, et l'ONU signe en avril 1946 un accord par lequel elle succède, en tant que propriétaire du Palais des Nations, à la Société des Nations (SDN). Cette dernière a éclaté et s'est dissoute devant la montée du mouvement national-socialiste, puis de la guerre. Initialement baptisé « Secrétariat de l'Office européen des Nations unies », c'est seulement en 1966 que l'Office des Nations unies à Genève (ONUG) prend son nom.

Depuis, l'ONUG est devenu le premier centre onusien après New York.

Vingt organisations internationales gouvernementales – appelées couramment les OI – dont neuf font partie du système des Nations unies, plus de cent soixante-dix organisations internationales non gouvernementales, les missions et représentations permanentes de plus de cent quarante États ont choisi Genève pour s'implanter. Il convient d'y ajouter dans d'autres villes suisses l'Union mondiale pour la nature (UICN) et le Fonds mondial pour la nature (WWF) à Gland, le Comité international olympique (CIO) à Lausanne, la Banque des règlements internationaux (BRI) à Bâle, l'Union postale universelle (UPU) et l'Organisation intergouvernementale pour les transports internationaux ferroviaires à Berne pour n'en citer que quelques-unes... « À Genève, qui compte environ 240 000 emplois, le secteur public international est important puisqu'en mars 2000, il occupait 23 073 emplois, soit plus que la banque qui en compte à peu près 16 600 » souligne Roland Rietschin, directeur adjoint de l'Office cantonal de statistiques (OCSTAT).

Tractations sur le fil

Il faut dire que Genève offre des conditions d'accueil intéressantes aux OI. Ainsi, la Fondation des immeubles pour les organisations internationales (FIPOI), instrument technique de soutien au développement de la Genève internationale, intervient dans la construction de leurs bâtiments, la mise à disposition de locaux, le financement de leurs projets d'installation à des conditions défiant toute concurrence : prêts de la Confédération à 0 % d'intérêt, offre de terrains moyennant des droits de superficie, etc. Pour autant, la partie n'est pas gagnée d'avance et, depuis la disparition du mur de Berlin, la Suisse découvre que la neutralité pourrait n'être qu'une feuille de vigne susceptible de disparaître très vite et d'affaiblir sa situation d'État hôte. Car chaque État joue de son influence pour tenter d'attirer les organisations internationales. Quelques secrétariats onusiens quittent Genève ou ne s'y établissent pas : à New York le Comité pour le développement durable, à Montréal le Secrétariat de la Convention sur la biodiversité, à Bonn le Secrétariat de la Convention sur les changements climatiques, ainsi que le Bureau des volontaires des Nations unies, sur décision du secrétaire général, Kofi Annan. Et, pour conserver le siège de l'OMC, « la Confédération a été amenée à financer la salle de conférence à hauteur de près de 32 millions de francs suisses, le bâtiment a été donné et les conjoints des fonctionnaires internationaux ont accès directement au marché du travail sans passer par des commissions bipartites comme c'est le cas pour l'ensemble des permis frontaliers », confie Steve Bernard, directeur du Centre d'accueil Genève international (CAGI).

ONU : un budget central de 2,5 milliards de dollars

Pour la réalisation des objectifs de la Charte, le budget-programme de l'ONU – qui ne comprend pas les institutions spécialisées ni les programmes d'interventions – est approuvé par l'Assemblée générale pour une période de deux ans.

Pour l'exercice biennal 1998-1999, les crédits ouverts pour le seul budget ordinaire des Nations unies – c'est-à-dire sans tenir compte de l'essentiel des Bureaux et programmes ainsi que des institutions spécialisées et autres programmes associés – étaient de 2,53 milliards de dollars[1]. L'ONU « coûte » donc environ plus ou moins 1,3 milliard de dollars par an pour son seul budget ordinaire. Le budget finance les programmes ordinaires dans des domaines tels que les affaires politiques, le droit et la justice, la coopération internationale pour le développement, l'information, les droits de l'Homme et les affaires humanitaires.

Mais il faut au moins ajouter à ce budget essentiel, celui des opérations de maintien de la paix (estimé à environ 2,5 milliards de dollars en 2002-2003) et celui des deux tribunaux internationaux créés par le Conseil de sécurité : le Tribunal criminel international pour l'ex-Yougoslavie institué en 1993 (budget d'environ 224 millions de dollars en 2002-2003) et le Tribunal pénal international pour le Rwanda institué en 1994 (budget d'environ 178 millions de dollars en 2002-2003).

Viennent s'y adjoindre les budgets de différentes institutions spécialisées de l'ONU comme la Banque mondiale, le Fonds monétaire international, le Fonds

---

1. Un euro = 1,07 USD, 1,49 franc suisse, 0,69 livre sterling et 6,55 francs français.

international de développement agricole et divers programmes et fonds opérationnels comme le Programme des Nations unies pour le développement ou le Programme alimentaire mondial, programmes et fonds dont les ressources proviennent pour l'essentiel de contributions volontaires de gouvernements, d'associations mais aussi de particuliers.

D'où vient l'argent ?

Les quotes-parts versées par les États membres constituent la principale source de financement du budget ordinaire de l'ONU. Elles sont calculées selon un barème établi par l'Assemblée générale sur avis du Comité des contributions, composé de dix-huit membres choisis par l'Assemblée générale sur recommandation de son Comité administratif et budgétaire. Pour fixer la quote-part de chaque État, le Comité des contributions tient compte essentiellement de sa capacité de paiement : le barème est calculé à partir d'une estimation du revenu national ajusté et d'autres facteurs.

En 1998, l'Assemblée a décidé qu'aucune quote-part ne dépasserait 25 % du budget – ramenée depuis à 22 % – ni ne serait inférieure à 0,001 %. Sur cette base, en 2002 les dix premiers États contribuant au budget ordinaire de l'ONU sont : les États-Unis (22 %), le Japon (19,66 %), l'Allemagne (9,84 %), la France (6,51 %), le Royaume-Uni (5,57 %), l'Italie (5,10 %), la Fédération de Russie (3 %), le Canada (2,57 %), l'Espagne (2,53 %) et le Brésil (2,09 %). Il s'agit là du pourcentage de la contribution des principaux États, ce qui ne veut pas dire que tous ces pays se soient acquittés de leur contribution.

Le système d'engagement des États mis au point à la sortie de la Seconde Guerre mondiale, et affiné depuis, a le mérite de placer plus ou moins clairement chaque État devant ses responsabilités. Reste qu'au-delà de situations exceptionnelles qui font qu'un État membre ne peut provisoirement assurer ses engagements financiers, l'ONU se montre bien peu exigeante avec ceux qui perturbent depuis des années son bon fonctionnement.

Les États-Unis, premiers débiteurs de l'ONU

Depuis plusieurs années, l'ONU se trouve dans une situation financière précaire, de nombreux États membres continuant de ne pas acquitter intégralement et dans les délais leurs contributions obligatoires au budget ordinaire et aux opérations de maintien de la paix. « Avec des dettes qui dépassent 2,6 milliards de dollars, les Nations unies restent en crise. En plus des États-Unis qui tardent à payer leur quote-part à l'ONU, plusieurs autres États dont l'Allemagne, le Danemark et le Japon ont réduit dernièrement leurs contributions financières au Programme des Nations unies pour le développement et d'autres ont décidé d'investir moins dans les urgences humanitaires qui surviennent dans plusieurs pays africains et ailleurs. Le pays le plus puissant du monde doit encore 1,6 milliard de dollars aux Nations unies », indique Cathy Senay, chargée de communication, dans la publication de l'Association canadienne pour les Nations unies, ACNU [1].

En septembre 2001, alors que l'administration amé-

1. *Liaison*, septembre 1999.

ricaine tente de rallier à sa cause une large coalition contre divers pays dont elle cherche à renverser les dirigeants, après plusieurs rappels de l'Organisation et d'âpres discussions, les Américains annoncent qu'ils vont régler une partie de leur dette par un versement de 586 millions de dollars. Mais, devant l'échec de la manœuvre, le Congrès américain fait marche arrière peu de temps après en bloquant le paiement d'une troisième tranche de 244 millions de dollars d'arriérés prévue pour 2003.

Fin 2002, la dette américaine cumulée est estimée par l'ONU à environ 2 milliards de dollars, faisant des États-Unis le premier débiteur de l'organisation internationale!... Mais ils ne sont pas les seuls mauvais payeurs: au 31 décembre 1997, sur les 185 États membres, 100 ont versé intégralement leur contribution au budget ordinaire; depuis, la situation n'a guère évolué. Selon le rapport présenté en mai 2004 par Catherine Bertini, secrétaire générale adjointe à la gestion, «les États membres devaient encore 1,603 milliard de dollars à l'ONU au 31 décembre 2003». Félicitant les 131 États membres qui ont entièrement versé leurs quotes-parts pour l'année 2003, Catherine Bertini souligna que «soixante États membres n'ont pas versé intégralement leur contribution pour 2003, le total des quotes-parts non versées s'élevant à 442 millions de dollars dont 61 % sont dus par les États-Unis (...)».

De même, «les sommes dues au titre des opérations de maintien de la paix s'élèvent à 1,066 milliard de dollars au 31 décembre 2003, les États-Unis accumulant à eux seuls 45 % de ces dettes[1]». Le pays le plus

1. Cinquième commission, 41e séance, rapport de Catherine Bertini, 4 mai 2004.

engagé dans des guerres de toutes sortes sur la planète est celui qui contribue le moins au maintien de la paix. « Logique » mépris total politique et financier de l'ONU...

Chantage diplomatique

En revanche, les États-Unis sont le seul pays à pouvoir exercer un chantage sur l'ONU en conditionnant le versement de leur participation à l'alignement de l'Organisation sur leurs orientations politiques.

Ainsi que l'indique Maurice Bertrand, qui fut dix-huit ans membre du Corps commun d'inspection des Nations unies, « le Sénat américain n'a pas hésité à mettre des conditions au versement des contributions obligatoires, considérant ainsi la loi nationale comme supérieure aux obligations internationales contractées. L'exemple le plus connu à cet égard est celui de l'amendement Kassebaum adopté en 1985, qui décidait de réduire de 20 % la contribution des États-Unis au budget de l'ONU à moins qu'un système de vote pondéré (en fonction de la contribution de chaque État membre...) ne fût introduit pour les décisions d'ordre financier [1] ». En demeurant volontairement le premier pays débiteur de l'ONU et en ne payant que de manière très irrégulière leurs contributions, les États-Unis mettent l'ensemble du système onusien en difficulté. Le privant de ressources financières indispensables à son fonctionnement, ils limitent le champ d'intervention des organisations internationales, créant une situation qui permet de mieux occuper les

1. Maurice Bertrand, *L'ONU*, éd. La Découverte, 2003.

terrains politiques, diplomatiques et économiques qui leur échappent de ce fait. Les conséquences sur l'emploi au sein des Nations unies ne sont qu'un aspect de cette violation de la Charte des Nations unies.

Ce n'est pas le fait du hasard, mais bien un choix délibéré.

Droits de l'Homme : grattez la bonne case...

Conséquence de cette attitude américaine : de plus en plus de branches de l'ONU voient leurs budgets réduits alors qu'elles doivent faire face à des besoins de plus en plus importants.

Ainsi, fin octobre 2002, Ruud Lubbers, dirigeant du Haut-Commissariat des Nations unies pour les réfugiés (HCR), constate amèrement que le budget initial 2002 de son organisation est amputé de 92 millions de dollars, ramenant celui-ci de 802 à 710 millions de dollars : « Ces coupes extrêmement pénibles ont affecté les réfugiés et nos activités pour les réfugiés dans le monde. Alors que les besoins vont croissants, le HCR continue d'obtenir avec peine les ressources minimales pour des millions de réfugiés », déclare-t-il alors, lançant un appel aux gouvernements donateurs. Et de souligner que le HCR doit, avec encore moins de moyens, faire face à « de nombreuses crises de réfugiés qui perdurent sur le continent africain, en grande partie oubliées par la communauté internationale, ainsi qu'à plusieurs nouvelles crises en Afrique de l'Ouest, dans la région des Grands Lacs et dans l'Est et la Corne de l'Afrique. Nombre de ces programmes souffraient déjà des coupes budgétaires précédentes... »

Au point que l'ONU a réussi à se maintenir plus ou moins financièrement à flot grâce aux contributions volontaires de certains pays, à son Fonds de roulement auquel les États membres avancent des fonds proportionnels à leurs contributions obligatoires et en empruntant auprès du budget des opérations du maintien de la paix. Mais cela ne suffit plus. Aussi, pour renflouer les caisses, une idée « géniale » est née dans le cerveau de quelques bureaucrates. Une idée peu en rapport avec l'éthique des missions et des nobles idéaux de l'ONU : organiser une loterie géante à l'échelle planétaire !

Ne riez pas, l'affaire est sérieuse : un accord de coopération a même été signé en 2002 entre l'ONU et l'Association internationale des loteries (WLA) à la suite de l'initiative de Martti Ahtisaari, ancien haut fonctionnaire de l'organisation internationale. Les pauvres seront heureux d'apprendre que, désormais, les riches jouent leur sort – un vaccin, un bol de riz, un cahier – en... s'amusant.

5 000 employés pour 20 millions de réfugiés dans 114 pays

L'ONU crève-t-elle sous une armée de fonctionnaires ainsi que certaines campagnes de presse voudraient le faire croire ? En réalité, l'organisation est aujourd'hui à ce point en sous-effectifs de personnels qualifiés sous le statut de permanents, qu'elle ne peut même plus remplir des tâches urgentes pour lesquelles elle a été mandatée par son Assemblée générale.

Pour une organisation internationale opérationnelle dans pratiquement tous les domaines de la promotion de la paix, des droits de l'homme, de coopérations de tous ordres, de développement et qui doit faire face sur le terrain à des situations de crises de plus en plus nombreuses et graves, l'ONU compte relativement peu d'employés. Son activité repose sur les 8 700 personnes du Secrétariat des Nations unies, qui assume une multitude de tâches et gère les politiques et les programmes de l'organisation à New York, Genève et dans ses principaux bureaux à travers le monde. Par rapport aux années 80, le nombre de collaborateurs de l'ONU a diminué d'un bon quart. Pourtant, les actions de l'organisation internationale sont plus nombreuses et plus lourdes à gérer.

À titre de comparaison, la ville de Zurich dispose de deux fois plus de fonctionnaires.

L'idéologie du « coût exagéré » de l'ONU

Quant à l'ensemble du système onusien, il fait travailler environ 49 300 personnes à travers le monde, soit à peu près autant que Disneyworld et quatre fois et demie moins que le groupe Nestlé (229 765 salariés déclarés en 2001). C'est dire, par exemple, que les 5 000 employés du HCR ne sont pas trop nombreux pour assister près de vingt millions de réfugiés dans cent quatorze pays. Plus de 80 % de ses effectifs travaillent sur le terrain, dont 60 % dans des endroits isolés et dangereux, bien souvent entre deux guerres et dont les frontières sont définies par le bruit des armes ou les cortèges de réfugiés.

Nous voilà bien loin des prétendus « budgets faramineux » et « gaspillage financier de l'ONU » que l'on peut lire parfois dans la presse américaine. « L'idéologie du "coût exagéré" de l'ONU – qui implique la critique systématique du secrétariat – lourdeur bureaucratique, trop grand nombre de fonctionnaires, incompétence d'une grande partie d'entre eux ("bois mort" qu'il faudrait élaguer), priorités qui ne seraient pas respectées, etc. – a été élaborée pour justifier de réduire de façon générale les activités économiques et sociales de l'ONU. Cette idéologie a réussi à convaincre l'opinion publique dans les pays riches que l'ONU coûtait trop cher aux contribuables et que sa "bureaucratie" était un modèle de gabegie, ce qui est faux : les ressources affectées à l'ONU sont ridiculement faibles eu égard aux missions ambitieuses qui lui sont confiées et la bureaucratie onusienne n'est ni meilleure ni pire que la majorité des bureaucraties nationales. En fait c'est parce que les ressources financières sont très réduites que la plupart des programmes sectoriels sont dans l'incapacité de se fixer des objectifs concrets de quelque importance », souligne Maurice Bertrand.

À titre de comparaison, les dépenses militaires mondiales, estimées à plus ou moins 800 milliards de dollars par an, couvriraient le coût de l'ensemble du système des Nations unies pendant plus de soixante-cinq ans[1]...

Pour promouvoir ses idéaux, l'ONU s'est structurée autour d'un squelette qui, avec le temps, s'est musclé d'organisations, d'associations et d'institutions spécialisées répondant à des besoins nouveaux (cf. Annexe, p. 331).

Dans la réalité, le Conseil de sécurité est à l'origine de la quasi-totalité des décisions importantes concernant la vie de l'organisation internationale. Un examen attentif des prises de décision montre que la démocratie dans le fonctionnement des structures du système onusien n'est qu'une apparence.

---

1. Source : Département de l'information des Nations unies, 2003.

« Le Conseil de sécurité, de lieu de confrontation et de compromis entre les deux blocs est devenu un lieu de conciliabules et de marchandages où tout se décide entre les cinq dans des rencontres de couloirs au cours desquelles sont modulés les termes, selon leurs intérêts, des résolutions. Une fois le compromis passé, les grandes puissances, lors des réunions préparatoires, font prévaloir et avaliser leur politique par les membres non permanents », précise Nils Anderson. Membre de la direction du Comité français Helsinki des droits de l'homme, celui-ci connaît bien l'ONU de l'intérieur pour en suivre le fonctionnement et les décisions depuis de longues années. L'étude qu'il a menée sur quatre années quant à la manière dont les décisions sont prises, en dit long sur la mainmise des grandes puissances, tout particulièrement des États-Unis.

Ainsi, du 1er janvier 1996 au 31 décembre 2000, sur 304 résolutions présentées, on n'a recouru au droit de veto qu'à cinq reprises – deux fois la Chine et trois fois les États-Unis – et sur les 299 résolutions adoptées durant cette période, 271 l'ont été à l'unanimité, 26 avec une ou plusieurs abstentions et, à une seule occasion sur 304, un membre non permanent, la Namibie, s'est prononcé contre une résolution à propos du Sahara occidental. « Est-ce là un signe de bonne gérance des affaires du monde et vivons-nous, sans le savoir, dans un monde idéal au sein duquel règne un climat de quasi-unanimité entre les États pour résoudre les crises ? » interroge Nils Anderson.

La suite de son étude apporte une réponse édifiante : « À ce propos, le décompte des abstentions est un exercice édifiant. Durant cette période où les principaux sujets litigieux concernaient le Moyen-Orient, les Balkans et l'Irak, la Chine s'est abstenue 16 fois, la Russie 13 fois, les États-Unis 2 fois, la France 2 fois – une fois, elle n'a pas pris part au vote. Soit un total de 34 abstentions pour les membres permanents, la Grande-Bretagne étant le seul « Grand » à avoir accepté toutes les résolutions. Portons maintenant attention aux membres non permanents qui, passés les marchandages entre les Grands, devraient faire entendre des voix différentes. Ils ont voté les résolutions à 99,7 % ! Sur 304 votes, il n'y eut en effet que 9 abstentions qui furent le fait de la Malaisie, du Mali, de la Namibie, de l'Égypte, du Kenya et de la Jamaïque. Aucun État européen, qu'il soit membre ou non de l'Union européenne, ne s'est jamais abstenu (durant cette période ont été membres non permanents du Conseil de sécurité : l'Allemagne, l'Italie, les Pays-Bas, le Portugal, la Suède, la Pologne, la Slovénie et l'Ukraine). Quel meilleur exemple de la mise sous tutelle du Conseil de sécurité par ses membres permanents ! » constate-t-il.

Les trois règles du « bureau yankee »

De fait, trois règles régissent aujourd'hui son fonctionnement.

La première : l'absence de décision si le compromis n'est pas possible, quelle que soit la gravité de la situation sur le terrain.

La deuxième : le marchandage donnant-donnant. « Là aussi les exemples ne manquent pas, observe Nils Anderson. Ainsi en 1994, les États-Unis voulant intervenir à Haïti, la France au Rwanda et la Russie demandant l'envoi d'observateurs de l'ONU en Géorgie, chacun a soutenu l'initiative de l'autre. »

La troisième règle consiste à ignorer, c'est le cas avec Israël ou l'Irak, les résolutions adoptées par les Nations unies.

« Véritable "directoire", les cinq membres permanents et plus particulièrement le plus puissant d'entre eux, les États-Unis, décident seuls des interventions ou de l'inaction de l'ONU », conclut Nils Anderson. Et de faire observer que « l'égalité entre les nations soit une affirmation de principe, chacun en est conscient, mais il est dangereux qu'un principe soit ignoré et bafoué de façon ouverte et constante au sein du Conseil de sécurité, devenu un instrument essentiel d'imposition des rapports inégaux qui régissent le monde. Et c'est faire montre d'une grande irresponsabilité que de ne pas prendre en compte la mesure des frustrations et des ressentiments qui résultent de ces rapports inégaux dont on ne peut prévoir les effets à venir, non plus l'ampleur des réactions qu'ils ne manqueront pas de susciter ».

L'exemple le plus récent nous est fourni avec la décision de deux membres du Conseil de sécurité, les États-Unis et l'Angleterre, de passer outre la décision des autres membres majoritaires de ne pas entrer en guerre avec la République d'Irak.

Au point que, désormais, en privé, certains diplomates n'hésitent pas à qualifier le Conseil de sécurité de « bureau yankee », par lequel les États-Unis entendent imposer leur politique au reste du monde. Les exemples ne manquent pas. Le 8 décembre 2002, alors que l'Irak remettait aux Nations unies son rapport de 12 000 pages sur ses équipements militaires, des officiels américains s'en sont emparés afin qu'il soit « copié dans un environnement sûr »... Quelques jours plus tard seulement, des exemplaires supplémentaires allégés furent remis aux quatre autres membres du

Conseil de sécurité ! Et ce n'est encore que bien plus tard que les dix membres non permanents reçurent une version du rapport de... 1 000 pages « nettoyées » de ce que les responsables de l'ONU ont décrit comme étant de l'information « sensible ». La résolution n° 1441 prévoyait pourtant que ce rapport serait remis à tous les membres du Conseil de sécurité et que l'ONU serait seule habilitée à l'expurger des éventuelles « informations sensibles ».

Un aspect, parmi d'autres, de la « démocratie » onusienne.

CHAPITRE 2

LES ÉTATS-UNIS IMPOSENT KOFI ANNAN

Pour comprendre ce qui se passe au plus haut niveau des organisations internationales, dans le cercle des hauts fonctionnaires, il faut regarder l'histoire de l'État comme institution. « On se rend compte que les vraies tâches de l'État sont mélangées avec autre chose. C'est-à-dire que la bourgeoisie, classe dominante, alimente fort bien un certain nombre de gens pour des raisons tout à fait autre qu'une fonction d'État – exercer une présence dans une organisation, les remercier de services rendus ou les écarter du pouvoir, leur offrir une promotion internationale en fin de carrière, même sans rapport avec leur activité, etc. – et leur donne des tâches "fictives" pour justifier ces dépenses. Dans les organismes internationaux, il apparaît que ce qui est primordial, c'est l'allocation de postes à des gens ainsi que des possibilités de voyager. Tout le reste est secondaire », analyse William, sociologue et spécialiste des organisations internationales.

Pourquoi cela? « L'allocation de postes et les voyages, car tous ces organismes internationaux ont de nombreuses réunions et c'est en partie de cela que vivent des places internationales comme Genève ou

New York. Mais surtout parce qu'une nomination et des voyages à Genève sont une gratification énorme pour des fonctionnaires publics, y compris certains syndicalistes, qu'ils viennent d'Asie, d'Afrique ou d'ailleurs. Et ils ne feraient jamais quoi que ce soit pour affaiblir cet organisme dont ils profitent et qui leur offre tant de possibilités de carrière, de reconnaissance et de confort qu'ils ne pourraient avoir en restant dans leurs pays. »

Le jeu subtil du DG

Généralement, la direction d'une organisation du système onusien comprend un directeur général ou un secrétaire général qui est le chef de l'exécutif. Puis des vice-directeurs généraux, dont le nombre peut varier de trois à cinq ou plus et qui forment le comité de direction *(management committee)*. Et, parfois, plus ou moins une douzaine de hauts fonctionnaires nommés par leurs gouvernements, en concurrence entre gouvernements et par régions, et dont les contrats sont en principe de cinq ans selon la taille et l'esprit de l'organisation. « C'est le directeur général, le "DG", qui choisit ses collaborateurs immédiats. Il le fait par un jeu subtil, avec l'objectif de préparer sa future réélection, jouant sur le poids des pays d'où ils viennent dans un contexte politique donné du monde », explique-t-il. Ainsi, un directeur ne peut que difficilement refuser une proposition émise par les Américains même si ceux-ci doivent des milliards à l'ONU car, officiellement, ils contribuent à hauteur de 22 % du budget ordinaire de l'organisation et les postes sont répartis proportionnellement à la participation financière du pays. « À l'OIT, par exemple, vous avez toujours eu un Américain parmi les quatre sous-directeurs », fait-il remarquer.

Bien souvent, le directeur général, suggéré par un État pour diriger une OI, est sélectionné par des comités restreints, souvent informels, des principaux États et sa candidature décidée en fonction du partage des postes de quelques grandes puissances au sein de l'ensemble du système onusien. Il ne restera plus par la suite qu'à faire avaliser la candidature du directeur par l'assemblée de l'ONU et le conseil d'administration de l'organisation dont il doit prendre la direction, opération qui permettra d'écrire que celui-ci a été « élu ».

Rendez-vous au club

« Les Américains n'aiment pas beaucoup que des Européens qu'ils ne contrôlent pas, politiquement parlant, prennent des postes de direction », commente un sociologue des organisations internationales. Aussi, bien souvent, le choix des personnes qui sont ainsi recrutées est réglé ailleurs qu'au sein de l'ONU et de ses institutions. Par exemple, lors de sommets à New York ou de rencontres dans des cercles fermés sous influence américaine. « C'est un peu comme à la cour du roi autrefois », compare un habitué de ces réunions où se retrouvent, de manière plus ou moins officielle, le gotha de la finance internationale, les dirigeants des grandes banques, des sociétés transnationales et de certains services de renseignement : « Le directeur général est la plupart du temps consulté directement par le gouvernement qui veut nommer un fonctionnaire. C'est là que celui-ci fait son jeu, mais il lui est difficile de refuser une nomination à un pays du G8 et la démarche est souvent protocolaire. Plus vous êtes au sommet de la structure d'une organisation internationale et plus le recrutement est politique. Depuis un certain nombre d'années, les Américains se font de plus en plus présents dans les organisations internationales qu'ils avaient un peu délaissées – ils reviennent à l'UNESCO, à l'Organisation mondiale du tourisme –, sans doute parce qu'ils savent que leur système est en faillite et qu'ils ont besoin d'essayer d'améliorer le climat en leur faveur dans le monde. »

Rien qu'avec leur participation financière au budget de l'ONU – que d'ailleurs ils n'assurent que de manière largement incomplète et irrégulière –, les États-Unis disposent à eux seuls de près de 25 % des postes de fonctionnaires au sein de l'ONU.

Au sein même du système onusien, les exemples de mainmise américaine sur des organisations ou des départements ne manquent pas. À commencer par Kofi Annan, secrétaire général de l'ONU.

« Les États-Unis imposèrent le choix de Kofi Annan »

François Nordmann, ancien ambassadeur représentant permanent de la Suisse près les organisations internationales à Genève et observateur permanent auprès de l'ONUG jusqu'à l'entrée de la Suisse aux Nations unies le 3 mars 2002[1], rappelle comment les États-Unis imposèrent Kofi Annan comme secrétaire général : « Ce fut pour procéder à une réforme plus fondamentale encore que les États-Unis imposèrent le choix d'un

1. La Confédération Helvétique est le seul pays à avoir soumis au vote de ses citoyens son adhésion à l'ONU.

nouveau secrétaire général en 1996 en la personne de M. Kofi Annan (...) ils usèrent de leur veto contre le secrétaire général sortant de charge, Boutros Boutros Ghali. Ils étaient isolés dans leur refus de lui renouveler leur confiance mais ils parvinrent à provoquer un revirement complet du Conseil et c'est à l'unanimité que fut élu M. Kofi Annan dix jours plus tard[1]. » Autrement dit, sans la pression américaine, M. Kofi Annan n'aurait sans doute pas été secrétaire général de l'ONU... Et pourtant, celui-ci ne semble pas encore assez docile pour l'administration américaine, si l'on en croit Ian Williams, le vice-président de l'Association des correspondants de presse auprès des Nations unies : « Il ne serait pas surprenant que l'administration américaine entame une campagne pour pousser le secrétaire général des Nations unies vers la sortie », dit-il.

Les États-Unis n'hésitent pas en effet à exercer du chantage ou à mener campagne contre un directeur qui ne leur convient pas pour imposer l'un des leurs, voire créer un poste à leur convenance : « En 1993, le Sénat américain a décidé de subordonner le versement des contributions des États-Unis à la création par le secrétaire général d'un poste d'inspecteur général », rapporte Maurice Bertrand.

Le processus américain pour neutraliser l'ONU

« Vous savez, les sciences sociales et la psychologie américaines ne valent pas grand-chose. Les Américains

---

1. François Nordmann, *La Suisse et l'ONU au vingt et unième siècle*, éd. du Tricorne.

n'imposent pas quoi que ce soit. Ils entretiennent le vide et c'est beaucoup plus grave », considère Wiliam.

Entretenir le vide, pour quelles raisons ?

« Ils le font pour empêcher que d'autres choses se fassent. Ils occupent l'espace pour l'occuper, parce que cela peut leur apporter des appuis politiques pour d'autres questions et pas nécessairement pour ce qui concerne l'organisation elle-même, qu'il s'agisse de l'ONU ou d'une autre. Et comme ils sont sans bagage humaniste, ils ne soupçonnent pas que les relations sociales puissent devenir éventuellement explosives. Ils sont extrêmement, et parfois cyniquement, naïfs dans le champ social. Cette situation conduit à ce que beaucoup de choses ne soient pas réglementées. »

Par exemple ?

« Remplir des postes qui gagnent 200 000 dollars par an, normalement c'est réglementé. Cela ne l'est pas mais on choisit quelqu'un de "présentable" qui appliquera sans broncher les directives de Washington. Ces postes sont remplis pour satisfaire certains gouvernements qui eux ne rendent pas de comptes à leur Parlement. Très peu de choses sont réglementées. Le statut du personnel réglemente tous les détails de la vie d'un petit fonctionnaire : la description des grades, les échelles des traitements, la durée du travail et les congés, les indemnisations, la discipline, etc. Mais tout le reste, ce sont des tâches fournies à l'organisation par le conseil d'administration et c'est la hiérarchie de l'organisation qui les distribue à l'intérieur et apprécie ou non le travail du fonctionnaire. Et pour cela, il faut à la tête des directeurs "convenables" qui appliquent sans poser de questions. C'est le processus qu'ont choisi les Américains, et qui est en cours actuellement, pour neutraliser l'ONU. »

José Bustani, directeur général de l'Organisation pour l'interdiction des armes chimiques (OIAC), n'était pas jugé « convenable » par le gouvernement américain.

Le « crime » de José Bustani

C'est ainsi, par exemple, qu'après plusieurs semaines d'acharnement, les États-Unis obtiennent, le 22 avril 2002, la destitution de José Mauricio Bustani, le Brésilien directeur général de l'Organisation pour l'interdiction des armes chimiques (OIAC). « Sa chute, toutefois, s'explique par la volonté de Washington de contrôler l'OIAC afin de favoriser une politique d'affrontement avec M. Saddam Hussein. En effet, le "crime" de M. Bustani consiste à avoir voulu persuader Bagdad de signer la Convention pour l'interdiction des armes chimiques », rapporte Any Bourrier, journaliste à Radio France International[1]. « L'administration républicaine ne pouvait admettre un tel rapprochement car cette signature aurait privé Washington d'une raison valable pour lancer une action militaire contre le régime irakien », souligne-t-elle. Mais Mauricio Bustani a commis bien d'autres « crimes » pour l'administration Bush.

---

1. Any Bourrier, « Putsch chimique à l'américaine », *Le Monde diplomatique*, juillet 2002.

Les Américains refusent le contrôle de leurs centres chimiques

Ainsi, l'indépendance du diplomate qui cherchait à protéger les membres de l'OIAC contre le diktat anglo-saxon et son intention de faire inspecter par ses équipes des usines chimiques aux États-Unis agaçaient fortement l'entourage du clan Bush. Après avoir traîné les pieds pour signer la Convention sur l'interdiction des armes chimiques, Washington a multiplié les entraves à l'inspection des usines américaines. « J'ai rencontré des difficultés dès le début, affirme Mauricio Bustani. Les Américains n'acceptaient pas que les fonctionnaires de l'OIAC puissent enquêter chez eux. Souvent, ils ne pouvaient même pas entrer dans les usines chimiques. Dans ces conditions, il n'était pas possible de vérifier si elles fabriquaient des produits chimiques à des fins pacifiques. La principale difficulté était l'examen des échantillons. Il était presque impossible de faire cet examen ailleurs que dans les laboratoires américains, nous n'avions donc aucune garantie que les résultats ne seraient pas faussés. La mise en demeure lors d'une inspection n'était pas admise par les Américains non plus. À chaque inspection, ils voulaient changer les règles du jeu », indique-t-il.

« Washington exige votre départ demain »

Avec l'arrivée de l'administration Bush, cette situation tendue s'envenime encore plus. Dès sa nomination comme sous-secrétaire d'État pour la sécurité internationale et le contrôle des armes, John Bolton, conservateur et ancien conseiller de Ronald Reagan, appelle Mauricio Bustani pour lui demander de démissionner : « Il m'a appelé pour me donner des ordres. Il voulait que je nomme des représentants des États-Unis à certains postes dans l'Organisation afin de leur donner davantage de pouvoir. Pendant les sept années que j'ai passées à la tête de l'OIAC, j'ai subi des pressions des pays membres comme l'Allemagne, sans jamais céder. Je n'ai pas fait de concessions à Bolton non plus », indique Mauricio Bustani. C'en est trop pour les Américains qui voient ce directeur résister à leurs pressions et entend exécuter avec responsabilité et transparence le mandat qui lui a été confié par les Nations unies. En mars 2002, John Bolton débarque à La Haye avec un message : « Washington exige votre départ de l'OIAC demain avant la réunion du conseil directeur. Et il faut quitter les Pays-Bas immédiatement » !... Alors qu'il demande des explications, la réponse de l'Américain est cinglante : « C'est votre style de gestion qui ne plaît pas. »

Tentation totalitaire

Afin d'être sûrs de parvenir à leurs fins, les États-Unis ont rameuté la troupe de leurs laquais. De peur d'être mis en difficulté, « ils n'ont pas hésité dans cette croisade à enrôler Kiribati, un pays formé de 30 000 petites îles du Pacifique éparpillées sur 3 millions de kilomètres carrés où le revenu par habitant atteint à peine 850 dollars annuels grâce à l'exportation de bananes, de noix de coco et de patates douces... Kiribati, signataire de la Convention sans jamais avoir payé ses cotisations, fut conviée par les Américains à participer au déboulonnage de Mauricio Bustani. Lors de l'assemblée générale extraordinaire, son délégué a commencé par régler la dette de son pays auprès de l'organisation. Puis il a voté contre le directeur général. Enfin il a applaudi au dénouement du combat», rapporte Any Bourrier.

Selon Ian Williams, d'autres dirigeants d'organisations internationales seraient ainsi visés par Washington. Ce serait notamment le cas de Mary Robinson, la présidente de la Commission des droits de l'homme de l'ONU, de Hans Blix, dirigeant de la Commission de contrôle, de vérification et d'inspection des Nations unies (Cocovinu), de Terje Roed Larsen, médiateur pour l'ONU des négociations d'Oslo ou de Peter Hansen, le commissaire général de l'Office des Nations unies pour l'assistance aux réfugiés palestiniens.

Le drôle de jeu de certains hauts fonctionnaires

Il arrive que certains hauts fonctionnaires qui collaborent à l'hégémonie américaine sous couvert de libéralisme – et c'est bien souvent le cas de ceux qui doivent leur poste à leur voix – procèdent de manière identique.

Ainsi, selon un spécialiste de l'histoire des organisations internationales «à partir des années 1989-1990, le raisonnement des Américains était à mon avis d'affaiblir l'Organisation internationale du travail qui constitue un obstacle aux firmes américaines pour imposer leurs lois en matière d'exploitation des salariés». La période est trouble et certains y voient le moment propice pour réduire délibérément le rôle de l'OIT. À l'époque, l'OIT est dirigée par Michel Hansenne, ancien ministre belge de l'Emploi et du Travail de 1981 à 1988, puis de la Fonction publique de 1988 à 1989, très conservateur et membre du Parti social-chrétien. «Il a dit très clairement sa volonté de réduire l'organisation dans ses fonctions pour la restreindre au rôle d'une sorte de conseil de sécurité sociale qui sonnerait l'alarme quand la situation sociale d'un pays risquerait de devenir dramatique», rapporte-t-il. C'était oublier, volontairement bien sûr, que l'OIT visait depuis de longues années la coopération technique dans le domaine social au sens large, y compris la formation professionnelle. «Ce directeur voulait abolir tout cela mais n'a pas réussi, notamment parce que ceux qui aiment les voyages et profitent bien des privilèges que l'organisation leur accorde se sont opposés à cette prétention, non pas tellement pour défendre les droits du travail mais parce que ces décisions risquaient de mettre en péril leur propre statut», constate-t-il. Et de faire observer que «l'un des autres moyens d'affaiblir l'organisation est de recruter des gens qui n'ont rien à voir avec son domaine d'activité. Par exemple de recruter des personnes qui ne connaissent rien au secteur social pour l'OIT, c'est une solution qui permet aussi de ne pas avoir un personnel qui exige de faire plus dans le secteur du droit du travail...».

Parcours atypiques

L'une des quatre vice-directeurs de l'OIT pose avec Bill Clinton sur la photo souvenir qui trône sur son bureau. L'une des juristes favorites de l'ancien locataire de la Maison-Blanche obtint ce poste quand il quitta le gouvernement. Les organisations internationales du système onusien sont un bon plan de reclassement pour les gens dont les pouvoirs politiques n'ont plus besoin ou qu'ils veulent remercier pour services rendus. Par contre, il apparaît qu'il y a très peu de directeurs ou de vice-directeurs généraux allemands, russes ou japonais alors que ces pays figurent parmi les principaux financiers des organisations internationales. Comme certains pays industrialisés, les pays en développement se débarrassent également de personnes ou de personnalités qu'ils ne veulent plus avoir sur le dos dans le pays en les envoyant travailler à l'UNESCO, à l'OIT ou dans d'autres organisations de l'ONU : « Je connais beaucoup de gens qui sont venus travailler dans ces organisations dans ces conditions, souvent de connivence avec des politiciens, des ministres et même des chefs d'État de chez eux et qui se retrouvent secrétaires généraux ou directeurs d'une administration. La plupart du temps, ils sont peu compétents et constituent un véritable fardeau pour l'organisation », constate un haut fonctionnaire des OI.

Maryan Baquerot qui occupe les fonctions de directeur exécutif de la gestion et dù management de l'Organisation mondiale de la santé, lorsque je m'entretiens avec lui en novembre 2002, donne un exemple de recrutement qui peut déboucher sur ce genre de situation : « Celui qui arrive ici et qui est requérant d'asile est prêt à prendre n'importe quel poste. Il était professeur d'université dans son pays ; pour une raison ou une autre il est devenu indésirable et se retrouve huissier dans une organisation internationale à Genève. Huissier, ce n'est sans doute pas grand-chose, mais cela permet de travailler, d'avoir une utilité sociale et de manger. Par rapport au fait qu'il n'avait rien à manger et était dans une situation délicate, c'est très bien. Mais au bout d'une certaine période, découvrant les organisations internationales, il va forcément se dire qu'avec sa qualification, il mérite mieux. Et c'est là que vont se poser de nouveaux problèmes. »

L'envie de s'installer est d'autant plus grande que parvenu à un certain niveau, les postes de dirigeant ou de proche collaborateur de la direction générale ne présentent pas que des inconvénients.

Réservé aux membres de la haute direction

Une décision du Conseil fédéral suisse du 30 décembre 1947 prévoit « qu'à partir du 1er janvier 1948, les privilèges et immunités accordés aux collaborateurs diplomatiques des chefs de Mission accrédités auprès de la Confédération suisse seront également accordés à certains fonctionnaires de rang élevé de l'Office européen des Nations unies ».

« L'Accord entre le Conseil fédéral suisse et l'Organisation mondiale du commerce en vue de déterminer le statut juridique de l'Organisation en Suisse, signé le 2 juin 1995, est à cet égard le plus explicite », note Amadeo Perez, conseiller et jurisconsulte de la Mission permanente de la Suisse près les organisations internationales à Genève : « En effet, à son article 30 alinéa 1, sous le titre "Privilèges et immunités accordés au Directeur général de l'Organisation", il prévoit que "le directeur général ou, en cas d'empêchement de ce dernier, son remplaçant, bénéficie des privilèges et immunités qui sont reconnus aux agents diplomatiques conformément au droit des gens et aux usages internationaux". Sous son article 31, il précise que "les directeurs généraux adjoints, les membres de la haute direction et les fonctionnaires internationaux de rang P-5 et de rang supérieur jouissent des privilèges, immunités et facilités reconnus aux agents diplomatiques conformément au droit des gens et usages internationaux". Deux catégories de fonctionnaires internationaux jouissent donc des privilèges et immunités reconnus aux agents diplomatiques[1]. »

Hauts fonctionnaires : plus ils gagnent, moins ils paient

Les membres de la haute direction et les hauts fonctionnaires des OI bénéficient ainsi d'une multitude d'avantages : inviolabilité – le haut fonctionnaire ne peut être soumis à aucune forme d'arrestation ou de détention –, immunité de juridiction pénale, civile et administrative, mais également plusieurs avantages fiscaux. La Loi genevoise sur les contributions publiques du 9 novembre 1887 (article 7, dans sa nouvelle teneur du 1er avril 1959) prévoit que « sont exonérés des impôts sur le revenu et sur la fortune, dans la mesure où le prévoient les conventions, accords et arrangements avec les organisations internationales publiques : les organisations internationales, les membres des Conseils, les représentants et les fonctionnaires des organisations internationales, les représentants d'États étrangers et les fonctionnaires des délégations de ces États auprès des organisations internationales ». Autre disposition non négligeable, depuis le 2 juin 1995, les agents diplomatiques, les fonctionnaires consulaires, les hauts fonctionnaires – fonctionnaires internationaux ayant rang diplomatique – ainsi que les membres de leurs familles admis au titre du regroupement familial et bénéficiant du même statut que le titulaire principal « sont exemptés de la TVA pour les acquisitions destinées à leur usage strictement

1. Amadeo Perez, *Le système des privilèges et immunités applicable aux organisations internationales en Suisse et aux délégations permanentes étrangères à Genève*, Genève, 1997.

personnel et pour les prestations de services faites pour leur usage personnel».

Comités consultatifs et postes réservés

«Un directeur est généralement nommé par la structure interne de l'organisation, par le directeur général ou le secrétaire général, ce qui ne veut pas dire que des gouvernements n'essaient pas de placer des gens. Ils nomment des candidats. La nomination dépend du niveau. Au mien par exemple, le deuxième plus haut après le directeur général de l'OMS, c'est clairement le directeur général qui décide en dernière instance. Les directeurs qui travaillent avec moi qui sont directeurs de différents départements comme l'informatique, le budget, les ressources humaines, etc. relèvent de mon choix mais la décision passe par l'aval du directeur général», précise Maryan Baquerot.

Selon les organisations, quelques variantes interviennent dans les procédures de recrutement, notamment par le fait que le directeur général veut parfois conserver la possibilité d'embaucher seul qui il souhaite à certains postes, généralement dans son entourage immédiat: «Aux Nations unies, jusqu'au grade de D2, les postes sont réservés au secrétaire général. À l'OMS, le même niveau est réservé au directeur général mais c'est le directeur exécutif qui fait les recommandations. En fait, tout notre système de nomination est basé sur des comités qui font des recommandations au directeur exécutif, lequel fait à son tour des recommandations au directeur général. Ce n'est donc jamais moi tout seul qui fais un choix».

Les comités? «Ils comprennent un directeur exécutif, une personne nommée par les représentants du personnel, une personne “neutre”, soit généralement quatre personnes qui connaissent bien le fonctionnement de l’OMS. » Le système de sélection des directeurs fonctionne sur les mêmes principes dans la plupart des organisations internationales gouvernementales. « Il y a beaucoup de similitudes d’une OI à l’autre. Après, les choses dépendent beaucoup de l’histoire de l’organisation, de sa culture, de la personnalité du directeur général qui déléguera plus ou moins ses pouvoirs en la matière mais les principes de base de nomination, de promotion sont à peu près équivalents dans toutes les OI », explique-t-il. Précision : « Arrivé à un certain niveau, le directeur général ou le secrétaire général a un droit de regard de décision sur qui est choisi. »

Sous les pressions de 191 propriétaires

« Les gens de l’extérieur se demandent souvent pourquoi nous n’avons pas fait quelque chose dans telle ou telle situation. Il faut comprendre qu’une organisation internationale ne vit que par ses “propriétaires”, c’est-à-dire les États membres. Pensez simplement au conseil d’administration de France Télécom et à ses vingt et un membres, représentants du personnel compris. Généralement, ils ne sont pas trop en désaccord et même si cela arrive, après quelques éclats, tout le monde s’efforce de chercher un terrain d’entente et se retrouve autour de la même table de restaurant. Dans notre cas, vous avez 191 propriétaires avec des vues extrêmement divergentes sur la façon dont ils voudraient voir l’organisation fonctionner.

D’abord, vous avez quelque chose qui s’appelle Nord-Sud, Nord les riches, Sud les pauvres donc qui ne sont déjà pas d'accord sur ce que l'organisation doit faire : le Nord dit nous voulons bien dépenser un peu d'argent mais il doit surtout l'être comme nous le voulons et le Sud dit il faut dépenser plus car les priorités sont chez nous. Ajoutez à cela que les pays du Nord comme ceux du Sud ne sont déjà pas tous d'accord entre eux. Ce qui fait que quand on vous dit "Gardez le cap", nous ne sommes pas toujours sûrs de quelle façon ils voudraient voir le bateau aller. C'est un peu compliqué », explique Maryan Baquerot. Aussi n'est-il pas rare que les initiatives menées par une organisation internationale soient l'objet de critiques pour une raison ou une autre.

Budgets sous influences

Même dans la santé, les choses sont très politisées. Parfois, la Charte des Nations unies est malmenée par les intérêts de transnationales ou de groupes de pressions divers. Ainsi que l'indique, pour l'exemple, le directeur de l'OMS, « plusieurs États membres qui ont les plus grosses entreprises pharmaceutiques vont s'opposer à vous si vous essayez de faire fabriquer les mêmes produits en générique au dixième du prix, car vous allez manger leurs profits ». Dans ce contexte, « les achats, la manière dont on opère, prennent vite une connotation politique ». Et, il n'est pas rare que des pays qui versent une contribution volontaire, en dehors de leur contribution au budget ordinaire, fassent pression sur l'OMS : « Par exemple, un État vous donne de l'argent pour lutter contre le paludisme dans trois pays d'Afrique qu'il vous désigne. Et il se trouve par le plus grand des hasards que les trois pays d'Afrique en question sont trois anciennes colonies de l'État donateur et que les médicaments en question sont fabriqués par des entreprises du même État. Beaucoup de choses peuvent ainsi être orientées. Sans doute aurions-nous pu, avec la même somme, élargir le traitement à un on deux autres pays, mais que voulez-vous faire quand vous savez que vous allez sauver des vies contre cette maladie ? »

Un langage d'objectifs extrêmement flou

Les conséquences de ces distorsions sont multiples : l'élargissement presque « naturel » de la sphère anglophone au sein des Nations unies, les difficultés accrues de services qui doivent faire face à plus de tâches avec moins de personnel qualifié et de budget, la banalisation d'un langage bureaucratique empreint de formules générales et de chiffres approximatifs, une autosatisfaction diplomatique parfois à la limite de l'indécence et du risible. Risible, si, dans le même temps où les représentants de certains pays s'assoient bien au chaud dans les réunions de l'ONU, on ne constatait la montée en puissance des conflits régionaux, la propagation d'épidémies, l'accroissement du travail forcé, de l'esclavage et de la traite des êtres humains, principalement des femmes et des enfants, États occidentaux compris[1].

« Le budget de l'Organisation internationale du travail, par exemple, était pendant des décennies un livre très détaillé avec des postes, des objectifs, des budgets visibles », indique William. Ce sociologue s'est attaché notamment à l'étude du discours et de la

1. Source : Organisation internationale du travail, 2 août 2001.

construction des budgets de l'OIT. Son constat: « Depuis les années 2000, le programme de budget est plus petit, plus nébuleux, moins transparent. Mais dans le même temps, les membres ont insisté pour que les résultats deviennent plus mesurables. Alors que font certaines directions ? Elles préfigurent un langage d'objectifs extrêmement flou avec une quantification artificielle. Nous sommes dès lors dans une dialectique qui consiste à rendre les tâches plus générales et, pour satisfaire les membres, à leur donner des résultats factices. » Quel représentant d'État aura la curiosité et le temps de démêler le vrai du faux dans le bilan présenté par une direction qu'il a sans doute contribué à faire élire et qui bénéficie, *a priori*, de sa confiance ?...

Crises internes

Autre conséquence: la démotivation des fonctionnaires et la dégradation des conditions de travail. Jacques Vigne, l'un des fondateurs du syndicat New Wood, premier syndicat de l'ONU, où il travaille depuis vingt-cinq ans, dont près de quinze en tant que chef du groupe des transports, des logements et des visas, poste d'observation privilégié du personnel:

« Vous avez, dit-il, le cas de fonctionnaires qui entrent avec beaucoup d'idéalisme dans l'organisation puis qui se rendent vite compte des dysfonctionnements, des droits bafoués, du favoritisme, etc. À partir de là, deux réactions sont possibles. Il y a ceux qui ruent dans les brancards en disant “Ça ne va pas, il faut faire quelque chose” et là ils sont confrontés à de nouveaux problèmes: on les met au “placard”, on bloque ou reporte leur promotion, on les harcèle, etc.

Et vous avez ceux qui font le même constat et qui jouent le jeu de l'administration, c'est-à-dire qui se disent : "Moi, les droits cela m'est égal, je m'en moque, je vais tout faire pour monter en grade, je suis G5 je veux devenir D2." Ils obéissent à la lettre aux consignes, quitte parfois à agir contre des collègues de travail, et progressent relativement rapidement dans la hiérarchie administrative. »

Mais, il y a aussi le cas de ceux qui arrivent de très loin, découvrent les avantages de Genève et savent pertinemment que, même précaire, leur situation vaut mille fois ce qu'ils auraient pu connaître dans leur pays : « Il y a un jour un fonctionnaire, ancien ministre déchu à la suite d'un changement de gouvernement dans son pays, qui m'a dit : "Dans mon pays, on m'a donné à choisir entre la prison et les Nations unies" », rapporte Jacques Vigne. C'est la catégorie de ceux qui avaient des problèmes politiques dans leur pays, mais aussi de ceux que l'on remercie pour services rendus et que l'on envoie aux Nations unies : les uns pour s'en débarrasser, les autres pour les caser en leur offrant une sorte de promotion sociale.

Reste une autre catégorie : ceux qui arrivent avec de bonnes intentions et qui, quand ils découvrent la réalité, se contentent d'effectuer leurs heures en calculant tout ce qu'ils peuvent prendre à l'organisation tant leur déception est forte. Pour eux, à partir de cette prise de conscience, l'intérêt n'est déjà plus ici. L'un d'eux, la cinquantaine passée, rencontré au bar de la presse de l'ONU, plus discret que celui jouxtant la salle des conférences, ne m'a-t-il pas confié entre deux verres, marquant une pause pour lâcher ce qu'il avait sur le cœur : « Mais pourquoi voulez-vous qu'à plus de cinquante-cinq ans je fasse des journées de dix heures ou parfois plus, et que je me casse la tête pour ce grand bordel, quand je reçois des consignes de travail de supérieurs qui souvent ne connaissent rien à rien, casés là par leurs gouvernements, et que les gens qualifiés qui travaillent avec moi n'arrêtent pas de changer, embauchés avec des contrats de quelques mois pour un travail à long terme ?!... »

« Les gens normaux deviennent parfois dérangés »

Maurice Bertrand me « rassure » : « Oui, je connais cela, c'est l'une des réactions les plus fréquentes. J'ai constaté l'irréalisme de cette maison sous beaucoup d'angles. Tous les fonctionnaires internationaux, quels qu'ils soient, se rendent bien compte qu'ils sont dans un monde irréel et doivent se faire une idée personnelle sur le rôle qu'ils peuvent jouer. C'est difficile, très difficile ! »

« Le gros problème, souligne Jacques Vigne, c'est que les gens normaux qui entrent ici, même s'ils sont normaux, deviennent parfois troublés, dérangés au bout d'un certain temps car ils ne savent plus où ils en sont. Ce fut par exemple le cas d'un chargé de recherche qui a été traité de manière telle qu'il s'est retrouvé en clinique avec des problèmes psychiatriques, complètement déconnecté de la réalité. J'ai dit une fois à l'un des anciens directeurs de l'administration ayant un certain sens de l'humour :

– Il y a une statue que l'on devrait mettre dans la cour d'honneur de l'ONU, c'est celle de Kafka. Qu'est-ce que vous en dites ?

– Oui, m'a-t-il répondu en privé, ce n'est pas une mauvaise idée, cela correspond assez bien à ce que nous connaissons !... »

CHAPITRE 3

30% DE TRAVAILLEURS PRÉCAIRES

« Qu'est-ce qui vous a amené à vous intéresser à nous, alors que personne ne parle pratiquement jamais de nous ? », me demandent plusieurs fonctionnaires internationaux au cours de mon enquête. « Votre marché du travail », suis-je tenté de répondre par boutade. Car ce « marché du travail », que côtoient la plupart des quelque deux cent cinquante journalistes accrédités auprès de l'ONU, regorge de « produits » du travail uniques au monde. On y trouve de tout : du haut fonctionnaire permanent sélectionné par son État, du rond-de-cuir en préretraite dorée, de l'indésirable « placardisé », mais surtout une foule de petits « produits » flexibles, mobiles, corvéables à merci sous des appellations contrôlées maison les plus diverses. Et même quelques esclaves dans les missions environnantes. Le « marché du travail » des OI ? Protection sociale minima et exploitation maxima garanties !

L'ONU, et tout particulièrement son institution spécialisée l'Organisation internationale du travail (OIT), font avancer le monde du travail à grands pas. À reculons pour leurs propres salariés. La précarité du travail y est telle que les fonctionnaires – souvent hautement qualifiés et travaillant sur des projets de toutes sortes – ont la plupart du temps un statut à peu près équivalent à celui des manœuvres saisonniers vendangeurs. Une succession de grades avec des durées et des avantages variables participent à construire la hiérarchie très centralisée et verticale de chacune des entités onusiennes. C'est ainsi que l'ONU a, par exemple, inventé les « fonctionnaires temporaires longue durée », vocable qui recouvre le statut de précaire à durée indéterminée.

En « short » depuis des années

Pas facile de faire parler les fonctionnaires internationaux sur leur vie quotidienne. Même en compagnie de Salika Wenger, députée que les fonctionnaires internationaux connaissent pour son engagement à leurs côtés, ceux que je rencontre lors de mon premier séjour à Genève sont méfiants. Les rendez-vous se succèdent sur des considérations générales quant au fonctionnement des organisations internationales gouvernementales, mais les questions difficiles ne sont évoquées que du bout des lèvres. Les regards se croisent avant que les bouches ne s'entrouvrent. Murmures.

La seconde partie de l'enquête, quelques mois plus tard, voit les langues se délier. Les sympathies s'affinent et la confiance s'installe, même si les rencontres dans des cafés à l'autre bout de la ville ou chez des amis restent toujours assez discrètes : « Tu comprends, nous sommes tenus au devoir de réserve, plusieurs d'entre nous y ont des responsabilités et si l'on nous voyait avec un journaliste, nous pourrions avoir des ennuis », m'explique Paola. C'est dire le vent de liberté qui souffle dans les OI ! Je comprends d'autant plus facilement ces précautions que la plupart de ces fonctionnaires se trouvent dans des conditions de travail d'une précarité difficile à imaginer en regard de leurs qualifications.

Dans le coin tranquille de la grande salle du café, mes sept interlocuteurs de quatre organisations différentes s'interpellent à voix basse pour témoigner de leur quotidien. La question du grade prend très vite sa place dans la conversation. Naturellement. Car, comme bien souvent dans toute grande organisation humaine, le grade chasse la qualification et le métier :

« Oui, mais toi c'est différent, tu es *fixed term*...

– D'accord, mais avant d'être *fixed term*, j'ai été en *short* pendant plus de cinq ans et je peux te dire que je n'avais pas droit à cette couverture sociale !

– Ah ? Mais alors, c'est que tu étais *special short term* ? »...

Pardon, vous pouvez m'expliquer ?

« Oui, c'est vrai, quand on n'est pas dedans on ne peut pas comprendre. Déjà qu'en étant à l'intérieur, nous avons souvent du mal à nous y retrouver... »

Et Paola d'expliquer avec ses collègues le labyrinthe de la hiérarchie des grades et des contrats.

Six pays occidentaux s'octroient 60 % des postes

« D'une manière générale, tu as les P qui signifie les professionnels et qui sont titulaires d'un diplôme universitaire, les G pour les services généraux que l'on appelle parfois "personnel de soutien" qui concerne par exemple les secrétariats mais aussi certains techniciens, et les D qui sont les directeurs relevant de nominations directes, essentiellement politiques.

« Les D2 sont les directeurs de département, les D1 pour les sous-départements, tous deux recrutés par le directeur général sans concours. Puis les professionnels qualifiés de P5, P4, P3, P2, P1. Parmi les P5, certains sont également recrutés ainsi et sont amenés à intervenir en dehors de Genève pour représenter le directeur général de l'organisation. En principe, tous les autres, de P4 à P1 sont recrutés sur concours, mais il existe aussi ce que l'on appelle les "experts associés" qui sont des P2 payés par leur gouvernement. C'est l'organisation type d'une OI avec des variantes en fonction du secteur d'intervention de l'OI. Ainsi, à l'OIT, des représentants d'employeurs et de travailleurs de tous les pays membres participent avec les représentants des États au fonctionnement de l'organisation. Par exemple, à l'OIT, les P4 et P5 forment la majorité des postes. Chaque grade comprend treize échelons à raison d'un échelon par année. »

À eux seuls, six États – les États-Unis, l'Allemagne, la France, l'Espagne, l'Italie et l'Angleterre – occupent près de 60 % des postes du système onusien et tiennent pratiquement, avec le Canada, tous les postes clés du système ONU.

« Attends, cela n'est rien, il y a tout le système des contrats que tu dois connaître », insistent mes interlocuteurs, visiblement motivés de s'exprimer sur leur situation.

Une précarité très organisée

« Tu as les permanents qui sont des contrats à durée indéterminée et dont les avantages dépendent du grade. Tu as ensuite ce que l'on appelle les *fixed term* qui ont tous les avantages des permanents mais dont le contrat se renouvelle tous les un, deux ou cinq ans. Ce sont en réalité des contrats à durée déterminée. Puis les *short term* dont la durée du contrat peut aller d'une journée à douze mois moins un jour. Ils ont les mêmes avantages que les *fixed term* quand ils font six mois de contrat sans interruption de plus d'un mois. Tu as trois catégories de *short term* : le *short term* inférieur à six mois, le *short term* entre six et douze mois et le *short term* supérieur à douze mois que l'on appelle aussi *short term* règle 3.5.

« Le *short term* inférieur à six mois n'a pas de caisse de retraite, une cotisation médicale moindre et un remboursement inférieur au *fixed term*, pas de regroupement familial, pas de possibilité d'inclure sa famille dans les prestations sociales. Le *short term*, entre six et douze mois, a le même remboursement assurance maladie que le *fixed term* et a droit à la caisse de retraite. Le *short term* supérieur à douze mois a plus de stabilité dans l'emploi car il est prioritaire pour les concours, a droit à l'assurance maladie, y compris pour les dépendants. Il a la pension, la sécurité sociale et le remboursement des frais de déménagement quand son poste se trouve ailleurs que dans le lieu d'embauche.

« Mais, tu as aussi le *special short term*, emploi de quelques mois maximum dans le cadre duquel le salarié ne cotise pas à la retraite et a juste l'assurance maladie et accident du travail dans certains cas », précise Paola.

Mais l'administration onusienne va encore plus loin dans la précarisation de l'emploi. Au point qu'en comparaison de certains statuts, un simple vendeur de pizzas fait figure de « privilégié ». Exemples : « Les collaborateurs extérieurs, les "ex-cols" comme on les appelle dans notre jargon, sont payés à la tâche. Juridiquement, c'est un statut équivalent à celui d'un consultant, mais en réalité, la plupart du temps, le salarié travaille au bureau. Bien qu'il travaille dans des conditions analogues à n'importe quel fonctionnaire, il n'a aucune protection sociale par l'Organisation internationale du travail et doit prendre une assurance personnelle. Enfin, tu as les journaliers, statut qui recouvre des qualifications diverses comme les huissiers de salles, les manutentionnaires, coursiers, opérateurs, certains interprètes. »

Reste également la possibilité d'être stagiaire : pas de couverture santé, pas de cotisation retraite, pas d'assurance chômage, et même, pas de... salaire !

« À chaque fois, tu repars à zéro »

Plusieurs types de contrats de travail, plus ou moins précaires, existent ainsi au sein des organisations internationales. Rien qu'à l'OIT, qui est censée donner l'exemple en matière d'emploi, ce sont près d'une dizaine de contrats qui règlent le travail des fonctionnaires. Et cette multitude de contrats permet toutes sortes de manipulations. « Un salarié employé avec un contrat *short term* peut voir celui-ci changer à n'importe quel moment afin d'éviter qu'il ne bénéficie d'une couverture sociale plus importante. L'interruption de ton contrat empêche toute continuité de carrière et à chaque fois tu repars à zéro », indique Klaus. Et il n'est guère facile de trouver un nouveau contrat : « Il n'existe aucune structure d'aide à l'emploi en cas de fin de contrat », souligne Eva, qui précise que, « pour avoir le renouvellement de son contrat ou en décrocher un autre, il faut pratiquement se mettre à genoux devant un chef. Tu fais le tour des bureaux, des annonces, des bruits de couloirs. Et quand tu en trouves un, souvent on te dit : "Oui, j'ai besoin de vous, mais il n'y a pas d'argent, revenez plus tard", ou : "On vous contactera." Mais pendant ce temps où tu perds souvent tous tes droits, tu dois manger, parfois nourrir tes enfants et payer le loyer, c'est le minimum, sans savoir de quoi demain sera fait. Et comme la plupart des gens viennent de l'étranger, se taire sur l'inacceptable est la condition du contrat de travail sans le garantir ! »

« Le mieux pour vous, c'est de vous mettre à la porte »...

Il est ainsi fréquent que l'administration mette fin au contrat d'un fonctionnaire embauché et le change pour l'empêcher d'accéder à une meilleure protection sociale ou prendre en compte son expérience professionnelle. Namia, qui travaille dans les organisations internationales depuis une vingtaine d'années, en sait quelque chose pour avoir fait les frais de ce genre de procédé : « La plupart du temps, l'administration arrête un contrat de six mois à cinq mois et vingt-neuf jours. Cette coupure brutale te prive de tes droits et te fait perdre tes acquis professionnels s'il s'écoule plus d'un mois avant que tu ne retrouves un autre contrat. Et dans ce cas-là, si tu trouves un nouveau contrat au sein de la même OI, l'administration t'embauchera, par exemple, comme *short term* de trois mois, comme si tu travaillais pour la première fois, c'est-à-dire sans tenir compte de ta qualification, de ton expérience et de ton ancienneté qui ont disparu ! » Et la moindre protestation peut faire rayer à vie le fonctionnaire de toute future embauche nouvelle, même précaire. Le seul fait d'exercer un recours déclenche l'inscription d'un code au dossier du protestataire. C'est ainsi qu'une fonctionnaire a pu s'entendre dire : « Le mieux pour vous, dans votre intérêt, c'est de vous mettre à la porte » !...

Des contrats régulièrement interrompus

Le système de précarisation de l'emploi est tel que « des fonctionnaires partent souvent avec quelques mois d'indemnités après cinq, dix ou quinze ans d'ancienneté car leurs contrats ont été régulièrement interrompus et changés, empêchant ainsi toute continuité de carrière et de promotion », indique Sylvia.

« Ce que l'administration fait avec les temporaires est aussi scandaleux. Systématiquement, tous les contrats s'arrêtaient le 23 décembre et ils devaient se débrouiller jusqu'au 2 janvier suivant sans aucune paye. Aujourd'hui, ils ont contourné l'abus : leurs contrats se terminent début décembre, l'administration les enregistre comme consultants payés à la tâche jusqu'au 23 décembre et leur donne un nouveau contrat à partir de début janvier. Ils n'ont ni protection sociale, ni paye pendant les vacances de Noël ! » explique Amanda. Une situation qui lui fait dire que « toute la vie est gâchée par ces contrats qui sautent ou sont modifiés du jour au lendemain : impossible de planifier des vacances, d'avoir des crédits, de faire des projets, de retrouver sa famille à l'étranger surtout si tu n'as pas droit au regroupement familial, difficile de trouver un logement. Et au bout d'un moment, tu te demandes pourquoi continuer de travailler ici, car tu n'y trouves plus de plaisir ! ».

« Faire simple, ce n'est pas si simple que ça »

La situation et l'évolution de l'emploi varient d'une OI à l'autre.

Lorsque je le rencontre fin 2002, Maryan Baquerot est alors le directeur en exercice qui a la plus grande expérience du système des Nations unies avec près d'une trentaine d'années passées en son sein à différents postes. Il a mis en place ou contribué à améliorer 90 % du système en cours à l'ONU – « l'essentiel de mon temps des quinze années passées à New York au sein des Ressources humaines » –, puis plus tard de l'OMS, lorsqu'il revient à Genève. Une tâche ardue pour ce Français qui reste calme face à l'adversité d'un système complexe. « Il y a toujours une certaine lourdeur administrative dans un système, car vous devez mettre en place des règles, qu'il s'agisse de contrats, de salaires, de droits, de voyages, etc. Mais la gestion du personnel d'une organisation internationale est compliquée », indique-t-il. Et pour cause : à elle seule, l'OMS gère 12 000 personnes dans 150 pays. « Cela représente 150 barèmes locaux et un barème global pour la catégorie des administrateurs avec une multitude d'adaptations par rapport au coût de la vie, etc. »

Dans ces conditions, le souci de ne léser personne et d'établir les meilleures conditions de service conduit inévitablement à la complexité administrative : « Vous établissez un barème de salaires vertical car les divers métiers ont une valeur différente ; puis vous y ajoutez une grille horizontale, car vous reconnaissez le niveau de formation, la qualification, l'ancienneté, l'expérience, etc., autant de choses qui vous donnent des échelons. Après, vous prenez en compte le coût de la vie qui n'est pas le même à New York qu'à Tokyo ou à

Genève. Il faut alors trouver un moyen d'équilibrer le barème obtenu avec des paramètres qui font que la même personne dans les mêmes conditions doit avoir un niveau de vie équivalent où qu'elle se trouve dans le monde. Ensuite, vous posez la question de savoir ce qui se passe si des salariés de votre organisation en poste au Burkina Faso sont envoyés en mission au bureau de Kobe au Japon selon qu'ils soient célibataires ou mariés avec des enfants ? Par exemple, s'ils sont francophones avec deux enfants, leur donne-t-on une prime pour qu'ils puissent aller dans une école francophone de Kobe et si oui, de combien ? À chaque fois que vous prenez un facteur en plus, vous créez un nouvel élément qu'il faut gérer et vous alourdissez automatiquement la gestion. »

Et comme le souligne alors le directeur de l'OMS, « si vous n'avez pas ce système de règles qui se sont affinées au fil des années et sur lequel nous continuons de travailler, vous laissez la porte ouverte à tous les abus. On est toujours un peu partagé entre l'idée d'essayer de faire quelque chose de simple et se rendre compte que simple, ce n'est pas si simple que ça ». Pour autant, cette complexité ne justifie en rien la précarité de l'emploi au sein des organisations internationales du système onusien. Alors ?

Recherche d'équilibre autour de l'emploi

« Cette situation de l'emploi avec ces multitudes de contrats tient à des questions de budget, au fait que par exemple l'OMS est financée aux deux tiers par des donateurs qui donnent de l'argent et veulent que le personnel coûte le moins cher possible. Bien sûr, une personne embauchée à court terme *(short term)* coûte moins cher qu'une autre embauchée de manière permanente *(fixed term)*, à cause des droits sociaux. Quelque part, nous devons essayer d'établir un équilibre et l'OMS a fait passer voici deux ans plus de 50 % du personnel en court terme. Actuellement, nous essayons de réduire ce pourcentage progressivement à 40 %, puis 35 en tendant à aller au tiers du personnel sous ce type de contrat », souligne alors le directeur exécutif de la gestion de l'OMS.

Contrairement à ce qui se passe dans d'autres organisations qui pratiquent l'embauche systématique de personnels à court terme, Maryan Baquerot s'est efforcé de réduire les contrats à court terme au sein de l'OMS. Un choix de l'organisation qui semble revenir sur la politique des années passées. « Les managers qui font ce genre d'embauche à court terme de manière systématique font de la politique à très courte vue. C'est complètement stupide car les gens vont finir par être démotivés et partir. Autant je comprends le besoin de courts termes pour une personne embauchée pour la première fois sur un contrat d'un an dans le cadre d'un budget donné, sur des métiers très spécifiques ou de trois mois sur un poste permanent comme une période d'essai, par contre je pense qu'une fois les fonds pérennisés, continuer de garder les gens dans des contrats précaires n'est une bonne chose ni pour le salarié ni pour l'organisation », estime-t-il lors du long entretien qu'il m'accorde.

Incertitudes financières et recrutement difficile

Même avec un budget aux deux tiers en provenance de fonds volontaires pour des projets sur un, deux ou trois ans, « il y a toujours moyen d'embaucher en long terme ». Mais d'autres données entrent alors en ligne de compte ainsi qu'il le souligne alors : « Un court terme, on passe une annonce, on évalue le candidat et on l'embauche demain matin. Si l'on crée un poste, il faut l'afficher six semaines. Ensuite, il faut que l'on passe par une procédure de sélection assez lourde. C'est-à-dire qu'il va s'écouler de six à huit mois entre le moment où le poste va être créé et celui où la personne va venir travailler. Si l'on a de l'argent pour un programme de deux années et que les six premiers mois, nous n'avons personne, nous sommes obligés d'embaucher quelqu'un à court terme d'autant que nous avons des comptes à rendre à ceux qui financent les programmes. » Et c'est seulement en fin de programme que pourra se poser la question de savoir si en fonction de son métier, des programmes et surtout des possibilités financières de l'OMS, le fonctionnaire peut soit conserver son poste, soit être embauché sur un autre. Dans ces conditions, le fait qu'un État ne paye pas en temps ou pas du tout sa contribution peut avoir des conséquences importantes sur la situation de l'emploi au sein de l'OMS, ou de toute autre OI.

Un aspect fascinant

« Pour quitter son pays, il faut avoir une certaine biographie et une certaine personnalité », explique un fonctionnaire d'une OI qui a été en poste à New York, puis Genève pendant plusieurs années. Car il est vrai « qu'il y a un aspect fascinant quand on travaille pour une organisation internationale dans laquelle on échappe à la monotonie en côtoyant tous les jours des gens de tous les pays, de cultures différentes. Et cela implique presque naturellement un respect entre les salariés de conditions identiques». Mais, observe-t-il, «quand vous entendez les fonctionnaires internationaux parler entre eux, une bonne partie de leur discussion est de savoir ou de commenter qui a eu quel poste, un peu comme dans une féodalité. Quand quelqu'un a eu un poste, on essaie de s'expliquer cela: la nationalité, si c'est une femme – c'est déjà près de 50 % de l'explication dans le contexte actuel –, pour une externe on cherche une explication – anglo-saxonne, c'est à peu près 30 % de l'explication –, si le ou la salariée vient d'Inde, d'Afrique ou des Caraïbes, etc. Pourquoi cela? Car la mauvaise nouvelle, c'est que le poste a été donné à quelqu'un que l'on ne connaît pas la plupart du temps et l'on essaie de comprendre pourquoi ou d'y donner une justification, d'autant que ceux qui sont déjà dans l'organisation connaissent les conditions de recrutement».

Des conditions souvent malmenées entre les quotas de personnels à respecter (le pourcentage des fonctionnaires embauchés est normalement proportionnel à celui de l'engagement financier de chaque État), la personnalité et la nationalité du directeur – chaque directeur de département fait le recrutement pour son unité –, le favoritisme – les Américains et les Anglais excluent systématiquement des postes tout personnel qui n'est pas anglo-saxon –, sans parler d'autres critères plus aléatoires comme la «promotion canapé».

Le coup des concours sans succès

Trois types de concours sont ouverts aux postulants, notamment aux «P», les professionnels qualifiés:

concours interne, concours externe et concours interne-externe. La sélection directe peut aussi intervenir et le directeur décider seul du candidat.

« La façon la plus "noble" de faire la sélection directe est d'organiser un concours en le rendant inaccessible », explique un fonctionnaire d'une OI. Pour cela, plusieurs méthodes existent : « La publicité sur le poste et le concours est réduite au minima sous prétexte, par exemple, que c'est cher ; une autre consiste à laisser un délai très court entre l'annonce et la date du concours de manière à ce que personne ou très peu de candidats puissent pratiquement se présenter dans les délais ; une autre encore consiste à décrire la vacance de manière à ce que le candidat déjà choisi l'emporte. Par exemple, demander cinq ans d'expérience minima dans les statistiques du travail concernant les femmes handicapées. Et comme par hasard, il se trouvera un seul candidat avec cette compétence très spécifique : celui dont le choix a été fait avant ! »

C'est ainsi, exemples parmi de nombreux autres, qu'une secrétaire amie du recruteur sera nommée sur un poste de documentaliste à l'OIT à la place de documentalistes internes qui ont postulé, ont une meilleure compétence et connaissance de l'OI ; qu'un ancien sous-directeur retraité de l'OIT part travailler à l'Organisation mondiale de la santé (OMS) alors qu'il touche déjà une retraite confortable, prenant la place d'une personne qui attend un poste ; qu'un poste d'ingénieur chimiste a été pourvu par l'embauche miraculeuse du fils d'un ambassadeur non qualifié après que le concours a été très rapidement annoncé ; qu'un poste de juriste avec une expérience en matière de non-discrimination a été pris par un juriste spécialisé en droit... maritime mais qui semblait disposer d'autres connaissances auprès du cabinet du directeur général de l'OI concernée ; qu'une fonctionnaire occupe avec un contrat court terme un poste qui doit être soumis à concours depuis plus d'un an. Le concours ouvert, elle ne pourrait postuler en raison de la surreprésentation de sa nationalité dans l'OI en question...

« Mais une question quand même : comment peut-on, simplement sur le plan éthique, entrer à l'OIT au travers d'un concours que vous savez falsifié à l'avance pour vous ? » interpelle ce fonctionnaire rompu aux questions d'organisation sociale des OI.

Marjetta, elle, eut droit à un vrai concours.

Des « pré-pré-sélectionnés » aux « postulants recrutables »

Elle postule à un concours pour un poste de juriste spécialisée en droit international. « C'était une démarche personnelle et j'étais très désireuse d'exercer mon métier dans une organisation internationale », déclare-t-elle. Elle répond à une annonce dans un journal, envoie son curriculum vitae et une lettre de motivation. Il s'écoule plus d'un an sans qu'elle reçoive la moindre réponse. Puis, un jour, alors qu'elle avait même oublié sa démarche, elle apprend par téléphone qu'elle a été « pré-pré-sélectionnée ». Ce qui signifie en langage onusien que l'on est dans la catégorie des six premiers, qui comprennent également les pré-sélectionnés, au nombre de trois.

« Le concours consistait à rencontrer près d'une trentaine de personnes en deux jours pour des entretiens, parfois en groupes avec des gens qui te posent des questions dans plusieurs langues, d'autres qui veulent connaître ton point de vue sur tel ou tel aspect de la politique de l'ONU, savoir si j'accepterais éventuellement de travailler des week-ends, etc. Je n'y comprenais pas grand-chose d'autant que j'étais venue là avec cette image de l'ONU où pour moi les gens étaient brillantissimes. Je m'étais préparée au concours de manière approfondie, travaillant pendant plusieurs semaines les questions de droit international dans plusieurs langues, me préparant à répondre à des grandes questions sur l'actualité contemporaine. Et j'ai eu en face de moi des gens qui me posaient des questions du genre "Que pensez-vous du monde dans lequel on vit ?" ou encore "Si vous en aviez le pouvoir, de quelles populations vous occuperiez-vous en premier pour réduire la pauvreté ?" Je me demandais ce que cela avait à voir avec mon métier », explique-t-elle. Puis, dans le cadre de ces entretiens, elle rencontre un responsable qui commence à lui raconter sa vie : « Un vrai désastre ! Je le console et joue le jeu à fond, lui donnant des conseils, des propositions, faisant appel à mes connaissances juridiques, persuadée qu'il s'agit d'une nouvelle épreuve. » Elle apprend un peu plus tard par un directeur qu'elle doit en réalité remplacer ce responsable de département qui deviendrait son collaborateur !... « J'avais l'impression d'être dans une boîte de fous entre des gens soi-disant normaux qui se comportaient de manière étrange, et ceux qui étaient stressés à mort et s'efforçaient d'être normaux », raconte-t-elle.

Galaxy recrute des étoiles

Avec Internet, le système de recrutement peut encore gagner en « souplesse », si l'on en croit Jean Jakobowicz, rédacteur en chef de la revue des fonctionnaires internationaux : « Le nouveau système de recrutement “en ligne” est une pure merveille. Son nom, à lui seul fait rêver : “Galaxy”. Avec un tel nom, il est certain que seules des étoiles vont faire leur entrée dans l’Organisation. D’un clic, d’un seul, les recruteurs potentiels vont pouvoir afficher un poste. Et d’un autre clic, vous allez pouvoir postuler. C’est tout simplement merveilleux. Le seul hic de cette histoire magique, c’est que ce système qui a l’air de projeter l’Organisation dans le XXIIIe siècle est en fait un retour à la Rome pontificale du début du XVIe siècle dans laquelle régnait le népotisme le plus pur. Jusqu’à présent, tout recrutement devait passer devant des comités paritaires qui, bon an mal an, pouvaient émettre des réserves sur le recrutement de la petite amie de M. Untel, voire lui fermer la porte au nez. Le nouveau système permet enfin à tout un chacun de recruter n’importe qui, ceci tout simplement parce qu’il n’existe plus aucun contrôle. Le processus est le suivant : un groupe nommé le “Central Review Group” reçoit, avant affichage, la description d’un poste. Il vérifie, tout d’abord, que les qualifications demandées correspondent bien au poste – par exemple qu’il n’est pas demandé à un plombier des qualifications de pilote de ligne et inversement. Ceci fait, la deuxième intervention du groupe sera de recevoir la liste des postulants “recrutables” et de vérifier que sur les 500 plombiers qui ont postulé, il n’y a pas de pilote de ligne. À partir de là, le recruteur pourra choisir, sans aucune restriction, le ou la candidate de son cœur parmi les 500 plombiers[1]. »

1. *UN Special*, revue des fonctionnaires internationaux, juin 2002.

« Moi, j'ai choisi d'être ici. Ma vie privée est satisfaisante mais ma vie professionnelle en a pris un coup », affirme Carol. Sa vie professionnelle ? Une vraie galère pour cette fonctionnaire qui va depuis des années de contrat en contrat à durée déterminée : « Je suis arrivée pour un poste à plein temps et, depuis, j'ai eu vingt contrats en près de trois ans. Ils te suspendent le contrat au bout de quelques jours, de quelques semaines ou de quelques mois. Si tu travailles sur douze mois, tu peux passer en contrat long terme. Mais, la plupart du temps, on te suspend ton contrat au bout du onzième mois car, après ce délai, tu deviens fonctionnaire fixe et tu as droit à une protection sociale relativement complète. Les dirigeants de l'administration s'arrangent donc pour qu'il y ait des interruptions d'un ou plusieurs mois entre chaque mandat. Mais dans l'intervalle, tu te retrouves sans rien du jour au lendemain et tu n'es pas du tout sûr d'avoir un autre contrat. »

Venue de son Angleterre natale, pensant mettre ses compétences de juriste au sein « d'une noble cause, d'une organisation qui n'est pas seulement intéressée à faire du fric et où l'on pense pouvoir jouer un rôle pour améliorer les conditions de travail », elle fait aujourd'hui le bilan : « Je me retrouve précaire à cinquante ans et je ne peux exercer mon métier comme je le pensais. Quant à retourner dans mon pays trouver du travail, c'est pratiquement impossible. En venant travailler dans cette organisation internationale, j'ai pratiquement tout perdu professionnellement ! »

Dix-neuf contrats en cinq ans sur le même poste !

Catherine a plus de « chance » : « J'ai été reconduite huit fois à mon poste dans une première organisation et six fois dans la seconde. J'ai été chassée de l'un de mes emplois avec trois jours de préavis et mon contrat n'a pas été renouvelé car mon directeur a voulu caser sa petite amie à ma place. Je me suis retrouvée en dépression, sans la moindre allocation maladie ou chômage et en situation illégale. »

Noeleen est bien partie pour battre des records en termes de précarité puisqu'elle en est déjà « à près de dix-huit contrats en deux ans et demi ». Mieux que Paolo, passé dans une autre OI, qui affiche déjà « vingt-trois contrats en cinq ans, dont sept à l'Organisation mondiale de la santé »... Un « avantage » que Claudia n'a découvert pour sa part que bien plus tard, après avoir travaillé... gratuitement comme stagiaire à l'Organisation internationale du travail ! « Passer de stagiaire à *short term* – des contrats d'une semaine à six mois –, c'est déjà une promotion ! Quand tu travailles bénévolement, tu n'as pas de contrat, tu as juste un statut de stagiaire. Mais il faut savoir que quand j'ai travaillé en *short term*, je faisais toujours le même travail, avec la même qualification et en travaillant sur les mêmes projets. J'ai fait ainsi dix-neuf contrats en cinq ans, mais j'aurais très bien pu être embauchée dans le cadre d'un contrat à durée indéterminée pour un poste qui implique un travail continu. Il est évident que tous ces changements ne te motivent pas à t'engager au meilleur de toi-même dans une organisation qui se comporte ainsi à ton égard. »

« J'ai perdu mes illusions »

Julia était enthousiasmée à l'idée de venir travailler à Genève au sein d'une organisation internationale. Cette Italienne, spécialisée dans les problèmes de l'enfance, y voyait un moyen d'accroître son engagement dans l'activité où elle était déjà reconnue professionnellement dans son pays. Parcours différent, résultat analogue : « J'ai essayé pendant près de dix ans de venir travailler à Genève en suivant les annonces dans les revues spécialisées, sur les sites Internet et, finalement, j'y suis arrivée une fois par relation. J'ai été convoquée pour un entretien dans le cadre d'un concours de l'Organisation mondiale de la santé. C'était important, car cela constituait pour moi un aboutissement de ma carrière. C'est un secteur où l'on veut toujours progresser, faire plus pour l'enfance en termes de droits, de protection. L'organisation internationale me paraissait au début comme un milieu intellectuel, de recherche, associé à l'idéal d'accomplir quelque chose de positif pour l'humanité. Au bout du compte, en plus d'avoir perdu mon travail à durée indéterminée où j'avais une satisfaction professionnelle et matérielle, je me retrouve avec des contrats précaires et j'ai perdu mes illusions. »

Le fonctionnement des OI du système onusien a effectivement de quoi faire perdre les illusions de la personne la plus motivée et la plus qualifiée.

Prédominance des contrats à court terme

Voilà comment fonctionne le statut de « saisonnier à durée indéterminé » dans le système onusien, variant d'une organisation à l'autre en fonction de la personnalité et des principes du dirigeant et de la composition de son entourage.

Ainsi, Gro Harlem Brundtland, ancien Premier ministre socialiste de Norvège qui a dirigé l'Organisation mondiale de la santé du 13 mai 1998 au 21 juillet 2003, ne fut pas surnommée sans raison la « Thatcher des Nations unies » par les salariés. « Elle est surtout responsable de l'aggravation de la précarité du travail par la réduction d'un nombre important de contrats à long terme au profit de contrats temporaires. En décembre 2001, il n'existait plus que 3 608 contrats à long terme pour près de 4 746 contrats à court terme alors que la masse de travail n'a fait qu'augmenter, tant au niveau du siège que dans les différents départements et bureaux régionaux », indique Isabelle, fonctionnaire de l'organisation, documents à l'appui. Le traitement de choc de Mme Gro Brundtland sur l'emploi et les structures de l'OMS n'a pas suscité l'enthousiasme parmi les salariés. « Les réformes se sont faites brutalement et sans concertation réelle. L'augmentation de la proportion des contrats précaires est contestée par les associations de personnel », souligne de son côté Jean-Loup Motchane, professeur à l'Université Paris VII, en précisant « qu'un sondage réalisé en mai 2001 montre que le moral de 70 % des employés est moyen, bas ou très bas [1] ».

Un Conseil de coordination très « maison »

À l'ONU, Daniel Dufour, le président du Conseil de coordination, l'organisme qui regroupe les représen-

---

1. « Une institution fragilisée », *Le Monde diplomatique*, juillet 2002.

tants élus du personnel, pense « qu'à l'heure actuelle le problème est pratiquement résolu et nous nous efforçons de trouver des solutions pour les cas restant en suspens. Nous devons aussi souligner que l'administration et les chefs de service ont fait des efforts afin de régulariser ces fonctionnaires temporaires. » Et de s'interroger : « Comment peut-on affirmer que les fonctionnaires temporaires de longue durée n'ont pas droit au regroupement familial, à la scolarisation des enfants, à une couverture maladie ou accident professionnelle ? Ces fonctionnaires temporaires de longue durée, sans minimiser tous les effets néfastes de leur situation, bénéficient des prestations de l'assurance maladie, cotisent à la caisse des pensions, vivent à Genève avec leur famille. Il est vrai qu'ils ne reçoivent pas d'indemnités pour charges de famille, ce qui les différencie des fonctionnaires permanents[1]. »

Deux remarques à ces propos : le président du Conseil de coordination emploie le terme de « fonctionnaires temporaires de longue durée », ce qui en dit long sur la question du statut de fonctionnaire international. Par ailleurs, ceux-ci ne bénéficient en aucune manière, dans le cadre des contrats de moins de six mois, des prestations sociales qu'il énumère. Il suffit pour s'en convaincre d'examiner les feuilles de paie des fonctionnaires temporaires concernés ou des « ex-col ».

Manque d'information du président du Conseil de coordination ?...

« Quand j'avais des contrats de collaborateur extérieur, je n'avais pas de couverture sociale : je ne cotisais pas à la sécurité sociale, pas au chômage, pas

1. Daniel Dufour, *UN Special*, avril 2002.

à la pension, à rien du tout. Quand j'avais des contrats *special short term*, j'avais une couverture sociale mais je ne cotisais ni à la pension, ni au chômage et quand j'avais des contrats à court terme, il fallait que j'aie six mois de contrat pour pouvoir cotiser à la pension. Mais comme on t'arrête presque toujours ton contrat avant ces six mois... », témoigne Andrea en me montrant ses bulletins de paie sur lesquels apparaît comme couverture sociale : juste une *short term insurance* de 35,22 francs suisses...

Jusqu'à 40 % de fonctionnaires précaires

Selon le syndicat New Wood, « ce sont au moins 25 % des fonctionnaires internationaux qui ont des contrats à durée déterminée et ces travailleurs précaires représenteraient près de 30 % de l'Office des Nations unies et jusqu'à 40 % de ceux de l'Organisation mondiale de la santé. Au total, rien que pour Genève, ils seraient au moins 4 000 dans cette situation ».

Une situation qui fait dire à Peter Lillie, membre de la Fédération des Associations de Fonctionnaires Internationaux (FICSA) et ancien fonctionnaire international de l'Organisation des Nations unies pour le développement industriel (ONUDI) que « les fanfares qui ont annoncé les diverses conventions de l'OIT sur les droits des travailleurs qui ont été proclamés par la suite se sont tues dans les couloirs du système commun »...

« Le concours, lorsqu'il existe, ne débouche pas automatiquement sur un emploi : le lauréat doit trouver lui-même un poste dans l'organisation et se faire recruter. À défaut, il perd le bénéfice du concours. Souvent, les recrutements prennent la forme de contrats à durée déterminée suivis parfois, mais de moins en moins, de contrats à durée indéterminée. Ils peuvent aussi prendre la forme d'un contrat de consultant, de vacataire, voire d'un emploi bénévole, comme c'est le cas des observateurs électoraux recrutés pour quelques semaines et simplement indemnisés de leurs frais », prévient le ministère français des Affaires étrangères. Et ce dernier confirme la situation générale constatée et les témoignages recueillis au cours de cette enquête : « Les garanties offertes par les statuts de personnel en vigueur dans les organisations varient beaucoup d'une organisation à l'autre, voire à l'intérieur d'une même organisation. Ainsi, à l'ONU, selon que l'on est recruté sur un poste du budget régulier (postes de la série 100) ou du budget alimenté par les contributions volontaires des États (postes de la série 200) ou encore sur un emploi non permanent (postes de la série 300), les garanties peuvent être très différentes : la série 300 par exemple ne prévoit rien en matière de congé de maternité »...

Cette précarité de l'emploi, inimaginable dans des organisations censées promouvoir les droits de l'homme, a bien entendu d'autres conséquences sur la vie de très nombreux fonctionnaires internationaux.

Fonctionnaires Sans Domicile Fixe

Ce sont des dizaines de chefs d'État, des centaines de ministres, des milliers de fonctionnaires et personnalités, près de 80 000 délégués officiels et 40 000 représentants d'organisations non gouvernementales (ONG) qui chaque année séjournent à Genève. Et, c'est surtout là, et non à New York, que les pays envoient leurs représentants les plus qualifiés pour traiter de travaux qui les concernent directement dans la santé, le commerce, la paix, l'environnement, les droits de l'homme. Aujourd'hui, 40 % de la population de Genève, dont l'agglomération compte 421 330 habitants, est internationale : l'essentiel est composé de personnels des organisations internationales gouvernementales ou non, des missions et des sociétés transnationales étrangères. Et Steve Bernard, le directeur du Centre d'accueil de Genève international avoue « une situation difficile concernant le marché du logement pour les nouveaux arrivants. C'est le problème principal que nous devons régler ».

« Trouver un logement ? Une vraie sinécure ! Avec un contrat de trois ou six mois, c'est pratiquement impossible, sauf à aller à l'hôtel. Et si je perds mon travail et que je ne trouve pas tout de suite un nouveau contrat, je n'ai plus rien du jour au lendemain. Sauf la rue et l'expulsion puisque comme étranger tu ne peux pas habiter en Suisse sans travail », rapporte Saoussen. Le salarié d'une organisation internationale qui arrive à Genève affronte un véritable « parcours du combattant » pour trouver un logement.

Karine, fonctionnaire à l'ONU, a « sous-loué pendant six ans un appartement d'une collègue de l'Organisation internationale du travail partie avec un congé sans solde. Quand elle a décidé de partir en retraite, je me suis demandé comment faire pour avoir le bail de cet appartement, car étant employée avec un contrat à court terme, la régie ne voudrait jamais me le donner. J'ai eu la chance de trouver un ami suisse qui accepte de se porter garant pour moi, sinon je ne sais pas où j'aurais pu loger avec la crise du logement sur Genève ».

Saoussen et Karine ne sont pas des exceptions mais le reflet de ce que vivent les salariés des OI embauchés avec des contrats précaires de quelques mois, voire d'un an.

Un sentiment d'écœurement

« L'un de nos problèmes réside dans les personnels qui ont des contrats à court terme, de quelques mois. Nous pouvons les conseiller, mais ils n'ont accès au logement que très difficilement, avec des options restreintes, car les régies préfèrent les personnes qui ont des contrats fixes sur plusieurs années », indique Steve Bernard. Où vont donc loger les fonctionnaires de l'ONU avec des contrats à court terme ? « Ces personnes s'orientent plutôt vers les appartements-hôtels, les résidences meublées et les hôtels qui louent des chambres à long terme, pour lesquels nous examinons la possibilité que les professionnels revoient leurs tarifs » précise-t-il.

Ces situations à l'hôtel ou en résidence s'avèrent difficiles à vivre, pratiquement privé de « chez soi », dans un lieu où ils ne peuvent vraiment s'installer, sans un minimum de certitude quant à leur avenir, leur conjoint restant parfois dans un autre pays ou les enfants n'étant pas toujours accueillis dans les écoles qu'ils souhaiteraient. Et pour le « temporaire à durée indéterminée », l'appartement-hôtel reste parfois le seul recours pendant de longs mois, voire quelques années pour ceux qui tiennent le coup... Le temps de la lassitude et du dégoût.

« Dix ans que je galère là-dedans, de contrat de trois mois en contrat de six mois sans pouvoir ni travailler, ni vivre vraiment. Dix ans de ma vie, tu te rends compte ! Au début, je croyais que c'était provisoire, que j'arrivais, qu'il fallait que je fasse mes preuves et que j'allais finir par avoir un poste permanent. Au bout du compte, je n'ai ni vrai travail, ni vrai logement et je passe tous les jours la frontière française faute d'avoir pu trouver un logement sur Genève. Mais c'est la dernière année. Les OI, ce n'est même pas un système bloqué, c'est un système pourri ! » constate Paola, écœurée, qui a décidé de claquer la porte, de changer de pays et d'employeur.

« Système pourri », le mot est lâché.

Mais alors, qu'est-ce qui fait courir les fonctionnaires internationaux dans ces conditions de précarité extrêmes ?

Pourquoi continuer ?

« Il y a plusieurs raisons à ce rapport presque pervers », explique un proche de la direction de l'Organisation internationale du travail : « D'abord, certains d'entre eux ont des enfants et quitter Genève pour recommencer à travailler dans un autre pays alors que l'on a déjà des contacts sur son lieu de travail et dans cette ville n'est pas aisé et toujours remis en question par l'espoir de décrocher un contrat à durée indéterminée. Ensuite, lorsque vous êtes déjà à Genève, il est plus facile d'être réembauché à partir de Genève qu'à partir d'un pays étranger, même s'il s'agit du vôtre, car il y a une question de proximité, de disponibilité, de contact facile qui entre en compte. » Et le cercle devient particulièrement vicieux quand les employés de l'ONU et des OI travaillent plusieurs années sur le même poste avec une multitude de contrats. Il s'installe alors inévitablement l'espoir que ce poste soit créé de manière définitive sous forme de contrat à durée indéterminée et ils s'emploient à tout faire pour préserver leur chance de l'obtenir.

« Oui, bien sûr, pour certains d'entre eux le fait de repartir de Genève pour retrouver du travail dans un autre pays n'est pas facile, surtout quand on sait les sacrifices qu'ils ont souvent consentis pour y venir et qu'une famille s'est parfois constituée entre-temps », estime Salika Wenger, fondatrice du syndicat Équité qui fait la liaison entre les employés des organisations internationales et ceux de Genève. Et d'ajouter que « pour nombre d'entre eux, c'est parfois ce qui leur fait accepter des conditions de travail inacceptables sans trop rien dire même s'ils ne sont pas d'accord... ».

« S'ils sont exploités, qu'ils se syndiquent ! »

Luis Cid, qui fut à l'initiative de la création de Syndicat sans Frontières – SsF –, organisation qui s'attache notamment à la défense du personnel administratif, technique et de service des missions diplomatiques près l'ONU et du personnel de service des fonctionnaires internationaux ainsi que de celui des consulats et ambassades accrédités auprès du gouvernement suisse – ATS (administratif, technique et de service) –, m'interpelle dès notre première rencontre : « S'il vous plaît, au regard de cette situation, ne me dites pas qu'en une année un fonctionnaire d'une organisation internationale n'a pas le temps de comprendre qu'il est au cœur de l'un des pires systèmes d'exploitation. S'ils sont exploités et connaissent des situations difficiles, alors qu'ils prennent leurs responsabilités et s'organisent syndicalement pour se faire respecter. Trop souvent ils sont des victimes consentantes qui ne voient pas la nécessité de se syndiquer et pensent être privilégiés quand ils sont sous contrat. »

Le dirigeant syndical a eu le temps de comprendre comment fonctionnait « le cerveau du monstre », ce qui se tramait « dans ces OI qui fonctionnent un peu comme des termitières » : « Dans ce que j'appellerai "Nations désunies" et qui, selon moi, n'est autre chose qu'une grande archive internationale des injustices du monde entier et des violations des droits de l'homme dans les pays membres, il est important de souligner que ce système génère lui-même des injustices et qu'il finit par avoir pour but sa propre survie quel qu'en soit le prix humain. N'oubliez pas qu'un des secrétaires généraux de l'ONU n'était autre qu'un ancien SS, Kurt Waldheim, et que le système onusien s'en est très bien accommodé ! Nous sommes indignés de constater qu'à la Commission des droits de l'homme ont siégé d'anciens bourreaux comme Washington Carrasco, ambassadeur de Pinochet à l'ONU et qu'y viennent toujours, le plus régulièrement du monde, des ambassadeurs qui sont souvent des exploiteurs et parfois même des esclavagistes ! » rappelle-t-il. Et face à ces situations, le salarié d'un haut fonctionnaire de l'ONU, ambassadeur ou autre, comme celui du système onusien ne peut se défendre qu'en recourant au tribunal administratif interne ou en se syndiquant. Pour qui connaît le fonctionnement de ce « tribunal », le choix est vite fait...

CHAPITRE 4

LES TRIBUNAUX DE L'INJUSTICE

SF&a ? C'est Schwab, Flaherty et associés. Un cabinet d'avocats dans une bâtisse sobre sur les hauts de Genève. Edward Patrick Flaherty, ce diable d'avocat américain inscrit aux Barreaux du Massachusetts et du Maine, enregistré à l'Ordre des avocats de Genève, est devenu un défenseur attitré des fonctionnaires des OI. « Ici à Genève, l'Ordre des avocats conseille un honoraire minimum de 400 FS par heure. Pour le fonctionnaire qui n'a pas un haut grade, c'est pratiquement impossible. Mais ce n'est pas pour cela que je ne vais pas défendre les autres, ce ne serait pas juste. »

Juste, comme la justice que réclament nombre de fonctionnaires internationaux parfois obligés de procédurer des années durant devant le tribunal administratif. Ce tribunal interne au système onusien reste l'une des ultimes chances de salut pour les fonctionnaires internationaux en conflit avec leur OI. En effet, ces derniers dépendent du règlement intérieur de leur organisation et non des lois du pays d'accueil.

Des juges nommés par les employeurs

Le tribunal comprend sept juges, appartenant tous à une nationalité différente et nommés pour une durée de trois ans par la Conférence de l'OIT sur proposition du directeur général. Ils ont donc une indépendance de jugement toute relative puisqu'ils sont choisis essentiellement par les... employeurs ! Mais « pour faire une requête devant le tribunal, le fonctionnaire doit avoir épuisé tous les moyens de recours prévus par le statut du personnel », indique Edward P. Flaherty. Une sorte de « parcours du combattant » à la mode onusienne.

En cas d'impossibilité de règlement amiable, le fonctionnaire doit solliciter par courrier postal ou électronique un entretien avec l'un des responsables hiérarchiques concernés. Après entretien et réponse de celui-ci, il dispose alors d'un délai de trente jours, si la mesure proposée ne lui convient pas, pour saisir le médiateur ou le groupe mixte. Le médiateur prépare un rapport sur l'issue du litige et formule une proposition de règlement dans un délai de trente jours. Mais c'est le supérieur hiérarchique qui, sur la base de ce rapport, prendra une décision concernant le litige... Donc, éviter les conflits avec le supérieur hiérarchique qui peut vous juger !

Le directeur général comme « juge suprême »

Si le membre du personnel n'est pas satisfait de la décision, il se retourne alors vers le groupe mixte composé de trois membres, tous fonctionnaires de l'OIT. Pour cela, il doit en faire la demande écrite dans un délai de trente jours en y joignant les pièces qu'il juge nécessaires pour soutenir sa demande, le nom des témoins qu'il souhaite éventuellement faire entendre et présenter la solution qu'il souhaite voir adopter. Ce groupe se livre alors à une enquête complète et dispose d'un délai de trente jours pour parvenir à une conclusion qui sera soumise, sous forme d'avis, au directeur général. En effet, selon l'accord collectif passé entre l'OIT et l'association appelée « Syndicat du personnel », à ce stade de la procédure, « le directeur général décide, dans un délai de vingt jours suivant la soumission de la proposition du groupe mixte, des mesures à prendre, compte tenu de la teneur de cette dernière, et communique immédiatement sa décision aux parties ». Autrement dit, c'est le directeur général de l'organisation qui décide du jugement en dernier recours. Donc, éviter également les conflits avec son directeur général qui peut aussi vous juger...

C'est seulement à compter de la décision du directeur général concernant la proposition du groupe mixte que le fonctionnaire dispose d'un délai de quatre-vingt-dix jours pour saisir le tribunal administratif.

« Le tribunal de l'ONU viole régulièrement les droits de l'homme ! »

Les décisions du tribunal administratif sont souvent comme un roman. Il y a peu d'analyses des faits et beaucoup de jurisprudence dans les décisions. Normalement, le droit international sur lequel devrait s'appuyer le tribunal administratif doit respecter au moins toutes les conventions qui ont été signées par l'OIT. « Mais en fait, dans beaucoup de cas que je défends, il n'en est rien. Par exemple, si je défends le principe de l'OIT qui dit à travail égal, salaire égal pour un contrat à court terme, le tribunal ne fait pas référence au droit mais au contrat signé. La "logique" de ce tribunal c'est d'éviter l'application des droits de l'homme et des conventions relatives au droit du travail », constate Edward P. Flaherty.

Près de 50 % des plaintes qu'il traite concernent des affaires de *mobbing* et les problèmes qui en dérivent comme les ruptures de contrats, les refus de promotion, le stress, etc. Mais, ainsi qu'il le souligne, « là où il y a problème, c'est que nous ne pouvons pas aller devant un tribunal national. Il faut donc essayer d'obtenir quelque chose de l'organisation qui ne veut pas en entendre parler, de peur que des responsables soient mis en cause ou l'organisation critiquée sur le plan des conditions de travail. Les 50 % autres sont essentiellement des licenciements abusifs, des violations du droit du travail ». Et de noter « qu'avec le temps, le système s'est détérioré car il n'y a pas d'impartialité ». Aussi utilise-t-il le droit international, la jurisprudence de l'OIT, les conventions internationales. « Mais le tribunal ne considère pas celles-ci. C'est fou quand vous pensez qu'il est l'émanation de l'organisation qui en a le plus souvent été à l'origine ! » fait-il observer.

La compétence du tribunal administratif de l'OIT a été reconnue par quarante et une organisations internationales, soit la plupart des grandes organisations onusiennes, exception faite du groupe de la Banque mondiale et du Fonds monétaire international qui ont également leur propre tribunal. L'ONU a son propre tribunal à New York qui se réunit à Genève chaque été, en juillet. « Mais pour l'ONU, c'est un peu différent car, pendant la procédure interne, le fonctionnaire ne peut pas avoir d'avocat externe. J'ai plaidé que cette procédure violait la déclaration des droits de l'homme et que chaque citoyen pouvait choisir son défenseur. Le tribunal passe outre avec mépris en refusant d'appliquer cette liberté essentielle qui figure dans la Charte des Nations unies ! » rapporte-t-il.

Le tribunal de l'OIT viole régulièrement la Convention européenne des droits de l'homme

Et, dans la pratique, les difficultés ne manquent pas, ainsi qu'il en témoigne : « Les règles de l'OIT prévoient que les séances du tribunal soient publiques. Or, depuis 1990, aucune séance n'est publique et il est impossible que des témoins puissent être entendus. Le plaignant prépare sa plainte avec son avocat et le tribunal décide seul à huis clos. Là encore, c'est une violation des droits de la défense. Aussi, pour chaque cas, depuis 1990, je dépose toujours une demande de séance publique mais celle-ci est systématiquement refusée. Comment peut-on décider de la vérité seul, uniquement avec des papiers, sans entendre les arguments des parties ? » Les juges viennent à Genève deux fois par an pendant trois semaines, ils examinent les dossiers – entre quarante et soixante cas par séance –, prennent leurs décisions qui sont publiées deux mois après. Et de plus, le tribunal ne justifie jamais son refus d'appliquer les conventions internationales...

Ainsi, le tribunal administratif bafoue-t-il régulièrement la Convention européenne des droits de l'homme, dont l'article 6 prévoit notamment que « toute personne a droit à ce que sa cause soit entendue équitablement, publiquement et dans un délai raisonnable par un tribunal indépendant et impartial, établi par la loi (...). Le jugement doit être rendu publiquement (...). Tout accusé a droit à interroger ou faire interroger les témoins à charge et obtenir la convocation et l'interrogation des témoins à décharge dans les mêmes conditions que les témoins à charge. »

La dictature des petits juges

La procédure? « Elle dure en moyenne trois ans. Mais les gens qui sont licenciés ou dont le contrat arrive à terme et n'est pas renouvelé n'ont pas d'argent pour vivre et doivent bien souvent quitter le territoire suisse. Le procès se poursuit, mais imaginez les difficultés quand la personne que je défends se trouve à l'autre bout du monde », fait-il remarquer.

Le soutien financier au plaignant ? « Cela n'existe pas. Par exemple, en cas de licenciement abusif ou de *mobbing*, il n'y a pas de moyen d'obtenir d'aide juridictionnelle, de soutien financier, le temps que le cas soit jugé, alors qu'il s'agit d'atteinte très graves aux droits des personnes. »

Les recours contre une décision du tribunal ? « Pratiquement impossible. C'est une autre violation du droit : tous les jugements du tribunal sont définitifs et sans appel. C'est à la fois la première et la dernière instance ! On peut demander au tribunal de l'OIT de repenser une décision si, par exemple, un fait est découvert pendant sa décision ou après, mais on ne peut pas lui demander de revoir son jugement s'il a commis une erreur de droit. Il se considère infaillible en matière de droit. » Le jugement est ensuite transmis au requérant, au directeur général de l'OIT et à celui de l'organisation faisant l'objet de la requête. Mais le directeur général peut très bien ne pas suivre la décision du tribunal. Ainsi Guillermo Carlos Bluske, fonctionnaire de l'Organisation mondiale de la propriété intellectuelle (OMPI), licencié abusivement, réintégré par une décision du tribunal, a dû revenir à quatre reprises devant le tribunal administratif afin de contraindre l'administration qui refusait de le réintégrer d'appliquer la décision. « En tout, cette affaire a duré près de cinq ans », souligne l'avocat américain.

Mais, il y a malheureusement pire, ainsi que le décrit Edward P. Flaherty au travers du cas d'une fonctionnaire qu'il défend.

Comment détruire une fonctionnaire « très positive »

En 1998, Saideh von Keitz, de nationalité allemande, travaille au centre de l'OMS, à Kobe, au Japon. C'est une grande professionnelle de l'informatique appliquée à la santé pour les pays pauvres. Analyste système, elle est embauchée dans un premier temps avec un contrat à court terme avec le grade de P5, puis avec un contrat à durée déterminée de deux ans. Un nouveau directeur japonais entre en fonctions le 1er janvier 1999 et devient son supérieur hiérarchique. « Celui-ci supporte difficilement sa grande qualification et commence tout de suite à la harceler : paroles blessantes, discrimination sexuelle, suppression de ses mots de passe informatiques, suppression des projets sur lesquels elle travaille, etc. Elle demande à plusieurs reprises une réunion pour régler les problèmes. Finalement, ce directeur est obligé d'accepter, l'écoute une dizaine de minutes en regardant par la fenêtre et met fin à l'entretien », rapporte Edward P. Flaherty.

Et la situation ne fait que s'aggraver puisque « bien qu'informée de ces problèmes, la direction générale de l'OMS ne bouge pas pendant six mois alors que cette fonctionnaire n'a plus que son bureau et pratiquement plus de travail ou des tâches sans rapport avec sa qualification et son expérience». Pour l'avocat, «c'est un cas de *mobbing* classique: harceler, enlever toutes responsabilités professionnelles, la pousser à commettre des fautes, faire courir de faux bruits, exclure l'individu du groupe de travail». Et sa situation empire encore, lorsqu'en mai 1999, l'OMS décide de ne pas renouveler son contrat pour deux ans mais seulement pour une seule année, sur la base d'un rapport établi notamment par son chef japonais, qui la harcèle et fait mention de mauvaises performances. «Il ne pouvait en être autrement, souligne Edward P. Flaherty, puisqu'il était lui-même la cause de ces conditions de travail insupportables.» Le peu de réaction de la direction générale de l'OMS donne du temps à une hiérarchie cynique, dont les «mobbeurs» s'emploient chaque jour à parfaire la destruction psychologique de Saideh. Car dans le cas de *mobbing*, chaque jour qui passe peut avoir des conséquences catastrophiques si aucun événement ne survient pour stopper le processus. Heureusement, Saideh ne démissionne pas et ne se suicide pas.

Un rapport d'évaluation de son ancien supérieur hiérarchique direct, qui note son travail pour la période du 1er mai au 31 décembre 1998, donne du reste «une appréciation très positive des services de la requérante au terme de sa première année à l'OMS», mentionne le jugement nº 2108 du tribunal administratif du 30 janvier 2002. Il indique également «plusieurs aspects négatifs devenus apparents après qu'elle a reçu son contrat de durée déterminée». Quelle est donc cette fonctionnaire qui ne saute pas de joie à l'annonce de la précarisation de son emploi?!...

Saideh von Keitz saisit alors le Comité d'appel du siège de l'OMS qui, en avril 2000, tout en essayant de justifier la réduction de son contrat, demande néanmoins l'ouverture d'une enquête approfondie et immédiate sur le harcèlement dont elle a été victime. Entre-temps, son avocat adresse le 16 juillet 1999 une lettre à la direction générale de l'OMS pour demander l'ouverture d'une enquête. Non seulement l'organisation tarde à lui répondre mais, fin juillet de la même année, Saideh von Keitz est temporairement affectée au Bureau régional de l'OMS pour la Méditerranée orientale (EMRO) à Alexandrie, en Égypte. Elle y reste neuf mois. Puis son contrat ne sera prolongé que de trois mois, et elle rejoint le siège de l'organisation à Genève où elle est mutée, le 1er septembre 2000. Là, elle va subir le harcèlement d'un autre fonctionnaire.

Ce n'est qu'en juin 2000, soit deux ans après le début des faits et près d'une année après l'intervention de Edward P. Flaherty auprès de la directrice générale de l'OMS, que cette dernière daigne lui répondre : elle demande enfin la constitution d'un groupe de travail sur le harcèlement, mais confirme la réduction du contrat de travail et refuse tout paiement de dommages et intérêts. « Nous avons été devant le tribunal de l'OIT. J'ai recensé vingt cas de jurisprudence pour sa défense. Le 30 janvier 2002, dans sa décision, le tribunal rejette la requête sous prétexte que l'enquête interne sur le harcèlement n'est pas terminée et sans donner de délai à la fin de cette enquête ! C'est d'autant plus scandaleux que la direction générale de l'OMS a été contrainte de commencer son enquête à la suite de mes interventions et de celle du groupe mixte de l'OMS pour des faits qui ont commencé en 1998 ! »

dénonce-t-il. Et d'ajouter qu'« aujourd'hui, deux ans après avoir été contrainte d'ouvrir une enquête sur le harcèlement, la directrice générale de l'OMS n'a toujours pas rendu de conclusions » !

Non-assistance à personne en danger ? Complicité dans l'atteinte à l'intégrité de la personne humaine ? « Mme von Keitz est aujourd'hui en dépression et avec des réactions physiques au stress dans ses articulations au point d'être invalide à 100 % à 46 ans. C'est la fin du chemin pour elle : elle a perdu sa santé, son travail, sa passion à l'OMS. Voilà comment fonctionne la "justice" dans les OI ! » accuse-t-il.

Zones de non-droit

De manière générale, beaucoup de juges proposés au tribunal administratif sont d'anciens fonctionnaires qui n'ont pas forcément d'expérience ou de connaissance du droit du travail. D'autres viennent aussi de tribunaux nationaux : c'est ainsi qu'un ancien membre de la junte militaire d'Argentine s'est retrouvé nommé au tribunal de l'OIT...

Pour le seul tribunal administratif, le nombre de recours, de 1993 à 2001, a régressé, passant de 195 à 107 par an. Mais dans le même temps, le nombre de requêtes admises et, par conséquent de fonctionnaires obtenant gain de cause, a régressé considérablement, passant de 95 (49 %) à... 22 (20 %) alors que pendant la même période les conditions de travail se sont aggravées, marquées tout particulièrement par le développement du harcèlement psychologique et sexuel et du *mobbing*.

Les Nations unies et ses institutions spécialisées ne sont soumises à aucune législation nationale en matière de droit du travail dans les dix-huit villes (Genève, Paris, Londres, La Haye, Berne, Vienne, Rome, Beyrouth, Gaza, Tokyo, Bangkok, Nairobi, Addis Abeba, Santiago du Chili, Saint-Domingue, Montréal, New York, Washington) où sont installés ses principaux offices. Ainsi, à Genève comme dans les autres lieux, les collaborateurs de l'ONU ne peuvent recourir au droit international du travail et ne dépendent que du règlement intérieur de l'organisation qui les emploie. En Suisse, par exemple, le droit du travail, qui se résume pratiquement à soixante articles (articles 319 à 379) du Code des obligations, ne concerne en rien les salariés des organisations internationales qui y sont hébergés. Dans les faits, le statut des « ex-cols » – les collaborateurs extérieurs – ne tient pas plus compte des normes prônées par l'OIT que des conventions européennes de Strasbourg.

Les droits du travail ? Qu'est-ce que c'est ?

Le désarroi et la situation sont tels dans les OI que le syndicat New Wood des Nations unies doit expliquer aux salariés des organisations qui travaillent sur les droits de l'Homme et le droit du travail en quoi consistent ces... mêmes droits : « Vous savez que la première priorité du syndicat New Wood des Nations unies est l'introduction des droits de l'homme et des droits du travail aux Nations unies, y compris le droit à la négociation collective. Mais certains d'entre vous nous ont quelquefois demandé en quoi, dans la pratique, consistent ces droits et pourquoi il est indispensable que les fonctionnaires de notre organisation en bénéficient (...) ; les droits humains au travail, ainsi que les qualifient le Conseil d'administration de l'Organisation internationale du travail (OIT) dérivent d'un certain nombre de normes internationales adoptées en matière de droit du travail telles qu'elles sont établies dans divers instruments de l'OIT, en particulier dans la Convention (n° 87) sur la liberté syndicale et la protection du droit syndical, la Convention (n° 151) concernant la protection du droit d'organisation et les procédures de détermination des conditions d'emploi dans la fonction publique, la Convention (n° 154) concernant la promotion de la négociation collective et la Recommandation (n° 143) concernant la protection des travailleurs dans l'entreprise et les facilités à leur accorder.

« Outre les conventions mentionnées, il convient de citer également la Déclaration de l'OIT relative aux principes et droits fondamentaux du travail adoptée le 18 juin 1998 qui fait aussi référence à la liberté syndicale et à la reconnaissance effective du droit à la négociation collective et qui souligne ce jeu de principes fondamentaux du travail acceptés par la communauté internationale [1] (...) »

Un peu comme des extra-terrestres...

Constat : l'Organisation des Nations unies et son secrétaire général Kofi Annan, prix Nobel de la Paix 2001 pour « leur travail en faveur d'un monde mieux organisé et plus pacifique », n'appliquent pas à leurs propres fonctionnaires ce qu'ils s'efforcent officiellement de faire appliquer dans les différents pays du

---

1. Extrait du communiqué d'information n° 33 du 3 septembre 2002 aux salariés de l'ONU.

monde, en l'occurrence les droits de l'homme, qui comprennent naturellement les droits du travail ! Pour le syndicat New Wood, « les fonctionnaires de l'ONU sont un peu comme des extra-terrestres, puisque nous ne bénéficions pas de ce que notre organisation est chargée de faire appliquer sur la planète Terre ! ».

« Quand vous entrez dans le système des Nations unies, tout repose sur des obligations. Dès que l'on accepte le contrat d'emploi, on accepte également de ne plus dépendre de ses lois nationales. Si l'on n'a pas de droit ici, nous n'avons de droit nulle part », indique Esther Trippel-Ngai, présidente de New Wood. Raison pour laquelle « le but de notre syndicat a toujours été d'avoir les normes internationales intégrées dans le règlement du personnel des Nations unies », indique-t-elle. Car à l'ONU, les libertés syndicales n'existent pas. La répression syndicale y est même constante et le fait d'une hiérarchie qui se refuse à appliquer les droits qu'elle est supposée... promouvoir.

CHAPITRE 5

« L'ONU, INCARNATION DE LA VIOLATION DES DROITS DE L'HOMME ! »

« Les Nations unies sont l'incarnation de la violation des droits de l'homme ! Il faut introduire les droits de l'homme à l'ONU, ce qui ne peut passer que par une décision de son assemblée générale et la mobilisation consciente et déterminée des personnels pour le droit et la dignité au travail », déclare Jacques Vigne, fondateur du premier syndicat de l'ONU.

New Wood voit officiellement le jour le 30 avril 1998, à l'initiative d'un groupe de fonctionnaires internationaux de l'ONU révoltés de voir les droits du travail continuellement bafoués, les injustices et le règne de la peur se développer. Se réunissant d'abord pratiquement de manière clandestine pour s'organiser, ils élaborent les statuts du premier syndicat créé au sein de l'ONU en s'appuyant sur la Charte des Nations unies, différentes conventions dans le domaine des droits de l'homme et des droits du travail et des décisions adoptées par les États membres de l'Assemblée générale des Nations unies. Car les images diffusées sur l'ONU sont trompeuses.

« La belle image de l'ONU, de ses idéaux, de ses missions nous conduit ici et nous pensons nous consacrer au service d'une noble cause. La cause est toujours noble mais le système relève plus de la dictature d'une nomenklatura que d'une organisation démocratique », explique Esther Trippel-Ngai.

Mais si les conditions de travail sont si difficiles, pourquoi continuer d'y travailler et comment faire valoir ses droits ? « Sans doute parce que tout en sachant que cela ne peut plus continuer ainsi, ils ressentent aussi en eux la nécessité de changer les choses, même s'ils ne voient pas encore trop comment faire. Ils sont profondément attachés à l'organisation car ils se rendent compte, dans leurs relations de travail avec les autres collègues, que ce pourrait être quelque chose de formidable au service des peuples avec de profondes réformes de toute la structure. C'est aussi pourquoi New Wood a été créé », soutient-elle. Elle aussi, comme la plupart des adhérents du syndicat, s'est engagée dans le syndicalisme « en raison du décalage qui existe entre les principes fondateurs des Nations unies et ce que vivent tous les jours les fonctionnaires de l'ONU ».

Pourquoi New Wood ? « Parce que nous sommes le "bois vert [1]" qui subsiste dans cette maison et s'oppose au vieux bois mort », réplique-t-elle avec humour. Et du « bois mort », il y en a. À commencer par la peur qui a pesé des décennies durant sur les fonctionnaires internationaux souhaitant simplement s'informer sur leurs droits ou les défendre.

1. « New Wood » en anglais signifie « bois vert ».

« Je vous donne un exemple pour que vous compreniez bien ce qui se passe aux Nations unies et que l'on ne peut imaginer de l'extérieur. Quand j'étais secrétaire exécutif du Conseil de coordination du personnel, j'ai eu la visite d'une jeune femme qui est venue me voir pour une affaire de harcèlement sexuel de la part de sa chef. Elle a porté plainte devant le comité qui s'occupe de ces questions et a demandé une enquête. L'administration a fait soi-disant son enquête et a rendu une conclusion négative, considérant qu'il ne s'était rien passé. Par contre, l'intéressée qui était harcelée et avait un contrat temporaire, n'a pas eu son contrat renouvelé deux mois plus tard et elle s'est retrouvée dehors. Par des contacts que New Wood a dans les autres organisations internationales, nous avons pu l'aider à retrouver du travail. Mais voilà comment fonctionne ce système dès que vous voulez simplement défendre vos droits ! » témoigne Jacques Vigne, l'un des fondateurs du syndicat des Nations unies.

Les beaux discours de Kofi Annan à Davos

Pourtant, à l'occasion du Forum économique mondial de Davos, le 31 janvier 1999, le secrétaire général des Nations unies, Kofi Annan, a demandé aux dirigeants des grandes sociétés du monde, individuellement, dans le cadre des sociétés qu'ils dirigent et, collectivement, par l'intermédiaire de leurs associations « d'embrasser, de promouvoir et de faire respecter une série de valeurs fondamentales touchant les droits de l'homme, des conditions de travail et l'environnement (...) parce que ce sont des sphères dans lesquelles les valeurs universelles ont déjà été définies par des instruments internationaux, notamment la Déclaration universelle des droits de l'homme, la Déclaration de l'Organisation internationale du travail relative aux principes et droits fondamentaux du travail » qui comprend le droit d'association et la reconnaissance effective du droit aux négociations collectives.

Comment ne pas douter de la sincérité de cet appel quand, au sein même de l'ONU, ces mêmes droits sont régulièrement bafoués ?

Les beaux textes du règlement

Selon le Règlement de la représentation du personnel de l'Organisation des Nations unies à Genève de janvier 1983, le Conseil de coordination, seul organe reconnu comme interlocuteur par l'administration, est composé de vingt-cinq membres et de trois représentants du personnel du Haut-Commissariat pour les réfugiés. Les membres du Conseil sont élus au suffrage universel et au scrutin de liste par des élections qui ont lieu chaque année. Ce même règlement prévoit, dans son article 6, que « la tâche principale du Conseil est de coordonner les positions de toutes les tendances représentatives du personnel des Nations unies à Genève afin que les intérêts de l'ensemble du personnel et des retraités soient défendus vis-à-vis du secrétaire général et des représentants des employeurs de façon cohérente et unitaire ». Si l'on s'en tient aux textes, les fonctionnaires ont donc la liberté d'association, le droit de fonder des syndicats et d'y adhérer. Dans la pratique, il en va tout autrement.

Culture de la peur

« Nous en avons assez de voir tant d'injustices, de violations de droits du travail, des collègues qui restent des années et des années sans promotion tandis que quelques autres bénéficient d'un favoritisme éhonté. Dans les organisations internationales, c'est la culture de la peur entretenue par une précarité de travail incroyable et des pressions sur les personnels qui conduisent parfois à des situations catastrophiques quand ce n'est pas au suicide », insiste Jacques Vigne. Et ce n'est pas par hasard que le slogan de New Wood se résume en trois mots : « Courage, professionnalisme, intégrité. »

Du courage, il en a fallu aux membres fondateurs qui, sans peur des représailles, sans crainte de risquer leur vie professionnelle – ou leur vie tout court – ont rassemblé leurs forces et sont passés à l'action dans l'intérêt des personnels de l'ONU et des organisations internationales associées : envoi d'une lettre à tous les ministres des Affaires étrangères dont les pays sont représentés à l'ONU, rencontres avec cent vingt missions diplomatiques basées à Genève, courriers à tout le personnel de l'ONU de Genève et envois de communiqués, édition d'une lettre d'information, etc. Le petit syndicat devient vite un centre d'intérêt, un espoir pour nombre de salariés mais qui n'osent pas encore en parler tout haut et s'y engager de peur de représailles ou de perdre leur emploi.

Répression syndicale à l'ONU

Cette activité irrite quelques responsables de l'administration qui vont s'employer à bloquer la carrière de

Jacques Vigne, bien avant le lancement de New Wood. Ils pensent, sans doute, pouvoir ainsi le faire rentrer dans le rang. Lui refusant toute promotion correspondant à sa qualification, l'administration onusienne le bloque au grade de P3 depuis 1984 et lui donne le poste d'administrateur des contrats sans fonction définie. « Le règlement du personnel de l'ONU présente en effet cette particularité de n'avoir aucune disposition qui oblige l'organisation à te donner du travail. L'ONU peut t'employer, te verser un salaire mais ne pas te donner de travail !... » rappelle-t-il.

C'est mal connaître Jacques Vigne, ce Drômois costaud venu de sa Valence natale s'installer à Genève depuis son entrée à l'ONU. L'homme, juriste de formation, qui pratique l'ONU depuis 1977 et y a occupé différents postes, attaché à la justice sociale et à l'image de l'organisation où il a fait le choix de s'engager, fait passer l'intérêt général avant son plan de carrière. L'action continue donc et, dès 1998, il se rend à New York avec Roberto Collipal, autre membre fondateur de New Wood. « Nous avons rencontré une cinquantaine de représentants de délégations et des délégations régionales. Nous leur avons fait part de la situation interne que pratiquement aucun ne soupçonnait et leur avons dit en substance : Prenez vos responsabilités, prenez l'initiative d'une résolution pour introduire les droits de l'homme et du travail à l'ONU. »

À la suite de cette initiative, le 8 décembre de la même année, Rafiah Salim, sous-secrétaire générale pour les Ressources humaines, envoie une lettre aux deux syndicalistes leur interdisant formellement d'avoir des contacts avec des représentants des États en tant que fonctionnaires.

ONU : les fonctionnaires ne peuvent rencontrer leurs employeurs !

La réponse de la sous-secrétaire générale en dit long sur le décalage entre le discours et la réalité quant à l'exercice des droits et libertés syndicaux au sein de l'ONU : « ... Si vous souhaitez organiser une union autre que l'association du personnel reconnue par l'Organisation, vos activités dans ce contexte sont privées et n'engendrent pas un régime spécial applicable aux membres reconnus des représentants du personnel. Le comportement dans lequel vous vous êtes engagés viole les obligations que vous assumiez en signant votre serment à l'Office comme rappelé et spécifié dans ST/IC/1996/10. En conséquence, cette lettre constitue un rapport officiel de la forte désapprobation de votre conduite en faisant pression ou en tentant de le faire auprès des États membres et de leurs délégués en faveur d'une proposition en désaccord avec la position prise par le secrétaire général. Elle constitue aussi un avertissement officiel qu'il vous est ordonné de cesser immédiatement tout comportement similaire dans le futur. » Dans le plus pur style onusien, cette FOK, terme propre à quelques initiés et qui désigne par dérision les *friends of Kofi*, « soutiens de Kofi Annan », fait ainsi savoir qu'il est contraire « à la position prise par le secrétaire général » que des employés des Nations unies rencontrent leurs employeurs !

« C'est quelque chose d'invraisemblable, puisque l'on nous interdit ainsi formellement d'avoir des relations avec les représentants des États qui sont nos employeurs. Le secrétaire général, Kofi Annan, n'est, rappelons-le, que le plus haut fonctionnaire, le premier employé de l'Organisation. Et, dans la réalité, nous ne sommes pas employés par lui mais par les États membres, même si sur le papier notre contrat est signé par le secrétaire général ou son représentant au nom de l'Organisation », souligne Jacques Vigne.

Blâme pour information syndicale

Communication syndicale restreinte également pour l'ensemble des fonctionnaires. Ainsi, le fondateur de New Wood reçoit un blâme de la part du directeur de la division de l'administration pour avoir utilisé son courrier électronique afin de faire parvenir des messages d'information aux fonctionnaires de l'ONU. Il lui est alors reproché d'avoir utilisé l'outil de l'administration à des fins... privées, puisqu'au sein de l'ONU, le syndicat n'est pas reconnu en tant que tel, même si le Règlement du personnel reconnaît aux fonctionnaires le droit de constituer des associations ou des syndicats : c'est en quelque sorte le droit mais pas l'exercice de ce droit ! À la suite de cette sanction, une décision du directeur de la division de l'administration fera bloquer son courrier électronique afin de l'empêcher de communiquer avec les autres fonctionnaires. Serait-ce parce que les courriers de New Wood, riches en informations, favorisent le débat et la transparence ?

À l'ONU, les urnes se promènent...

Dès 1998, Jacques Vigne et Roberto Collipal se présentent pour la première fois aux élections comme représentants du personnel et sont élus au Conseil de coordination, recueillant 27 % des suffrages des fonctionnaires et sept sièges sur vingt-cinq.

Fort de ce premier soutien, New Wood déploie son activité au grand jour, s'active dans la défense des fonctionnaires, là où les anciens représentants du Conseil de coordination ne se distinguaient pas par un dynamisme à tous crins.

L'année suivante, New Wood recueille 37 % des voix et neuf sièges de représentants des fonctionnaires, puis 43 % et onze sièges sur vingt-cinq en 2000. Une alliance avec les deux membres d'une autre liste permet alors à New Wood de former une majorité de fait avec treize voix contre douze et de constituer le premier Bureau exécutif du Conseil de coordination du personnel à tendance progressiste dans l'histoire de l'ONU. Lors des élections de 2001, New Wood recueille dix sièges mais dépose un recours devant la Commission d'arbitrage à la suite d'irrégularités constatées dans le déroulement du scrutin.

En 2002, un nouvel incident survient.

Le 6 mars, premier jour des élections pour le renouvellement des représentants du personnel au Conseil de coordination, à la porte 6 du Palais des Nations, il est 16 h 30 lorsque la présidente du collège des scrutateurs emporte une urne jusqu'à son bureau. Jacques Vigne et Louis-Bernard Secret demandent que cette urne soit immédiatement scellée en leur présence et placée sous le contrôle de la Section de sécurité et de la sûreté dans un local sécurisé. La présidente fait le forcing, ne donne pas suite à leur demande, place l'urne dans un placard et leur répond qu'elle doit se rendre seule chercher l'urne d'un autre bâtiment. Elle précise qu'elle sera de retour dans une demi-heure au Palais des Nations. Il est 17 h 10 lorsque les représentants de New Wood décident d'attendre son retour devant la porte de son bureau. À 18 h 15, ne la voyant toujours pas revenir, ils téléphonent au garde de la sécurité du Palais qui leur répond que cette dernière est partie avec... une urne depuis trois quarts d'heure! Ils attendent en vain le retour de la présidente du collège des scrutateurs jusqu'à 19 heures. Mais celle-ci ne reviendra pas. Les syndicalistes quittent donc le bâtiment tout en demandant au fonctionnaire de la sécurité de les contacter d'urgence au cas où elle reviendrait et de leur indiquer son heure de retour. « Le lendemain matin à 9 h 30, alors qu'elle arrivait avec les urnes, je lui ai demandé ce qu'elle en avait fait la veille au soir. Prise au dépourvu, elle m'a répondu qu'en raison de la circulation, elle avait décidé de ne pas revenir au Palais des Nations et qu'elle avait emporté l'urne du Palais des Nations chez elle en laissant l'autre dans son bureau! » indique Jacques Vigne.

Élections des délégués du personnel: « pas de modalités de scrutin »!

Étrange coïncidence: au moment du dépouillement, New Wood ne récolte que 120 votes sur plus de 1 000. En quelques mois, le syndicat passe de dix à quatre sièges au Conseil de coordination!... Face à ces faits, l'organisation dépose immédiatement un nouveau recours devant la Commission d'arbitrage concernant le scellement et la garde des urnes lors du scrutin. Le 21 mars suivant, celui-ci est rejeté. La Commission d'arbitrage indique que « le règlement électoral ne stipule pas les modalités suivant lesquelles le scrutin doit se dérouler, notamment en ce qui concerne le scellement et la garde des urnes »... Verdict qui laisse à penser qu'il est au moins deux endroits où l'ONU devrait envoyer ses commissions de surveillance des opérations électorales: aux États-Unis et à... l'ONU.

New Wood dérange. Depuis sa création et son entrée au Conseil de coordination, le syndicat a ouvert plusieurs chantiers sur les grandes questions qui préoccupent le personnel : droits du personnel, *mobbing*, salaires, dialogue personnel-administration, recrutement et développement de carrière, conditions et horaires de travail, formation, assurance maladie, pensions, services, développement d'un vrai système de justice interne avec notamment la proposition d'un Fonds d'aide juridique, le soutien aux cadres intermédiaires, etc.

Autant de problèmes qui restaient en sommeil et dont les représentants des États membres ne peuvent avoir connaissance que par New Wood.

Représentants sans pouvoir

« Nous avons un seul organe de négociation qui s'appelle le Staff Management Coordinating Committee (SMCC), comité de coordination entre l'administration et les représentants du personnel. Cet organe se réunit en principe une fois par an. C'est soi-disant un organe de négociation selon l'article 1 de ses statuts. Dans la réalité, c'est tout autre chose », déclare Jacques Vigne. Censé s'intéresser à tout ce qui ne va pas en matière de travail et de vie du personnel, ce comité est composé de représentants de toutes les associations du personnel des différentes organisations de tous les sièges des Nations unies et de représentants de l'administration. « À la fin de ses réunions, un rapport est établi par un rapporteur pour l'administration et un autre pour les associations du personnel. En face de nous, nous avons des représentants de l'administration. Mais, ce qui se passe, c'est que très souvent ces représentants nous disent qu'ils ne peuvent s'engager sans en référer d'abord au secrétaire général, et en fonction de sa décision. Nous n'avons donc pas d'interlocuteurs qui ont un mandat et peuvent prendre des décisions », fait remarquer Jacques Vigne.

Là où le système se complique, c'est que le rapport terminé et adopté entre les représentants de l'administration et du personnel, fruit de leur travail commun, ne va pas directement à l'Assemblée générale afin que les employeurs, c'est-à-dire les représentants des États membres, soient informés de ce qui se passe au sein de l'ONU. « Pas du tout ! » s'insurge le dirigeant de New Wood, qui précise que « ce document est alors transmis au secrétaire général qui, à son tour, demande à une personne de l'étudier. C'est en principe le secrétaire général adjoint à l'administration et à la gestion qui rédige alors un nouveau rapport sur la base de celui qui lui a été transmis ». On peut logiquement penser qu'après ce cheminement compliqué, ce nouveau rapport est enfin remis aux représentants des États membres. Nouvelle erreur.

De l'art de dissimuler la réalité aux États membres

En effet, ce n'est pas un rapport écrit qui est remis aux représentants des États membres ainsi que le fait remarquer le dirigeant de New Wood : « Il y a ensuite un exposé oral qui est fait à la Cinquième commission de l'Assemblée générale qui s'occupe notamment des questions du personnel et où les délégués des États sont présents. Mais les délégués ne peuvent jamais savoir ce qui s'est réellement passé, car ils ne reçoivent pas le rapport qui émane des réunions entre l'administration et les représentants du personnel. Ils n'ont donc qu'une vision filtrée de la réalité dont ils ne peuvent soupçonner certains aspects ! » précise Jacques Vigne.

Pour simplifier ce processus et assurer une meilleure information des représentants des États membres, les délégués de New Wood au Conseil de coordination ont proposé que le rapport du SMCC aille directement, tel quel, à la Cinquième commission de l'Assemblée générale. « Savez-vous ce qui s'est passé ? » m'interpelle le dirigeant de New Wood : « Les autres associations du personnel se sont opposées à cette proposition des représentants du personnel de l'ONU Genève lors des réunions qui se sont tenues à New York, au prétexte qu'ils ne voulaient pas que les États membres s'occupent des questions du personnel ! » rapporte-t-il. Et de considérer en toute logique qu'il est « difficile d'imaginer que certains de ceux qui représentent les associations du personnel puissent représenter réellement les intérêts du personnel ».

« Seraient-ils manipulés par des gens haut placés au sein de l'administration pour refuser à ce point la transparence de gestion qui devrait profiter aux membres du personnel et par conséquent aux Nations unies ?! Qui peut avoir intérêt, par ailleurs contrairement aux orientations données par le secrétaire général, à dissimuler aux représentants des États membres la réalité de certaines situations ? » interroge le syndicaliste.

New Wood prend des forces

L'activité de New Wood suscite l'intérêt d'autres organisations syndicales qui se préparent à lui apporter leur soutien face aux problèmes internes à l'ONU dont ils découvrent une ampleur qu'ils ne soupçonnaient pas. C'est le cas de l'Union syndicale suisse, qui invite New Wood à son congrès – une première pour l'organisation syndicale de l'ONU – qui se déroule à Berne fin octobre 2002. Puis, en décembre suivant, les adhérents de New Wood votent à l'unanimité l'adhésion de leur syndicat à la puissante organisation syndicale faîtière forte de 380 000 membres et qui regroupe toutes les organisations syndicales de Suisse. « Par cet intermédiaire, nous aurons un accès direct à la Confédération mondiale du travail et à la Confédération internationale des syndicats libres », précise Jacques Vigne. Mais surtout, une révision statutaire de New Wood transforme le syndicat en association sur la base des articles 60 et suivants du Code civil suisse, ce qui lui permet aujourd'hui d'aller, si nécessaire et dans certains cas, devant les tribunaux suisses. Ancien avocat-conseil, Jacques Vigne n'envisage pas, même au moment de sa retraite, d'abandonner la lutte : « Je vais reprendre mon activité d'avocat-conseil dans le domaine des droits de l'homme afin de continuer à défendre les fonctionnaires de l'ONU et pour l'introduction des normes internationales du travail dans le système de travail moyenâgeux de l'organisation des Nations unies. »

L'exigence d'une plus grande consultation

Au moment même où se déroulaient diverses réunions de l'OIT sur les droits des travailleurs, « le système commun des Nations unies a curieusement été rapide à adopter les nouveaux concepts de gestion pour tirer un profit encore plus grand de son personnel, l'un des ces concepts, et non des moindres, étant la flexibilité », observe Peter Lillie, de la Fédération des associations de fonctionnaires internationaux. Ce collaborateur de la revue de la Fédération des associations de fonctionnaires internationaux (FICSA) constate également que celle-ci « presque toujours introduite par diktat et accompagnée par l'insécurité et la peur signifie dans une grande organisation une poussée soudaine de nominations temporaires et un abandon de concepts tels que postes permanents – si ceux-ci existent encore – ou postes avec perspectives de carrière à long terme. Les pertes d'emplois, l'insécurité de l'emploi, la polarisation entre différents groupes de compétences et des niveaux de rémunération variables entre personnes qui exécutent des tâches semblables ou identiques, etc. C'est ici que les syndicats et associations du personnel doivent exiger une plus grande consultation et l'introduction d'une série supplémentaire de droits des travailleurs en plus de ceux auxquels ils aspirent déjà : droit au développement personnel, à l'égalité des chances, à la santé et à la sécurité, à la participation ».

Face à cette situation, New Wood agit de concert avec Équité, un syndicat créé à Genève pour renforcer les liens entre les salariés des OI et ceux de la ville.

Équité met Genève à l'heure des OI

Salika Wenger, animatrice d'Équité, va droit au but. Il a suffi que quelques fonctionnaires des OI la contactent et lui dressent un tableau de leur situation sur Genève pour qu'elle se range à leurs côtés. Tout ce qui touche à l'injustice la concerne. Députée, ex-présidente de la Commission de contrôle de la gestion de l'État, elle est de toutes les luttes contre les discriminations du Parlement aux quartiers de Genève en passant par les OI. Sans doute parce que « la seule culture qui me soit propre c'est celle des rues de la banlieue parisienne. Et si j'ai acquis une certaine gouaille, c'est aussi au contact fructueux du cinéma des années trente, Carné, Renoir, etc., qui avait le mérite de mettre en exergue une certaine fierté ouvrière dont je me sens l'héritière comme beaucoup d'autres gosses de prolos comme moi. »

L'exclusion, cette femme du Maghreb, Française débarquée en Suisse après un voyage au long cours, elle connaît pour l'avoir vécue : « Je me souviens des petits déjeuners à quatre plombes du mat' avant d'aller à l'usine, des fins de mois qui commencent le 2, des profs qui m'expliquaient que je ne pourrais pas suivre un enseignement trop long car mes parents étaient trop pauvres et que je devais aller bosser rapidement. Tout était programmé pour que je me marie avec un copain de quartier qui travaille chez Renault, que je lui ponde une ribambelle de gosses dont la moitié mourraient d'overdose au mieux, d'ennui et d'ignorance au pire. Je sais qui je suis, d'où je viens et qui je défends. » Depuis, elle a fait le tour du monde. Pas dans les hôtels cinq étoiles, mais de préférence là où se niche l'injustice. Aussi, quand il a fallu trouver un nom pour l'association des travailleurs précaires des OI, Équité s'est imposé : « Nous avons choisi ce mot car il est compréhensible dans toutes les langues. Les syndicats genevois ne possèdent pas la connaissance des OI qui échappent à la législation suisse. L'association s'est vite transformée en syndicat, car il y a la même volonté de déréglementer le travail au sein des organisations comme dans les entreprises suisses », explique-t-elle.

Constitué en octobre 2001 à la demande d'un groupe d'une dizaine d'hommes et de femmes de l'ONU, de l'OMS, de l'OIT et de l'UIT, Équité compte plus d'une centaine d'adhérents en 2002. « L'une de nos particularités est que nous sommes un syndicat indépendant des organisations internationales, car nous dépendons de la législation suisse, ce qui nous permet de garantir à nos adhérents une stricte confidentialité des données et une totale liberté à l'égard des hiérarchies et directions », précise Salika Wenger. L'objectif? « Ce qui nous semble le plus important, c'est d'unifier tous les règlements des organisations internationales en un règlement qui tienne compte à la fois des droits essentiels des travailleurs et des spécificités de chaque organisation internationale. »

Face à la complexité du système onusien, le travail ne manque pas : « Nous avons repris le meilleur de toutes ces législations pour n'en faire qu'un seul texte et le mettre en regard du seul règlement existant dans les OI qui est celui de l'OIT. Ce travail va servir de base à la résolution que l'on tentera de présenter le moment venu à la Cinquième commission de l'ONU », précise-t-elle. Pour cela, Équité travaille avec d'autres organisations comme la Fédération des associations de fonctionnaires internationaux (FICSA) ou le Groupe de Genève, l'association des associations de personnels des OI de Genève. Équité se distingue par la place prépondérante qu'y occupent les femmes, ce dont elle se réjouit pour être elle-même à l'initiative de luttes et de lois contre la discrimination dont elles sont l'objet dans la société suisse. Prenant la parole le 2 février 2004 alors qu'elle est invitée par le 57e congrès de la FICSA qui se tient à Genève, Salika Wenger rappelle un moment important de la rencontre entre les employés des OI et ceux de Genève. Le 1er mai 2000, les Genevois ne font plus rimer fonctionnaires internationaux et privilèges : « Le 1er mai 2000, sous l'impulsion de l'association du personnel de l'OMS, les fonctionnaires internationaux se sont joints pour la première fois à la population genevoise pour célébrer cette journée de revendications des travailleurs. Pour la première fois aussi, tous les salariés de ce canton ont pris conscience que les problèmes qu'ils rencontraient au sein de leurs entreprises étaient les mêmes que ceux rencontrés par les fonctionnaires dans leurs organisations. Depuis ce jour, tous les ans, une délégation de fonctionnaires internationaux rejoint le cortège officiel du 1er mai. Cette proximité des uns et des autres a permis de créer un lien fort et chaleureux entre les syndicats genevois et les organisations du personnel des OI qui œuvrent désormais dans le même sens pour la défense de leurs droits. »

Les fonctionnaires des OI ne sont pas des nantis

Avec surprise, les habitants de Genève découvrent que les fonctionnaires des OI, exception faite de la petite caste de bureaucrates que les États se répartissent aux postes des directions, ne sont pas des nantis. « Notre plus grande surprise a été de constater que la déréglementation du travail avait aussi des conséquences négatives dans les organisations internationales, une précarité accrue, un recul de la protection sociale des employés, une charge de travail plus importante avec moins de moyens et surtout une pression inadmissible sur les personnes mécontentes de leurs conditions de travail et qui le disent. Les doits syndicaux sont attaqués de toute part et les personnes qui subissent la précarité de leur situation sont vulnérables au point de ne pas pouvoir se syndiquer. » Une situation qui fait dire à la députée communiste que « la FICSA porte une grande responsabilité dans la défense des droits des travailleurs car les conditions de travail au sein des organisations internationales sont emblématiques pour tous les gens. Qui va s'imaginer un seul instant que le harcèlement sexuel ou psychologique, le travail précaire à la petite semaine, les atteintes aux libertés syndicales existent à ce point, avec une telle ampleur, dans des organisations comme l'ONU, l'Organisation internationale du travail ou l'Organisation mondiale de la santé qui ont en charge de promouvoir les droits fondamentaux de l'homme, la dignité et la valeur de la personne humaine ? Tout n'est pas aussi rose qu'il paraît dans les organisations internationales ! » C'est dire qu'elle n'a pas fini de remuer ciel et terre pour la défense des employés de OI, d'autant que le rose lui paraît déjà couleur trop fadasse, pâlotte, peu franche. Elle lui préfère le rouge. Pied de nez à des décennies de machisme, Salika Wenger est, en 2000, à l'origine de la création de l'Association des femmes parlementaires : une première en Suisse, où le droit de vote et d'éligibilité des femmes ne fut obtenu au niveau fédéral qu'en 1971, et qu'en 1990 dans le canton d'Appenzell Rhodes-Intérieures. Nouvelle initiative lorsque les femmes de tous les groupes politiques viennent au Parlement vêtues de rouge ou portant un signe rouge à l'occasion de la journée de la Femme du 8 mars 2004. Les parlementaires suisses expriment ainsi leur opposition à la répartition sexiste du travail au sein du Parlement – la petite enfance, la famille et l'environnement pour les femmes, l'économie, la finance, le logement et l'aménagement du territoire pour les hommes... – et leur exigence d'un mode d'expression égal à celui des hommes. Depuis, chacune des parlementaires vient au Parlement avec un carton rouge afin de sanctionner en pleine séance les députés qui tiendront des propos sexistes ou dégradants pour les femmes.

« Difficile d'être plus cynique »

Salika Wenger rappelle qu'aujourd'hui « nombre de législations du travail dans le monde réaffirment que la norme est le travail à durée indéterminée et l'exception le travail temporaire. Or, les organisations internationales, ONU et OIT en tête, continuent d'engager des temporaires pour des tâches permanentes en arguant que c'est moins cher et plus flexible. Il est difficile d'être plus clair et cynique ! ». Dans l'immédiat, le conseil d'administration de l'OIT reste sourd aux propositions émises par les fonctionnaires. Pourtant, ce n'est pas faute d'être informé.

Déjà, pendant la conférence de l'OIT en 1999, Jacques Vigne, alors président de New Wood, a alerté plusieurs administrateurs de l'OIT sur la dégradation de l'emploi et les problèmes rencontrés par les personnels. « J'ai rencontré personnellement Marc Blondel, le dirigeant du syndicat français Force Ouvrière qui siège au conseil d'administration de l'OIT, et lui ai même remis un projet de résolution pour le conseil d'administration de l'OIT. Il n'y a jamais eu aucune suite ! » témoigne-t-il. De même, Marc Blondel ne donnera aucune suite à l'entretien au cours duquel Salika Wenger lui demande d'intervenir pour faire respecter les droits du travail au sein de l'ONU et de ses institutions spécialisées. Le Syndicat sans Frontières est également intervenu à plusieurs reprises sur ces questions auprès de la direction générale de l'OIT qui n'a pas dû manquer d'informer son conseil d'administration de la situation catastrophique de milliers de salariés au sein même du système onusien... Mais, visiblement, les fonctionnaires à « tarifs réduits » et les salariés réduits en esclavage n'intéressent pas le secrétaire général de Force ouvrière de l'époque et ses semblables.

Esclavage : c'est bien le mot pour désigner la traite d'employés par certaines missions diplomatiques de l'ONU ou par de hauts fonctionnaires onusiens.

CHAPITRE 6

ESCLAVAGE DANS LES MISSIONS DIPLOMATIQUES

« Les employés à 90 francs par mois de l'ONU » *(Genève Home Information)*, « Les conditions de travail intenables dans les missions auprès des Nations unies » *(Le Courrier)*, les « Frasques sexuelles à l'ambassade du Nigeria » *(Le Temps)* ou le « Sauvetage en direct de deux esclaves » (*Le Courrier*) : ce sont là quelques titres de reportages de la presse suisse dénonçant les procédés qui règnent souvent derrière les façades imposantes des luxueuses bâtisses des missions diplomatiques. Découvrant la condition d'esclaves des employés de certains ambassadeurs et hauts fonctionnaires d'organisations onusiennes, Luis Cid et le Syndicat sans Frontières alertent les médias et entament un combat qui dure toujours : « Aujourd'hui, pour le personnel de certaines missions, consulats et ambassades, mais aussi de hauts fonctionnaires internationaux, la situation perdure », constate Luis Cid. Il ne s'agit pas de quelques cas montés en épingle par une presse en quête de sensationnalisme mais d'un phénomène dramatique et calfeutré derrière les apparences. Un haut fonctionnaire de l'Organisation internationale du travail ou d'une autre OI, un représentant à l'ONU d'une mission diplomatique, se comporter comme un négrier? Pensez donc! Et pourtant, depuis 1990, Luis Cid et son organisation ont mené pas moins de 270 procédures contre des missions diplomatiques ou des hauts fonctionnaires internationaux qui soumettent leurs salariés à des méthodes esclavagistes.

Justice au cœur

Réfugié politique chilien en Suisse, devenu résident, fils d'une mère féministe des années 1920, Luis Cid est en guerre contre l'injustice. Militant pour la justice sociale dans le Chili démocratique du président Allende, il a réussi à fuir la dictature de Pinochet. Lorsqu'il découvre, avec stupéfaction, la situation des salariés du milieu diplomatique, il modifie sa militance syndicale pour s'occuper de ceux qui, jusqu'alors, avaient été laissés de côté et ignorés du mouvement syndical suisse. Le SsF devient son front de lutte principal.

Le 8 février 1991, il fonde officiellement le Syndicat sans Frontières (SsF) avec un groupe d'autres syndicalistes. Une date qui ne fait que donner suite à une activité déjà bien développée depuis son arrivée en Suisse en 1974. Le petit groupe de quatre personnes, militants de base dans divers syndicats regroupés au sein de l'Union des syndicats du canton de Genève, dresse vite un tableau de la situation.

L'une des leurs, Marie-Louise Frutiger, engagée comme puéricultrice privée du représentant du Koweit à l'ONU, découvre dans la résidence de l'ambassadeur la situation des employés : « En parlant avec les chauffeurs et d'autres employés, j'ai réalisé que je gagnais en une nuit et demie au tarif syndical de l'infirmière suisse, ce que ma collègue philippine qui s'occupait du même bébé gagnait en un mois. Nous avions le même âge, la même année de diplôme, la seule différence, c'est que j'avais un passeport rouge à croix blanche et qu'elle était philippine.» Les problèmes existaient déjà dans nombre de missions mais avaient toujours été étouffés. Aussi, quand elle explique à ces employés qu'ils ont des droits, «ils sont extrêmement étonnés et viennent nous consulter petit à petit. C'est là que nous avons découvert d'autres situations et que nous avons créé l'organisation qu'ils ne pouvaient constituer, car totalement dépendants de leurs employeurs, notamment par la carte de légitimation. Il leur fallait des porte-parole ayant des compétences syndicales et sur qui ils puissent compter».

Il est certain que la situation de ces employés était connue des autorités et des organisations caritatives ainsi que du milieu syndical helvétique. Un groupe de chauffeurs avait même tenté de s'organiser dans les années 1980, mais ses dirigeants avaient été réprimés. Le milieu politique et syndical ne s'en était pas ému et l'exploitation avait continué de plus belle.

«Je connais votre pouvoir et vous n'avez aucune façon de m'acheter»

Du coup, les salariés qui venaient frapper à la porte de Luis Cid de manière clandestine de peur d'être renvoyés dans leur pays ou de subir un quelconque chantage sur leur famille, parlent plus facilement, préparent leurs dossiers avec le SsF. Fin 1991, il compte quelque quarante membres actifs (plus de quatre cents aujourd'hui). C'est la première fois que des salariés osent s'unir pour lutter contre l'exploitation et l'arbitraire dont ils sont victimes au sein de structures diplomatiques. Car comment faire respecter ses droits quand on ne dispose souvent d'aucun contrat de travail écrit, d'aucun permis de travail mais d'une simple carte de légitimation qui permet de résider en Suisse – laquelle peut être rapidement confisquée –, et qu'en plus, l'employeur est protégé par l'immunité diplomatique ?

C'est la première fois surtout que le personnel administratif, technique, de service et domestique (ATS) trouve un soutien lui permettant de faire entendre sa voix et condamner les exploiteurs. Les premières victoires se répandent comme une traînée de poudre au sein des missions. Le personnel ne dit rien mais sait qu'il a désormais un allié sur lequel il peut compter.

À sa manière, Luis Cid annonce le sens du combat de SsF en une petite ligne qui barre le papier à en-tête du syndicat : « Depuis 1948 la Déclaration universelle des droits de l'homme est bafouée par la majorité des membres de l'ONU et le pays hôte ! »

Voilà qui fait désordre sur la place de Genève où la classe politique est plus habituée aux compromis de cabinet qu'aux affrontements de la lutte des classes.

Alertées, les autorités suisses se taisent

Sa stratégie ? « Je suis comme un moustique, je les pique tous et toujours à la même place. » Le 8 octobre 1991, le président de SsF s'adresse à tous les ambassadeurs des missions accréditées auprès de l'ONU, leur rappelant les droits de leurs salariés qu'ils sont tenus de respecter. Il multiplie les interventions auprès des ministères des Affaires étrangères, du Conseiller fédéral, du Département des Affaires étrangères, de la

Mission suisse, de la direction générale de l'OIT, de l'ONU et de son secrétaire général. Pour populariser l'action de SsF, il accompagne les interventions en justice du syndicat de distributions de tracts, de pétitions, de conférences de presse pour chacun des cas.

Le 1er mai 1993, déjouant les agents de la sécurité, ses camarades et lui ferment la grille des Nations unies par une chaîne de huit mètres de long et deux cadenas et y promènent une pancarte : « Fermé pour cause de violation des droits de l'homme. » Ils connaissent toutes sortes de pressions destinées à les ramener dans le « droit chemin » et à leur faire cesser leurs actions, allant de la suggestion à l'intimidation : il sera suivi par des enquêteurs pendant un long moment avant qu'une campagne destinée à le discréditer soit montée contre lui. En vain. « Sachez bien que je connais votre pouvoir et que vous n'avez aucune façon de m'acheter ! » lance-t-il un jour au représentant du Bureau de l'Amiable compositeur qui essayait de le convaincre de renoncer à la défense des salariés des missions. Des salariés pourtant bien souvent dans des situations inimaginables autant que scandaleuses.

Esclaves diplomatiques

« Près de 60 % des employés ATS des missions, consulats et ambassades ont des salaires de misère. 90 % des domestiques privés – chauffeurs, valets, femmes de chambre, cuisiniers, jardiniers, etc. – des fonctionnaires internationaux sont dans le même cas et ne bénéficient de la sécurité sociale que depuis 1998 grâce à notre action », affirme Luis Cid. Les piles d'épais dossiers qui s'entassent dans les armoires du syndicat en disent long sur la misère et l'exploitation qui frappe ces employés.

Tour d'horizon des intérieurs feutrés des missions diplomatiques à Genève :

– Rebecca B., Philippine qui a travaillé près de cinq années pour l'ambassadeur du Koweït, qui était le fils de l'émir du Koweït, n'a perçu qu'un peu moins de 600 FS par mois, alors qu'elle était parfois de service jusqu'à cent heures par semaine ;

– Mme X. et son époux travaillaient à mi-temps pour un haut fonctionnaire de l'ONU pour 200 FS par mois. L'employeur échangeait la carte de légitimation de l'employée et de son époux contre du travail...

– Mlle S., arrivée en Suisse avec l'ambassadeur de son pays d'origine alors qu'elle était mineure, était payée 10 FS par mois et a subi des mauvais traitements ;

– Mme Y., infirmière des enfants d'un diplomate, n'avait pas de congés, travaillait de 8 à 23 heures, avait un salaire d'engagement de 200 FS et n'a touché que 600 FS en... quatre ans !

– M. H., cuisinier à l'ambassade de la République du Bangladesh, avait eu son passeport confisqué par l'ambassadeur, était assigné à résidence – interdiction de quitter son lieu de travail –, et pratiquement sans argent : il travaillait de 7 heures à 23 heures pour 700 FS par mois dont 400 étaient prélevés par l'employeur ! Après s'être enfui pour demander la protection des autorités suisses le 11 février et avoir obtenu le 16 une carte de requérant d'asile, il a été enlevé et séquestré à la mission diplomatique puis contraint de quitter la Suisse le 25 février 1993 ;

– Mme. P., une employée indienne de la mission du Qatar auprès de l'ONU, travaillait seize heures par jour comme domestique pour un salaire de 500 rials, soit 200 FS ! Cette employée au service de l'ambassadeur avait des brûlures de cigarettes sur le bras. Elle a été recueillie par une famille suisse qui l'a protégée jusqu'à son départ de Suisse et l'a adressée au SsF. « Non seulement elle n'a pas été payée et était mal nourrie, mais elle s'est fait brutaliser par ses employeurs » rapporte alors *La Tribune de Genève* ;

– M. A., employé auprès de M. Pierre V., représentant permanent adjoint de la Mission de Madagascar travaillait quinze heures par jour, n'avait droit qu'à quatre heures de congé par semaine et percevait un « salaire » mensuel de 120 FS... Il a été recueilli et aidé par une compatriote malgache rencontrée dans une boulangerie, laquelle l'a adressé au SsF ;

– En trois ans, le cuisinier de la mission de Malaisie n'a reçu que 4 000 FS de salaire, soit 92 FS par mois ou 20 centimes de l'heure si l'on considère qu'il travaillait quinze heures par jour et qu'il n'avait jamais ni congé, ni vacances. L'ambassadeur de l'époque a encaissé à sa place plus de 80 000 FS de chèques payés par le gouvernement malaysien ;

– Mme Z., au service d'une fonctionnaire du Bureau international du travail, était payée 300 FS par mois pour seize heures de travail quotidien ;

– Mme K. gagnait 300 FS par mois pour quinze à dix-huit heures de travail quotidien, sept jours sur sept, au service d'une autre fonctionnaire du Bureau international du travail...

Condamné pour défendre les exploités !

Liste malheureusement non exhaustive dans laquelle les noms des victimes et des employeurs ne peuvent être mentionnés en clair, car le président de SsF doit faire face à de nombreuses plaintes pénales en cours, bien que les procès soient déjà gagnés et les employeurs condamnés ! Ainsi, il a été condamné pour avoir défendu une domestique qui ne percevait que 3,50 FS de l'heure : il avait osé accuser l'employeur, par écrit, de chantage et de tromperie. Ces deux termes lui ont coûté une condamnation jusqu'à l'instance fédérale de 5 000 FS...

Les exemples ne manquent pas de hauts fonctionnaires des Nations unies qui versent des salaires de misère à leurs employés, ne payent pas les cotisations de sécurité sociale, exploitent de manière éhontée leur personnel, profitant de leur immunité diplomatique.

Sans doute convient-il de rappeler que l'immunité diplomatique, telle qu'elle a été définie dans la Convention de Vienne du 18 avril 1961 sur les relations diplomatiques indique expressément que « convaincus que le but desdits privilèges et immunités est non pas d'avantager des individus mais d'assurer l'accomplissement efficace des fonctions des missions diplomatiques en tant que représentants des États [et] affirmant que les règles de droit international coutumier doivent continuer à régir les questions qui n'ont pas été expressément réglées dans les dispositions de la présente convention ». En l'espèce, le SsF constate les abus innombrables et quasi quotidiens de cette fameuse immunité diplomatique.

Genève ou Bali ?

« La situation de très nombreux employés est souvent catastrophique. Nous avons déjà aidé nombre d'entre eux à obtenir le paiement rétroactif de leurs salaires, même si, la plupart du temps, leurs employeurs, protégés par l'immunité diplomatique, ne se présentent pas au tribunal des prud'hommes. Selon les cas, il a même été possible d'obtenir les allocations familiales dues par les employeurs. Cela a été fait grâce au travail d'avocats genevois et à l'existence de l'assistance juridique qui est octroyée par le canton de Genève aux employés qui s'adressent au tribunal des prud'hommes », indique Luis Cid.

Dans la très grande majorité des cas, les droits les plus élémentaires du travail sont bafoués dans la capitale qui abrite le siège de l'Organisation internationale du travail. Et continuent de l'être, bien que les directeurs généraux successifs de cette organisation aient été parfaitement informés de ces situations par SsF. Dès le début de sa création, SsF constate que les droits des salariés de ces hauts fonctionnaires sont bafoués : les salaires ne correspondent même pas aux normes minimales de rémunération fixées par l'Office cantonal de l'emploi qui sont déjà bien en dessous des normes établies par les conventions collectives des différentes branches professionnelles – la majorité des salaires vont de quelques centaines de francs à 3 000 FS mensuels –, les quarante heures hebdomadaires ne sont pas respectées, ni le paiement des heures supplémentaires diurnes et nocturnes, ils n'ont pas droit aux congés des jours fériés, pas droit aux deux jours de repos par semaine, pas de revenu assuré en cas de maladie, pas d'égalité de salaire entre les femmes et les hommes, pas de salaire indexé sur le coût de la vie, pas de fiche de paie normalement rédigée... « À cela s'ajoute le fait qu'ils n'ont pratiquement aucune couverture sociale et ne sont que très rarement affiliés à une caisse de retraite, à une assurance invalidité, n'ont pas d'assurance chômage, rarement une assurance accidents et maladie professionnels, pas d'allocations familiales », précise le dirigeant syndical.

Moins bien traités que les bêtes

« Sur les quelque trois mille personnes employées dans les cent cinquante et une missions diplomatiques accréditées à Genève, près d'un tiers sont dans une situation très précaire, traités comme des bêtes » estime SsF. Comme des bêtes ? Pas si sûr. Ainsi, la Directive sur l'engagement des domestiques par les membres des missions permanentes sis à Genève émise par le Département fédéral des affaires étrangères (DFAE) pose comme principe d'admission et de séjour du domestique privé qu'il soit « célibataire, veuf ou divorcé » ! Beaucoup plus évoluée, la Déclaration universelle des droits de l'animal précise dans son article 4 que « l'animal sauvage a le droit de vivre libre dans son milieu naturel et de s'y reproduire »... Les personnels au service des ambassadeurs suisses sont-ils soumis à la même discrimination qui vise à exclure les travailleurs mariés de ces emplois ?

Toujours est-il que quand la presse suisse commence à rendre compte de l'activité de SsF, les titres qui s'accrochent à la une des quotidiens ne sont pas pour plaire à leurs excellences : « J'ai été l'esclave d'une famille » *(Le Matin)*, « Personnel diplomatique lésé : un syndicat persiste et signe » *(Le Courrier)*, « Ambassades du tiers-monde à Genève : la galère » *(Le Nouveau Quotidien)*, « Un diplomate accumule les amendes et s'en moque » *(Le Matin)*, « Missions diplomatiques mises en cause » *(Le Journal de Genève)*, « Genève : une esclave à 130 fr. par mois ! » (*Le Matin*)... Aussi, le 31 mai 1995, le Conseil d'État de la République et canton de Genève créent le Bureau dit de « l'Amiable compositeur ».

Dans la directive officielle, cette structure a pour « but de contribuer à l'apaisement des conflits de droit privé dans lesquels peuvent être impliquées des personnes bénéficiant de privilèges et immunités diplomatiques ou consulaires ». Comprenant un président et un bureau de trois personnes nommés par le Conseil d'État, financé par les contribuables genevois, le Bureau de l'Amiable compositeur – qui a déjà coûté plus d'un million de FS – est d'une certaine manière la reconnaissance par l'État suisse de l'importance de la traite des êtres humains sur son territoire.

« Jusqu'aux atteintes à l'intégrité physique et sexuelle... »

Un rapport de l'Office fédéral de la justice mentionne, six ans après la création du Bureau de l'Amiable compositeur, l'existence de « diplomates qui parfois font travailler ces gens dans des conditions proches de l'esclavage : l'exploitation et la violence peuvent aller de l'absence de rémunération ou d'une rémunération ridicule jusqu'aux atteintes à l'intégrité physique et sexuelle de la victime, en passant par l'isolation, l'absence de loisirs, le manque de nourriture et les mauvais traitements [1] ». Des faits dont la justice et la police avaient connaissance et qui seraient sans doute restés confinés à l'état de statistiques sans la création et l'action de SsF. L'ampleur du phénomène est telle que le groupe de travail interdépartemental sur la traite des êtres humains en Suisse a jugé nécessaire de consacrer un chapitre de son rapport aux « Mesures de lutte contre l'exploitation des domestiques privés employés par des membres de représentations diplomatiques et d'organisations

1. *Traite des êtres humains en Suisse*, Office fédéral de la justice, Berne, septembre 2001.

internationales ». Bilan de l'Amiable compositeur à la fin 2001 : sur 183 dossiers examinés et traités, 97 seulement ont pu être clos à la satisfaction des parties indique l'Office fédéral de la justice. Les autres ont été soit classés, soit abandonnés en l'état, aucun accord n'ayant pu être trouvé entre les parties[1]. De quoi émettre des doutes sur la « satisfaction de la partie employés » puisque plusieurs d'entre eux se sont adressés postérieurement aux dits accords à l'organisation syndicale.

Les exploiteurs couverts par l'immunité

Comme le fait observer Luis Cid, « le tribunal des prud'hommes ne peut juger l'affaire d'un salarié avant que l'immunité de son employeur prenne fin ou ait été levée ». Et comme la levée de l'immunité relève de la compétence exclusive de l'État d'origine du diplomate ou de l'organisation internationale pour laquelle il travaille, il est bien évident que le haut fonctionnaire mis en cause va s'employer à bloquer le processus le temps de régler le cas du salarié : licenciement abusif, renvoi dans son pays, enlèvement, séquestration ou toute autre mesure qui le dissuadera d'abandonner sa procédure. « C'est la raison pour laquelle nous attaquons devant le tribunal non pas le haut fonctionnaire international responsable d'esclavage ou de violation du droit du travail, mais directement l'État dont il dépend », précise le dirigeant de SsF. Plusieurs dizaines de procès ont ainsi été gagnés devant les tribunaux et

1. Source : *Rapport de l'Office fédéral de la justice*, septembre 2001.

continuent de l'être par le syndicat et son avocat, maître Jean-Pierre Garbade.

Connivences helvètes

Ces actions ont mis sur la place publique ce qui se tramait dans les coulisses de plusieurs missions. L'esclavage au sein de missions de l'ONU n'a pu perdurer dans le secret que par le jeu des connivences : « Il ne faut pas oublier que depuis l'installation des Nations unies à Genève, ce problème existe avec l'accord tacite de tous les syndicats de la place, c'est-à-dire tous les syndicats suisses et avec l'accord tacite de tous les partis politiques confondus, de droite comme de gauche, avec l'accord tacite des Églises de toutes religions, y compris les organismes humanitaires qui poussent comme des champignons. »

Et Luis Cid de considérer que « la Suisse, pays siège de la Commission des droits de l'homme, de la sous-commission des droits de l'homme, du Haut-Commissariat pour les droits de l'homme, siège de l'Organisation internationale du travail est le Vatican du capitalisme financier international ». C'est ainsi que, depuis la création de la Société des Nations, l'exploitation des employés perdure au sein même de l'organisation qui prétend promouvoir « le respect des droits de l'homme et des libertés fondamentales ».

Les « Excellences » aux mains sales

Des missions diplomatiques et des hauts fonctionnaires de pays occidentaux – Italie, Angleterre, Espagne, France, Belgique – sont également mis en cause par la pratique de l'esclavage. Ainsi, en France, sur les traces de SsF, le Comité contre l'esclavage moderne, CCEM[1], est créé en 1994 par Dominique Torrès, journaliste à France 2. L'activité du CCEM sera également relayée par les médias français. Très vite également, le CCEM met à nu l'esclavage pratiqué par certains responsables de missions diplomatiques. À titre d'exemple, le CCEM a mis en ligne sur son site Internet (ccem-antislavery.org) plusieurs documents dont un rapport très intéressant sur *Les formes contemporaines d'esclavage dans six pays de l'Union européenne»*[2]. Extrait: «En France, le Comité contre l'esclavage moderne a pris en charge plus de 200 victimes d'esclavage domestique (...). Les victimes sont majoritairement des femmes (95 %). Un tiers d'entre elles sont arrivées mineures en France (80 % des victimes originaires d'Afrique de l'Ouest étaient mineures à leur arrivée). 25 % ont subi des violences physiques ou ont été abusées sexuellement. La majorité des employeurs était originaire de l'Afrique de l'Ouest et du Proche et du Moyen-Orient. 20 % étaient des Français. 20 % étaient protégés par une immunité de juridiction – 19 diplomates du Proche et du Moyen-Orient, 9 d'Afrique, 2 d'Amérique du Sud, 2 d'Asie, 1 d'Italie et 5 diplomates français en poste à l'étranger (...)».

À plusieurs reprises, des responsables de CCEM ont été menacés pour tenter de faire taire l'association. Et en Suisse? Là aussi, tout a été fait, y compris

1. Comité contre l'esclavage moderne, 31, rue des Lilas, 75019 Paris, tél.: 01.44.52.88.90
2. Étude de Georgina Vaz Cabral, juriste, Institut des hautes études de la sécurité intérieure.

par les autorités elles-mêmes, pour essayer de stopper l'activité de SsF.

« On vous cassera »

Marie-Louise Frutiger s'est retrouvée au cœur des intrigues destinées à éliminer le SsF, dont elle est l'une des fondatrices. Historienne de formation, puis puéricultrice, syndicaliste, de longue date investie dans le secteur social, cette Suisse allemande originaire d'une grande famille de Berne n'en connaît pas moins fort bien la place de Genève et le fonctionnement des structures politiques. « À partir du moment où il y a eu des articles et des émissions qui ont commencé à dénoncer cette situation et où la presse étrangère s'y est intéressée, les autorités suisses ont été embarrassées car diplomatiquement cela faisait désordre, explique-t-elle avec une pointe d'humour. Dès lors, nous avons eu droit à une succession de pressions dont l'objectif était de nous éliminer », témoigne-t-elle.

Pour plaire à leurs ambassadeurs et tenter de faire taire le SsF, les autorités suisses ont employé toutes sortes de méthodes :

– le chantage : « Par exemple, me concernant, on m'a fait comprendre qu'étant bernoise, je n'avais pas le droit d'habiter à Genève et que l'on pouvait m'exiler dans mon canton d'origine » ;

– la non-assistance à personne en danger : « Quand nous avons été menacés de mort par l'ambassadeur du Koweït, la Mission suisse nous a convoqués pour nous faire savoir qu'elle ne pouvait pas nous protéger contre "Son Excellence M. l'Ambassadeur" et que c'était à nous de prendre nos précautions » ;

– les menaces : « Ils ont dit à Luis Cid qu'ils

pouvaient très bien l'expulser pour des raisons de sécurité d'État (...). Nous nous sommes opposés à ces menaces et en présence de notre avocat, dans les locaux de la Mission suisse, on nous a carrément dit que l'on nous casserait car nous faisions du tort à la Genève internationale. Ils ne pouvaient tolérer que nous dénoncions les violations flagrantes des droits de l'homme en se référant aux articles de la Déclaration, aux conventions de l'OIT et autres. »

Ces procédés s'avérant inefficaces pour faire renoncer les dirigeants de SsF à leurs actions syndicales, d'autres méthodes plus brutales ont été employées : « L'un de leurs jeux favoris consistait à envoyer la police à l'appartement de Luis Cid, qui servait également de local syndical puisque nous n'avions aucun moyen financier, pour y arrêter des salariés et les expulser », témoigne Marie-Louise Frutiger.

La Suisse expulse les salariés dans leur droit

Dencides Lerma, une Colombienne, cuisinière pendant quatorze ans de l'ambassadeur de Suède auprès de la Conférence pour le désarmement, sera l'une des victimes choisies par les autorités suisses. Cette femme d'une cinquantaine d'années, à la suite de problèmes de santé, est renvoyée brutalement par l'ambassadeur de Suède. Elle réclame notamment le paiement de ses indemnités, de la protection sociale à laquelle elle a droit, de ses vacances. Sans logement, sans travail, elle commence une grève de la faim et est recueillie par Luis Cid. « La police est venue chez lui pour l'arrêter et l'expulser avec une sauvagerie inouïe. Ils ont été jusqu'à fouiller mon appartement en mon absence pensant que j'avais son passeport et ont dépensé pour l'expulser autant que ce qu'elle réclamait à son employeur. Ils l'ont emmenée de force à Berne avec plusieurs policiers, l'ont ramenée à Genève, l'ont mise en prison quand elle a changé d'avion à Madrid, l'ont accompagnée jusqu'à Bogota où ils ont eu la presse à leurs trousses jusqu'à ce qu'ils repartent. Cette personne ne demandait que son dû et une couverture de son invalidité », rapporte la militante de SsF. Cette femme vit aujourd'hui en Colombie, sans ressources, invalide. Le gouvernement suisse a pris, en l'expulsant, la responsabilité de l'empêcher de se faire soigner, de demander l'assurance invalidité, de faire respecter ses droits. Finalement, « après six années, son employeur vient d'être condamné à lui payer 62 000 FS. Les autorités suisses préfèrent payer pour protéger un ambassadeur dans l'illégalité plutôt que d'aider les gens à faire respecter leurs droits et obtenir ce qui leur est dû. Je suis suisse et cela me fait honte ! ».

Les pressions sur le syndicat SsF ne suffisant pas à le décourager, d'autres méthodes sont employées à l'encontre de ses dirigeants et militants.

La « camarade » Dreyfuss ne répond plus

Des sollicitations sont venues du côté politique suisse : « Une autre manœuvre consistera à écarter Luis Cid de la direction du syndicat. Pour y parvenir, plusieurs moyens seront employés. D'abord, des membres de la Communauté genevoise d'action syndicale (CGAS), dirigeants syndicaux et membres du Parti socialiste, m'ont proposé en plein congrès du Parti socialiste de reprendre SsF à sa place [de Luis Cid] en mettant à ma disposition des locaux, un budget de fonctionnement, des moyens financiers. Je leur ai rappelé que c'était à la base de décider et d'élire ses dirigeants», explique Marie-Louise Frutiger.

Puis, «c'est Ruth Dreyfuss elle-même qui, au moment où elle a été nommée présidente de la Confédération helvétique, m'a dit que nous avions fait un très bon travail syndical mais que désormais il fallait passer à un autre niveau et savoir négocier. J'étais bien d'accord avec elle pour accroître l'action du syndicat et “passer à un autre niveau”. Malheureusement, nous n'avons pas la même conception de la “négociation”: la seule que j'envisage personnellement est l'application des lois et notamment de l'article 33 des Accords de Vienne qui prévoit l'affiliation à la sécurité sociale des travailleurs dans leur pays d'origine ou dans le pays hôte, droit bafoué par la plupart des missions accréditées auprès de l'ONU et, indirectement, par l'Organisation des Nations unies tout entière! Je lui ai indiqué ces propositions par courrier, bien entendu resté sans réponse. Comme quoi, si les autorités suisses voulaient vraiment faire quelque chose, elles le peuvent très bien dans le cadre des accords de siège et des conventions internationales qu'elles ont elles-mêmes signés.» Le 12 décembre 1999, en assemblée générale, la base du SsF a reconduit Luis Cid dans ses fonctions à 99 %. La nouvelle direction comprend les deux secteurs d'activité et est essentiellement composée à 90 % de responsables femmes.

Les autorités suisses tentent aujourd'hui de discréditer Luis Cid en faisant courir à son sujet les bruits les plus divers. Il a ainsi été arrêté et mis au secret plusieurs jours, en juillet 1999, à la suite d'une provocation montée de toutes pièces autour d'un prétendu viol. Quatre ans plus tard, le procès n'a pas encore eu lieu, car les témoins sont toujours à décharge du dirigeant syndical connu pour son intégrité et son engagement en faveur des salariés... « J'attends le vrai procès avec impatience afin de pouvoir dire publiquement qui a monté cette provocation, avec quelles complicités et dans quel but : empêcher les salariés des missions auprès de l'ONU de faire respecter leurs droits, permettre aux hauts fonctionnaires des organisations du système onusien de violer continuellement les textes que les États qu'ils représentent ont signés ! » avertit Luis Cid.

Amiables arnaqueurs

C'est à ce moment-là qu'un groupe de personnes de la Communauté genevoise d'action syndicale tente une manœuvre de récupération en créant un autre syndicat portant le même nom, à la tête duquel est placé l'ancien secrétaire du SsF, Adel Salameh, ex-diplomate libanais de la Ligue arabe. « Tout en résidant en France, cette personne a rapidement obtenu le droit de travailler en Suisse, s'est approprié illégalement le nom de SsF qui a par ailleurs été déposé de longue date par son secrétaire, Luis Cid. À chaque fois que je me rends dans les locaux d'un autre syndicat situé dans le même bâtiment, je constate que la porte est toujours fermée. Un syndicat se juge au nombre de dossiers traités et à l'engagement de ses membres », remarque Marie-Louise Frutiger.

Luis Cid voit surtout dans ces opérations « une succession d'atteintes à la liberté syndicale avec l'objectif de dévoyer le mouvement syndical et de tromper les travailleurs du système onusien et des missions ». Pour lui, « le Bureau de l'Amiable compositeur tente toujours d'imposer des accords au détriment des employés. Sans doute s'agit-il plutôt de la compagnie des amiables arnaqueurs ! » Pour preuve, des dossiers que présente Luis Cid, et qui font l'objet d'actions en cours, il ressort que les travailleurs ATS n'ont jamais obtenu gain de cause via cette instance. Bien au contraire, ils se voient imposer systématiquement des sommes visant juste à faciliter leur départ et à éviter le scandale d'un procès à leur employeur. L'image de la Genève internationale est sauve. C'est si « propre » la Suisse !...

Le choix du fric contre les droits de l'homme

Derrière le ballet des limousines haut de gamme, les façades de marbre aux fenêtres immenses, les parcs et jardins richement décorés et les réceptions fastueuses, un monde de misère et d'exploitation émerge, commence à faire entendre sa voix. Je ne pouvais imaginer le rencontrer si près des couloirs de l'organisation internationale dont les représentants des États affirment leur « foi dans les droits fondamentaux de l'homme, dans la dignité et la valeur de la personne humaine, dans l'égalité des droits des hommes et des femmes [1] ».

Pendant ce temps, à Genève, le roi Fahd d'Arabie Saoudite débarque avec sa suite d'environ 800 personnes. Pas moins de 500 chambres sont réservées chaque jour pour l'entourage du monarque. « Quelque trois cents limousines sont louées quotidiennement, ce qui représente une dépense d'environ 24 000 francs suisses par jour (...). Selon des sources fiables, le souverain

---

1. Extrait du préambule de la Charte des Nations unies.

aurait dépensé plus de 60 millions de francs suisses durant le premier mois de son séjour. Pour le secteur hôtelier, cela signifie un minimum de 15 000 nuitées mensuelles supplémentaires soit environ 10 % de l'occupation moyenne pour un chiffre d'affaires qui tourne autour de 8 à 9 millions de francs suisses par mois. Sans compter les locations de villas, celles de limousines et autres dépenses dans de nombreux secteurs de l'économie genevoise », précise Danièle Chambas dans *La Tribune de Genève*. Cheikh Zayed, l'émir d'Abu Dhabi, devait lui succéder avec sa suite qui ne compte qu'un peu plus de 300 personnes.

De quoi donner aux autorités suisses d'aujourd'hui le goût de faire, par des procédés dignes de n'importe quelle dictature, la chasse aux militants de SsF pour que se taisent les voix des esclaves des missions. De quoi aussi les disqualifier dans leur prétention à l'éthique de « patrie des réfugiés », de « tradition humaniste » que s'efforcèrent de bâtir les générations passées.

Pendant ce temps, à Paris, l'ambassadeur d'un pays africain touché par la guerre, rongé par le sida et exténué par la famine offre dans un grand restaurant un repas de roi à une douzaine de ses proches en compagnie de plusieurs femmes. Pour eux, l'ambassadeur de ce pays qui consacre près de la moitié de son budget à la guerre va manifester à sa manière sa « foi dans la dignité et la valeur de la personne humaine » : au moment du dessert, les serveurs en livrée remettront une rivière de diamants à chacune des femmes et une montre en or à chacun des hommes. Certains ambassadeurs ont vraiment du savoir-vivre...

Les pratiques esclavagistes au sein des missions diplomatiques ne sont pourtant que l'un des aspects cachés de la manière dont le système onusien « développe le respect des droits de l'homme et des libertés fondamentales » ainsi qu'il est écrit dans la Charte des Nations unies. Il y a pire. Au sein même de l'ONU et de ses institutions spécialisées.

CHAPITRE 7

VIOLENCES À L'ONU : 47 % !

À la section chinoise de traduction de l'ONU, les membres se connaissent bien pour travailler ensemble parfois depuis plusieurs années. L'ambiance y était bonne avant que n'arrive un nouveau chef. « Tout le staff était opposé à la nomination du nouveau chef de département », indique Ming Wu, l'un des plus anciens collaborateurs de ce service.

« Depuis qu'il est entré en fonctions, les choses ont changé, rapporte Ming Wu. Il utilise toutes les méthodes pour s'imposer, toujours contrôler les gens sans arrêt et aujourd'hui plusieurs personnes ont des problèmes dans leur travail. » Soutenus par le syndicat New Wood, plusieurs membres du personnel décident de briser le silence avec lui et envoient une pétition à New York pour dénoncer « les abus de pouvoir, le favoritisme, le travail donné à des *short term*, ce qui fragilise l'emploi de la section ».

« J'avais toujours de bonnes évaluations de mon travail, de bonnes performances et quand il a décidé de s'en prendre à moi, il a bloqué les promotions que je pouvais avoir à plusieurs reprises. Il a procédé ainsi avec d'autres employés », explique Ming Wu. Le syndicat New Wood est intervenu mais le chef de la section chinoise qui a reçu les représentants syndicaux continue comme si de rien n'était. En mars 2001, Ming Wu dépose plainte auprès du tribunal administratif à New York. Fin 2002, il attend toujours une réponse... Il faut parfois compter plusieurs années avant d'obtenir une réponse de ce tribunal. Et pendant que la justice interne de l'organisation patauge dans ses procédures interminables, pendant que l'administration laisse faire ces pratiques dans une indifférence honteuse, les conditions de travail continuent de se dégrader.

Et il n'est plus rare que les fonctionnaires paient de leur vie la violation des droits du travail et l'injustice qui règnent au cœur du système onusien.

Elle n'est plus personne

Chahrzâd n'est pas la fille savante du vizir des merveilleux *Contes des Mille et Une nuits* que nous a légués la civilisation arabe des califes al-Mansour, Haroun al-Rachid, al-Mamoun et leur cité radieuse de l'an 762, Bagdad. Nous l'appelons Chahrzâd car cette jeune femme iranienne, faute d'être savante, est tout de même diplômée d'un doctorat en mathématiques, d'une licence en économie et parle couramment plusieurs langues.

Elle travaille depuis seize ans pour l'ONU, au Service informatique dont elle est devenue la mémoire vivante. En juillet 2002, elle est virée du jour au lendemain. Sans indemnités. C'est le côté « pratique » des contrats à durée déterminée d'un an renouvelable que se plaît à perpétuer la bureaucratie onusienne... Le choc est tel qu'elle tombe en dépression et qu'un suivi psychologique s'impose pour l'aider à « ne pas faire de bêtise », comme on dit. Car, par cette décision, l'ONU a enlevé à Chahrzâd sa raison de vivre dans son seul monde possible. Pour cette petite femme énergique de quarante-cinq ans, le visage aux traits fins éclairé de deux grands yeux en amande, gentille, tout bascule d'un coup. Elle n'est plus personne, n'a plus aucune reconnaissance sociale ou professionnelle et est presque devenue aveugle de ces années passées les yeux fixés sur les écrans informatiques de l'ONU. « La dernière fois que je l'ai vue, elle était blanche, paraissait vingt ans de plus que son âge, le regard un peu perdu, parlant sans ponctuation presque comme un ordinateur », rapporte Namia, l'une des fonctionnaires de l'organisation. Après avoir fait ses études à Genève, Chahrzâd entre à l'ONU et commence à travailler au Service informatique. Cette femme « très méticuleuse, capable de rester cinq jours sur le même problème jusqu'à ce qu'il soit résolu » s'y engage au point de devenir indispensable.

Des années dans une cave de l'ONU

C'est après avoir exercé dans un bureau du Service informatique qu'elle va travailler dans une cave de l'ONU où est centralisé le système informatique. Elle s'y rend d'abord épisodiquement, puis de plus en plus régulièrement, happée par les nécessités de ses interventions. Sa direction lui enlève son bureau au bout d'un moment, estimant sans doute qu'elle peut se contenter de la cave où elle réalise désormais l'essentiel de ses opérations. Personne ne s'inquiète de son absence. Personne ne s'offusque de cette manière de procéder de la hiérarchie. Absorbée par son travail, la cave de l'ONU devient son lieu de référence. Elle s'y installe quotidiennement presque machinalement. « Dans la cave, elle avait aménagé son coin cuisine, son lit, dormait à côté de sa machine qui était en quelque sorte sa famille. Elle recevait ses consignes par ordinateur et ne travaillait qu'avec l'ordinateur... Elle mangeait très peu et a changé petit à petit son cycle de vie au point de ne plus vivre que pour son travail, par excès », confie Namia. Une vraie perle pour sa direction. Chahrzâd travaille ainsi au point d'en oublier jusqu'à son ami et sa famille.

Dans ce milieu fermé des OI, sans attaches particulières à Genève, sans bureau, son coin de cave devient un refuge, son « chez soi », un défi permanent à la solitude qui l'habite.

« Ils s'étaient habitués à sa présence comme une ombre... »

Vissée à ses ordinateurs, elle ne prendra aucune vacances pendant neuf années sans qu'aucun responsable, là encore, ne s'en émeuve. Elle n'est plus qu'un numéro dans les répertoires de l'administration. Pourquoi s'inquiéter de sa disparition en sous-sol, puisqu'elle ne pose pas de problèmes ?!... On sait qu'elle est là pour l'informatique, le reste... Parmi ses rares moments de communication avec la surface, l'un de ses plaisirs est sans doute d'aller dépanner à la demande un directeur ou un autre fonctionnaire resté en rade sur son ordinateur. C'est alors qu'elle existe pleinement, réalise prouesse sur prouesse, résolvant les problèmes qui surgissent dans le système informatique de l'ONU, réussissant là où les autres renoncent. « Elle détenait tout le savoir de son directeur et était en quelque sorte devenue "la chose" du Service. Ils s'étaient habitués à sa présence comme une ombre », rapporte Namia qui souligne que « le médecin du travail de l'époque qui la convoque régulièrement tous les deux ans et lui conseille de suivre des traitements pour retrouver un équilibre et protéger sa santé ne se souciera pas de savoir si elle suit ou non ses prescriptions ».

Après son licenciement, l'intervention de l'assistante sociale et du médecin du travail de l'ONU lui permettront d'obtenir, à force d'insistance, une indemnité de traitement à vie. La vie? Psychologiquement détruite, Chahrzâd ne pourra plus jamais reprendre le travail.

Haji Li s'en sortira moins « bien ».

Harcèlement continu

Cette jeune Chinoise entre en juin 1988 comme dactylo au groupe chinois de dactylographie de l'OIT qui comprend un chef et trois dactylos. En septembre suivant, arrive le nouveau chef de service, Mme Feng-Li Liu, à la suite de la démission du chef précédent.

De 1988 à 1991, Mme Liu rédige trois rapports favorables sur sa subordonnée. Mais à partir de 1991, l'atmosphère change, principalement en raison du fait que Haji arrive en fin de contrat en septembre. Dès lors, se succèdent des tracasseries destinées à la déstabiliser et à l'expulser du groupe : son contrat est transformé en contrat de trois mois à deux reprises en septembre et décembre 1991 ; les directives adéquates pour la bonne réalisation de son travail ne lui sont pas données, sans doute pour la pousser à la faute professionnelle ; une charge excessive de travail est exigée d'elle sous prétexte que les machines du groupe de travail doivent être expédiées plus tôt que prévu à la Conférence régionale asiatique ; enceinte en août 1991, sa chef lui reproche de ne pas l'avoir informée de son état alors qu'elle était à la Conférence régionale asiatique et se trouvait donc absente ; puis, en mars 1992, alors que le pool chinois est en pleine restructuration, son contrat est prolongé jusqu'à la fin de l'année par suite du départ d'une autre employée. Mais le harcèlement dont elle est victime s'amplifie.

Après son congé maternité puis ses vacances qui lui sont dans un premier temps refusées, Haji s'aperçoit, à son retour, que son logiciel d'ordinateur a été saboté et son travail sur disquettes effacé au point d'être inutilisable...

Poussée à bout

En 1993, alors qu'un poste doit être supprimé dans le budget 1994-1995, la question se pose de savoir quel fonctionnaire va devoir partir. La direction demande alors à Feng-Li Liu, la chef du groupe, d'établir un rapport sur le travail de ses trois subordonnés : le 10 mai 1993, elle conclut que Haji est moins coopérante que d'autres membres du groupe et se réfère à des incidents volontairement amplifiés afin de la discréditer. C'est sur cette base que M. Pauly, alors chef de la section Protext, recommande formellement que le contrat de Haji Liu ne soit pas renouvelé... Mais une autre évaluation réalisée cette fois par le Département du personnel décide au contraire de retenir Haji au détriment d'un autre fonctionnaire. Dès lors, une véritable campagne s'organise contre elle. Début septembre, une pétition reprenant les allégations contenues dans le rapport de Feng-Li Liu et signée par trois personnes est adressée à la direction.

Le 27 septembre suivant, le directeur du personnel prépare et signe quelques vives réponses à destination des trois signataires de la pétition ; mais par une étrange omission, ces réponses ne sont pas envoyées et il n'est apparemment venu à l'esprit de personne de dire à Haji que l'organisation ne considère pas comme sérieuses les attaques dont elle fait l'objet. Le même mois, alors qu'elle a déposé ses dates de vacances depuis mai, espérant se rendre en République populaire de Chine avec son mari, également fonctionnaire à l'OIT, elles lui sont refusées... L'intervention d'un fonctionnaire chinois d'un autre service auprès de Mme Causanillas, la responsable du département, n'y fera rien.

Malgré la décision du Département du personnel, Pauly, l'un des chefs dont dépend Haji, n'a toujours pas exécuté les formalités nécessaires à la prolongation de son contrat, l'empêchant ainsi indirectement de pouvoir partir en vacances...

Excédée par ces manœuvres, Haji se plaint début novembre auprès de l'assistante sociale de l'OIT. Son mari intervient également par écrit pour dénoncer la façon dont elle est traitée. Retour dans le bureau de Mme Causanillas qui pense pouvoir calmer les choses par un simple entretien entre Haji et sa chef, Feng-Li Liu, estimant sans doute qu'il s'agit de faits sans gravité. Des faits qui durent et s'accentuent depuis plus de deux années... Selon les témoignages recueillis auprès des fonctionnaires qui la côtoient alors, Haji a quitté cette réunion en pensant qu'il n'y a plus aucun recours pour obtenir justice face au harcèlement dont elle est victime. Alors qu'elle demande à prendre enfin ses vacances avec son mari en décembre, elle rencontre de nouvelles difficultés pour obtenir ce congé. Elle parvient finalement à l'obtenir et se prépare à partir en vacances. Va-t-elle enfin s'en sortir face au harcèlement dont elle est victime ?

« J'étais persécutée à mort »

Le 12 décembre 1993, Haji a pris une décision. Elle rédige deux documents. Dans le premier, testament en faveur de son mari et de son fils, elle écrit notamment « j'étais persécutée à mort ». Dans le second, une lettre à destination des responsables de l'OIT et de ses chefs, elle prend le temps d'accrocher les uns derrière les autres les mots terribles que personne ne veut entendre pour lui rendre justice : « Maintenant, c'est réellement au-delà des limites du supportable d'endurer plus longtemps les invisibles tortures d'une telle persécution. Depuis que Mme Feng-Li liu avec d'autres répandit contre moi à l'Organisation internationale du travail de fausses accusations ne concordant nullement avec les faits, j'ai vécu sous une insupportable pression (...). Cette énorme agonie mentale, la torture de cette persécution me détruisent complètement. Quelle victime je suis, alors que je suis innocente ? Je ne peux survivre à leurs accusations inhumaines ainsi qu'à leurs mauvais traitements qui m'ont brisée. Je suis innocente et injustement accusée. »

Deux jours plus tard, le 14 décembre 1993, cette jeune femme de trente ans, fine et belle, aux longs cheveux bruns, mère d'un petit garçon depuis avril 1992, cette « gentille personne » que les témoins décrivent comme « douce, quelque peu naïve mais très consciencieuse et soucieuse d'agir correctement », calme et déterminée, à bout de tant d'injustices, se rend au siège de l'OIT, le lieu où elle est persécutée. Haji reprend le même chemin, franchit les mêmes espaces de torture sachant qu'elle n'aura plus à y revenir, monte au septième étage, ouvre la fenêtre et se jette dans le vide.

Les spéculations d'un étrange conseil médical

« Le suicide de cette jeune femme nous a ébranlés », témoigne Hector G. Bartolomei de la Cruz, ancien directeur du Département des normes internationales de l'OIT. « Elle s'est jetée par la fenêtre et son corps est allé s'écraser à quelques mètres de là où mon épouse, qui est professeur d'espagnol, donnait des cours, non loin de là où j'étais moi-même en train de parler des valeurs, des normes de l'OIT ! Vous rendez-vous compte ? ! »

Hector Bartolomei de la Cruz sait de quoi il parle pour avoir été lui-même, comme directeur, victime de harcèlement moral continu au point d'être hospitalisé à deux reprises en psychiatrie et de faire l'objet d'un traitement suivi.

Haji Li ? Il y eut plusieurs enquêtes sur son cas. Y compris un étrange rapport du Conseil médical de l'organisation en date du 23 avril 1997 qui visait, semble-t-il, à dégager l'organisation de toute responsabilité. C'est ce que souligne un autre rapport, classé « Confidentiel », en date du 11 mai 1998 du Staff Union Committee, le Comité d'union du personnel, qui indique notamment que « finalement celui-ci émet un jugement complètement non médical basé sur des spéculations statuant que les facteurs de travail n'étaient pas décisifs ». On peut se demander comment un conseil médical a l'autorité de juger de l'influence de facteurs non médicaux...

Un rapport classé « Strictement confidentiel » accuse

Mais c'est surtout l'enquête confiée à deux juristes et conseils, Anura Krairiksh et Felice Morgenstern, qui, étudiant les dysfonctionnements de la chaîne hiérarchique, débouche sur un rapport accablant pour l'OIT en mars 1994. Mettant en cause le fonctionnement de l'organisation et plusieurs responsables, celui-ci est aussitôt classé « Strictly confidential ».

Ce rapport, intitulé « Enquête sur le suicide de Mme Haji Li le 14 décembre 1993 », passe en revue, point par point, le déroulement de carrière de la jeune Chinoise, désignée par ses initiales HL dans le document, depuis son entrée à l'OIT, y compris sa vie familiale, ses relations avec les membres de l'organisation.

On y apprend ainsi que sa chef de service fut également à l'origine de ses tourments : « Mme Liu informa clairement le directeur du personnel qu'elle serait heureuse si HL et son mari quittaient Genève. En mai 1993, elle prépara le rapport pour la direction dans lequel elle rapporta largement tous les incidents amplifiés et hors de proportion. Ceci conduisit à la recommandation du département que le contrat de HL ne devait pas être renouvelé (...). Elle se joignit à la campagne contre HL et signa la pétition en septembre 1993. Ceci comme la réponse du Personnel du 27.9.93 qui, de manière très regrettable, ne fut pas envoyée et faisait état "qu'il était particulièrement déplacé d'agir ainsi en raison de sa position de chef à la fois des deux cosignataires et de la collègue" dont elle s'était plainte (...). En résumé, nous ne pensons pas que Mme Liu fut la seule instigatrice des divers incidents antérieurs à la mort de HL (...) toujours est-il qu'elle joua un rôle important en empoisonnant l'environnement de HL au travail».

«Nous n'avons aucun doute que l'environnement de travail...»

D'autres personnes contribuèrent également à mettre Haji en difficulté constante. Ce fut le cas d'un membre du groupe – «Le rôle de Mme Xu est beaucoup moins clair mais peut avoir également été important (...)» – mais aussi d'un autre responsable du secteur qui «n'accepta pas facilement la décision du Département du personnel de prolonger le contrat de HL contrairement à sa recommandation (...). Le fait que jusqu'au 6 septembre il n'ait pas envoyé la demande nécessaire pour la prolongation du contrat de HL joua un certain rôle puisqu'elle n'eut pas cette prolongation avant fin septembre et de ce fait ne put prendre les vacances qu'elle avait projetées». Conclusion du rapport d'enquête: «Nous n'avons aucun doute que l'environnement de travail de HL pendant un temps considérable et tout particulièrement les six derniers mois de sa vie fut favorable à une dépression nerveuse, laquelle fut probablement la base de son suicide (...)»

Réaction de Hector Bartolomei de la Cruz: «Le directeur général aurait dû, sur la base du rapport, prendre des mesures de protection vis-à-vis de l'enfant orphelin et de son époux. Il n'en fut rien. Imaginez que le suicide a été une délivrance de la souffrance quotidienne qu'elle a vécue, imaginez ce drame qui se déroulait en secret sous nos yeux et dont cette jeune femme mourait chaque jour un peu plus sans que nous n'en sachions rien ! » Et il faudra que le mari de Haji bataille pendant plusieurs années, dépose plainte contre Michel Hansenne, le directeur général de l'OIT de l'époque, et trois autres cadres pour harcèlement avant d'obtenir un semblant de réparation morale et financière minime en regard des vies détruites.

Pour autant, tout continue comme avant, car l'Organisation internationale du travail n'a jamais reconnu formellement aucune responsabilité dans le suicide de son employée, ni pris la moindre mesure à l'encontre de la ligne hiérarchique responsable, lui assurant l'impunité la plus totale.

Il en sera de même pour Hector Bartolomei de la Cruz, l'ancien directeur du Département des normes internationales de l'OIT.

La colère sourde d'un homme intègre

Alors que je le rencontre dans les environs de Genève, fin octobre 2002, Hector Bartolomei de la Cruz est encore abattu par les épreuves qu'il a subies et reste sous traitement psychiatrique. Son dossier ? « Je ne l'ai pas ouvert depuis une année. C'est vous qui me faites reprendre ces pages, je ne savais pas si je pourrais... » Bon signe pour sa santé : quelques mois plus tôt, sans doute n'aurait-il pas pu replonger dans ce passé tourmenté dont il conserve un goût amer.

En 1973, il s'apprête à prendre un poste de professeur à l'université en Argentine quand l'OIT lui propose de travailler sur la discrimination antisyndicale. Lui qui « entre à l'Organisation internationale du travail comme on entre dans les ordres» ne pensait pas boire le vin de messe jusqu'à la lie.

D'origine argentine, il possède un bagage impressionnant: École supérieure de professeurs de Cordoba, études de droit à l'Université catholique, avocat en 1964, diplômé en sciences sociales de l'Organisation ibéro-américaine de Sécurité sociale en Espagne en 1966, licencié en sciences sociales du travail avec la plus grande distinction de l'Université catholique de Louvain en 1969, un *Master of Law degree* de la Harvard Law School en 1971, un doctorat en droit de l'Université catholique de Louvain en 1972. De langue maternelle espagnole, il travaille couramment en allemand, anglais, français, italien et portugais. Et sa passion pour l'histoire des hommes, des civilisations et des organisations le conduit à publier plusieurs ouvrages et à donner de nombreuses conférences à travers le monde. C'est cet homme-là que la direction générale de l'OIT va s'employer à détruire.

Il découvre la corruption au sein de l'OIT et met en cause le directeur général de l'époque, le Belge Michel Hansenne. À partir de là, en 1995, ses ennuis commencent.

Il s'oppose également aux choix politiques de ce directeur général lorsque celui-ci veut démanteler le Département des normes. Cette tentative de Michel Hansenne sera bloquée et refusée par le conseil d'administration, non seulement car ce département n'a jamais eu de problèmes de fonctionnement, mais surtout parce que celui-ci est essentiel à l'activité de l'OIT. Précisons que c'est en son sein que sont élaborées les normes qui revêtent par la suite la forme de conventions, recommandations ou traités internationaux ouverts à la ratification des États membres de l'OIT. C'est dire les conséquences politiques et sociales en matière de droit du travail qu'aurait entraînées la suppression de ce département...

« Avec le temps et les années, je voyais grandir en moi cette dévotion à l'OIT et en même temps une colère sourde devant les contradictions entre les valeurs prônées et ce qui se passait au sein de l'OIT », confie-t-il. En 1996, il fait savoir qu'il envisage de se présenter aux élections de 1998 pour le poste de directeur général. Le directeur général en fonctions tente alors de le discréditer.

Michel Hansenne, le faiseur de bruits

C'est ainsi qu'il apprend par un ami compatriote qu'il rencontre à Bruxelles, Carlos Custer, secrétaire général adjoint de la Confédération mondiale du travail (CMT), l'ancienne Confédération internationale des syndicats chrétiens, pour laquelle il a travaillé comme avocat dans le passé, qu'une rumeur court selon laquelle il emploierait à Genève une femme de ménage péruvienne sans la déclarer. « Je n'en revenais pas, d'autant que ma femme de ménage était venue depuis Lima avec un contrat de travail signé par le ministère des Affaires étrangères à Berne et qui a transité par voie diplomatique. Le lendemain, je devais prendre la parole dans une conférence qui réunissait tous les principaux dirigeants syndicaux du monde. J'arrive dans la réunion et je m'assois à côté du président de la CMT, le Belge Willy Peyrens, qui me reçoit avec une froideur glacée. Après la conférence, nous nous isolons et, en présence de Carlos Custer, je lui demande des explications. Il me dit qu'il ne peut rien me dire, qu'il a eu cette information par une très haute personnalité, qu'il est choqué par le bruit qui court et qu'il s'est engagé à ne pas donner le nom de son informateur. Je lui demande s'il maintiendrait son engagement si je lui démontre séance tenante que ces bruits sont faux. "Si c'est comme ça, naturellement, car ce serait alors une manœuvre politique contre toi", me répond-il. »

Hector Bartolomei lui montre alors le contrat de sa femme de ménage. Aussitôt son interlocuteur s'exclame : « Ah ! le salaud, le salaud, j'aurais dû m'en douter ! » Mais le docteur de la Cruz exige des explications. « Je l'interroge : "Qui est-ce le salaud, car si tu ne me donnes pas son nom, c'est toi qui deviens un salaud à mes yeux et que je vais dénoncer. Alors ?" Il était gêné d'avoir été trompé, d'autant que nous nous connaissions et ne pensait sans doute pas une telle manœuvre possible à ce niveau hiérarchique : "C'est Hansenne !" lâche-t-il. »

Le directeur général désavoué

De retour à Genève, Hector Bartolomei de la Cruz est immédiatement soumis à une enquête administrative dirigée par la directrice du Département du personnel, l'Américaine Christine Cornwell, dont l'ensemble du Bureau du personnel, ainsi que les membres de son conseil d'administration, prennent rapidement connaissance malgré le secret absolu de l'instruction.

Finalement, le Conseil d'administration se réunit, décide de ne pas licencier Bartolomei de la Cruz comme le directeur général l'a demandé, et exige que ce dernier lui présente ses excuses en reconnaissant qu'il a agi avec légèreté en faisant courir de faux bruits. Mais entre-temps, la manœuvre a jeté le doute sur le directeur des normes internationales et le soutien que le docteur de la Cruz attendait de la Confédération mondiale du travail pour les élections est perdu.

Pour autant, il n'en reste pas là et envisage toujours de se présenter aux élections avec l'objectif de mettre un terme à la corruption qui gangrène l'OIT et de moderniser son action au plan international. Isolé et découvert à la suite de l'échec de sa manœuvre, Michel Hansenne annonce quelques mois plus tard qu'il ne se représentera pas aux élections. Nouveau coup dur pour Hector Bartolomei de la Cruz : le gouvernement argentin ne soutient pas sa candidature et passe d'autres accords sur son dos qui conduiront à l'élection du Chilien Juan Somavia, le 23 mars 1998.

Cet « ami et camarade » de l'Internationale socialiste, élu par 44 voix sur les 56 du conseil d'administration de l'OIT, fut notamment ambassadeur du Chili auprès du Groupe andin de 1970 à 1973.

C'est à ce moment qu'une nouvelle affaire de *mobbing* éclate au sein de l'OIT contre Hector Bartolomei.

La saga des « mobbeurs »

Deux courriers électroniques entre des fonctionnaires de l'OIT en poste dans différents bureaux le mettent en cause de manière grossière. Il intervient auprès de leur chef de service, lui demandant de leur faire savoir que de tels comportements ne peuvent être tolérés. Il s'ensuit alors une incroyable saga de *mobbing* combiné réalisé par plusieurs membres de l'OIT où l'innocent va devenir coupable : les rédacteurs des textes refusent d'obtempérer ; en novembre 1998, le Comité du syndicat du personnel publie dans son journal *Flash*, un article dans les trois langues de l'OIT, diffusé à tous les fonctionnaires et associant oralement son nom à l'article diffamatoire ; la décision du directeur général Michel Hansenne, le 11 décembre 1998, de le relever de ses fonctions avec effet immédiat, sans procédure disciplinaire jusqu'à la fin de l'enquête que le Département du personnel devait mener ; l'attribution par Christine Cornwell, directrice du Département du personnel, à Hector Bartolomei du titre bidon, car sans description des tâches, de *Special adviser on international labour standards*, titre de « conseiller spécial » qui ne figure ni dans le budget de l'OIT, ni dans son programme ou son organigramme ; son isolement géographique dans un bureau au deuxième étage de l'aile sud du bâtiment sans secrétariat, sans aucun moyen de communication et sans aucune tâche ; une enquête administrative qui traîne pendant six mois sans que le rapport soit transmis à Hector Bartolomei ; une bureaucratie qui finit par conclure « que le requérant n'avait pas piraté l'ordinateur mais qu'il avait manqué de discrétion en cherchant à se défendre contre la fausse accusation *(sic)*... » Sans la moindre sanction contre ceux qui ont lancé la campagne de calomnie par Internet et l'ont sciemment disséminée à travers le monde. Bien au contraire.

« Mobbeurs » identifiés et promus

Isolé et pratiquement sans contact, il est pris en charge dès janvier 1999 par un premier médecin assisté d'une psychologue, mais entre, en octobre 2000, dans un état dépressif avancé qui le contraint à un suivi psychiatrique en milieu hospitalier. Entre-temps, en juillet 1999, un nouveau fait grave s'est produit : un courrier électronique, extrêmement diffamatoire, est envoyé à un fonctionnaire haut placé à Santiago de Chili, indiquant que le message provient de Hector Bartolomei de la Cruz. « Dans ce courrier électronique écrit en espagnol, on me fait accuser Somavia d'avoir financé la campagne électorale de Ricardo Lagos par le biais d'un contrat très bien payé en dollars pour un Chilien qui était le chef de sa campagne électorale et par l'entremise du directeur du bureau de l'OIT à Santiago, Victor Tokman », précise Hector Bartolomei.

Le faux est décelé par le Federal Bureau of Investigations (FBI) américain dont l'assistance technique permet de remonter jusqu'à ses expéditeurs, un homme et une femme en poste à Lima. Non seulement, ils ne sont pas sanctionnés mais se voient promus, l'une à Genève, l'autre au Costa Rica... Le docteur Bartolomei n'est donc pas l'auteur de ce courriel et sa bonne foi est de nouveau établie. Pourtant, malgré l'engagement pris par Juan Somavia auprès de lui, son innocence ne fera, encore une fois, jamais l'objet d'un communiqué officiel dans l'Organisation.

Coupables impunis et victime... licenciée !

Le 19 mars 2001, le directeur général de l'OIT, Juan Somavia, qui a le pouvoir de revenir sur toutes les décisions et sanctions prises par son prédécesseur, les... confirme et décide de licencier Hector Bartolomei de la Cruz à une semaine de son départ à la retraite ! « Toutes mes affaires sont à l'OIT, je suis interdit d'entrée et la direction générale ira jusqu'à m'empêcher de dire au revoir à mes collaborateurs », indique Hector Bartolomei. Pas de repas non plus, comme c'est la tradition dans l'organisation lors du départ d'un directeur. Ses collaborateurs et de nombreux collègues de travail le retrouveront plus tard pour lui témoigner leur solidarité et leur amitié.

Diffamé, sali, bien que reconnu innocent, le docteur Bartolomei a dû être opéré du cœur et se trouve aujourd'hui en suivi médical psychiatrique. Aucun des coupables n'a été sanctionné, ni le Comité du syndicat du personnel, ni les responsables du journal *Flash*. Quant à la direction générale de l'OIT, elle n'a pas cru nécessaire de s'excuser et de publier un démenti le rétablissant dans son honneur.

Médecins, juristes, experts dénoncent dans plusieurs rapports le harcèlement dont est victime le docteur Bartolomei de la Cruz.

Gabriella Wennebust, juriste spécialiste de ces questions et auteur de *Mobbing : le harcèlement psychologique analysé sur le lieu de travail*[1], enquête sur le cas de Bartolomei de la Cruz. Les conclusions du rapport qu'elle délivre le 9 juillet 2000 sont accablantes pour l'OIT et sa direction générale : « Je conclus que le BIT a violé par action et inaction l'obligation de protection des droits de la personnalité de M. Hector Bartolomei et de ce fait engage sa responsabilité contractuelle.

Je conclus que les éléments précités permettent de retenir le cas d'un *bossing* et d'une complicité passive intentionnelle au *mobbing*. »

---

1. Lausanne, Réalités sociales, 1999.

Et quand Bartolomei de la Cruz veut déposer plainte pénale devant la justice genevoise, Juan Somavia, directeur de l'OIT, refuse de lever son immunité diplomatique. Sans doute la peur d'être mis en cause et d'avoir à répondre de ces faits très graves?

Le tribunal administratif de l'OIT? « Dans le cas de *mobbing*, il est extrêmement difficile d'avoir des témoignages sur ce qui se passe dans l'organisation, car les gens ont peur. Lorsque Somavia a su que je demandais des témoignages, il a donné une directive à tous les cadres supérieurs en disant qu'il était incompatible avec leur fonction de donner un témoignage en ma faveur. Plusieurs d'entre eux sont venus me voir en me disant: "Mais tu imagines, s'ils t'ont fait cela à toi, que vont-ils me faire à moi?!" J'ai néanmoins réussi à obtenir vingt-cinq témoignages par écrit et deux témoignages oraux, mais aucun ne sera retenu par ce tribunal. J'ai alors proposé de payer moi-même une contre-expertise réalisée par un expert désigné par le tribunal mais les juges se sont défilés et ne citeront même pas le rapport produit par Gabriella Wennebust! » Le tribunal reconnaît que Hector Bartolomei de la Cruz n'est pas l'auteur des courriers électroniques, mais au moment de décider de la responsabilité de l'OIT, conclut qu'il n'a pas la compétence ni l'autorité pour exiger la condamnation des responsables et sa réhabilitation...

Ainsi, la quasi-totalité des responsables du *mobbing* à l'encontre du docteur de la Cruz, non seulement ne sont pas sanctionnés mais sont... promus, soit par l'ancien directeur général Michel Hansenne, soit par son successeur, Juan Somavia. « C'est le cas en particulier de Horacio Guido, qui obtient sans concours un poste de P4 qui n'existait même pas dans le budget, sur proposition de son chef Bernard Gernigon », indique Bartolomei de la Cruz. Faut-il y voir un lien avec le fait qu'il ait été identifié par la juriste Gabriella Wennebust comme l'un des membres les plus actifs du groupe des « mobbeurs » ?...

« Mobbing » : harcèlement à répétition

Mobbing, *bossing*, combien de fois ces mots échappent de la bouche des fonctionnaires que je croise au fil de mois d'enquête, prononcés comme pour désigner une maladie professionnelle courante que l'on contracte facilement dans les OI ! Trop dans tous les cas en regard de ce qu'ils recouvrent.

La juriste Gabriella Wennebust est l'une des spécialistes reconnues de ces phénomènes. Ainsi qu'elle l'explique, « il existe différentes sortes de harcèlement psychologique – en tant que conduite particulière adoptée par un individu en réaction à une stimulation intérieure ou extérieure – dont le *mobbing*. Ces différentes formes de harcèlement – manipulation, perversion, *mobbing* – se distinguent par leurs buts qui peuvent être sommairement définis respectivement de volonté de dirigisme, jouissance, exclusion de la victime. Par *mobbing* on entend désormais un comportement caractérisé par une répétition d'agissements hostiles – harcèlement – adopté par un individu (*mobbing* individuel) ou par une collectivité homogène ou hétérogène (*mobbing* collectif) – dirigés contre un individu considéré comme intrus. Celui-ci représente ou est perçu comme une menace à la préservation d'un bien appartenant au(x) « mobbeur(s) » et/ou un obstacle à l'atteinte d'un but spécifique ou intérêt propre à celui ou ceux-ci ». Plus l'organisation d'entreprise est importante, la structure hiérarchisée avec une forte parcellisation des tâches, plus il est aisé pour un groupe de « mobbeurs » de parvenir à leurs fins, surtout si plusieurs d'entre eux occupent des positions hiérarchiques dominantes, situation qui permet toutes sortes de manipulation afin d'isoler leur victime.

Le système de défense des petites castes

Le harcèlement déployé donne à la victime un message de rejet et vise son éloignement, son exclusion ou sa neutralisation. Le recours au harcèlement est donc une stratégie de « défense » des biens et intérêts inhérent aux « mobbeurs ». « Le *mobbing* suit généralement, mais pas nécessairement, un déroulement par étapes. La première est la survenance d'un conflit, de nature professionnelle ou privée, qui servira de base voire de prétexte au déclenchement du *mobbing* et au franchissement des étapes suivantes (...). Une des caractéristiques du comportement de harcèlement est une manipulation de la communication », souligne Gabriella Wennebust. Et comme nous venons de le voir, « le *mobbing* individuel ou collectif peut être horizontal – même niveau hiérarchique –, descendant -- action d'un supérieur envers un subordonné que l'on appelle le *bossing* –, ascendant – action d'un subordonné envers un supérieur – ou combiné. En matière de *mobbing*, ni le nombre, ni la fréquence des actes ou la durée sur laquelle ils se déploient ne sont déterminants. Le harcèlement, qui est la répétition d'actes, est par contre un indice de l'existence du *mobbing* bien qu'un seul acte d'une gravité extrême ne puisse pas l'exclure ».

Un rapport interne de l'ONUG de juillet 2002, rédigé par le groupe de travail sur le harcèlement au travail, dresse un tableau sinistre des conditions de travail dans le système onusien.

Nations unies : 47 % du personnel préoccupés par la violence interne

Ce rapport rappelle que l'OIT a procédé en 1997 à une enquête dans trente-deux organisations du système des Nations unies. Il en ressort que « près de la moitié (47 %) des membres du personnel des Nations unies ont indiqué que, d'une manière générale, ils étaient préoccupés par la violence et au premier chef par le harcèlement sexuel (33 %), suivi des insultes (29 %), du harcèlement moral ou psychologique (14 %), des voies de fait (14 %) et des menaces (10 %)... [1] ».

Le même rapport indique qu'en 1997 l'organisation a voulu « mettre les fonctionnaires des Nations unies à l'abri de tout harcèlement » et a reconnu qu'il lui incombait en tant qu'employeur « de mettre en place des politiques et des systèmes permettant de garantir que le harcèlement ne soit pas toléré et que si jamais il se produit, la réaction soit rapide et efficace ». Juan Somavia, le directeur de l'OIT qui n'a toujours pas réagi pour que le docteur Hector Bartolomei de la Cruz soit réhabilité, n'applique visiblement pas les orientations du secrétaire général de l'ONU en la matière.

Par ailleurs, le même document indique que « l'orga-

---

1. Source : Conseil de coordination du personnel de l'ONUG. Groupe de travail sur le harcèlement au travail, « Projet d'exposé de position sur le harcèlement au travail », 5 juillet 2002.

nisation a procédé à une enquête à l'échelle du système afin d'évaluer l'étendue du problème. Malheureusement, les Nations unies ont été dépassées dans l'intervalle par les événements survenus dans le monde. Le personnel attend toujours les résultats de l'enquête considérée et il semble que, bien qu'elle se soit engagée à éliminer le harcèlement, l'organisation peine à établir des procédures pour empêcher et réprimer de tels abus, procédures qui sont d'autant plus nécessaires que la délégation de l'autorité donne aux supérieurs hiérarchiques un pouvoir plus étendu sur les membres du personnel qui relèvent d'eux, tandis que, à l'inverse, la pratique toujours plus répandue des contrats à court terme rend les membres du personnel plus vulnérables ».

Coût annuel de la torture à l'ONU : plus d'un million d'euros...

Ce rapport donne également une évaluation des conséquences financières de ces phénomènes. En fonction des conditions propres à l'ONU, « on arrive, en restant en deçà de la réalité, à un coût annuel estimatif de plus d'un million de dollars américains pour l'organisation ». Toutefois, ce chiffre ne prend pas en compte « la baisse de la performance ou de la productivité à la fois des fonctionnaires qui se rendent coupables de harcèlement et de ceux qui le subissent, les frais médicaux, les plaintes donnant lieu à des procédures internes, les pensions d'invalidité, l'atteinte à la réputation de l'ONU en tant qu'employeur (indicateur : baisse des candidatures à des postes vacants), la perte de crédibilité en tant que modèle de conduite au niveau international »...

Pour Bartolomei de la Cruz, « le *mobbing* n'est pas seulement du harcèlement, c'est une véritable torture morale, comme un supplice du goutte-à-goutte que l'on rechargerait soi-même ». Et de faire remarquer qu'au sein de l'OIT « nous connaissons très bien les mécanismes du travail. Autant nous pouvons utiliser ces mécanismes dans le sens du progrès, autant certaines personnes mal intentionnées peuvent les utiliser pour faire du mal. Quand vous savez comment pousser quelqu'un à l'alcoolisme, vous savez aussi comment l'en sortir. C'est pareil pour les conflits ! »

Sans aller jusqu'au *mobbing*, la direction générale de l'OIT semble peiner pour résoudre d'autres problèmes moins complexes relatifs aux conditions de travail. Il suffit de plonger dans les entrailles de l'OIT et de regarder discrètement vivre quelques services pour s'en apercevoir.

En passant par la valise diplomatique

Passionnant service que celui de la valise diplomatique. Il y circule souvent des documents de la plus haute importance. Appelé ainsi en raison du statut attaché à ces expéditions qui prévoit qu'aucune autorité nationale, transitaire ou aéroportuaire n'est autorisée à desceller les sacs des trente kilos pour en vérifier le contenu.

Un seul fonctionnaire exécute ce travail, un autre l'aidant épisodiquement en fonction de sa disponibilité. En plus des manipulations propres à l'expédition, il doit assurer d'autres tâches comme le choix du transporteur privé du courrier selon la destination et le poids à envoyer, la négociation des prix et la traçabilité des paquets...

En juillet 2002, il se démène dans un lieu qui relève plus de la petite échoppe artisanale que du service d'une grande organisation internationale. Deux à trois fois par jour, le fonctionnaire à la Valise diplomatique récupère les documents à expédier dans un autre bureau et les conduit sur un chariot jusqu'à son service. Là, il se livre à des contorsions multiples et répétées, distribuant les documents et colis sur des étagères placées à des hauteurs différentes selon leur destination. Commence alors un ballet épuisant entre paquets, balance, sacs et bureau d'enregistrement.

Cent cinquante tonnes par an

Il place les gros paquets en bas et les plus légers dans les étagères supérieures, les soulevant à force de bras. Et c'est toujours manuellement qu'il pèse les paquets sur une balance posée sur trois palettes de bois superposées. Il habille alors chaque gros volume d'un sac résistant synthétique, le bascule de manière à placer son ouverture vers le haut et le remplit d'autres paquets jusqu'à un poids maximum de trente kilos. Fermé par un lien, plombé, pesé il l'étiquette alors selon la destination. Il redescend ensuite la valise diplomatique de la balance et l'entrepose avec les autres dans un coin de la pièce. Le fonctionnaire se démène ainsi au milieu d'un local à risques : prises électriques surchargées par des rallonges et des multiplicateurs de prises, câbles électriques qui traversent l'espace de manutention du bureau et dans lesquels les roulettes des chaises et les pieds des fonctionnaires s'accrochent en passant, entrepôt d'objets vétustes et de chariots, câbles circulant au niveau du plafond sans protection...

Les valises partant par l'ONU sont de l'ordre de

0,4 tonne pour un travail opéré avant onze heures du matin, avec bien souvent des pics de près de deux tonnes dans la journée. Celles partant par service privé de courrier sont acheminées sur cent quatre-vingt destinations par semaine à raison de vingt à trente valises par jour. Douze tonnes de documents et paquets sont manipulées manuellement en moyenne par mois : environ cent cinquante tonnes par an !...

Plusieurs rapports Sécurité et Santé restés sans suite

Bien entendu le fonctionnaire assurant ce service pratiquement seul et dans ces conditions est à la merci de problèmes de santé, du fait de la manipulation de telles charges. Or, selon un rapport de l'OIT daté de juin 2002 sur les « Études des conditions de travail » dans plusieurs services, un rapport similaire a déjà été élaboré en octobre 1998. Et selon le rapport de 2002 « pour les activités relatives à la Valise diplomatique la mécanisation du processus de travail a été recommandée, devant se faire en consultation avec un spécialiste du domaine ». Il rappelle aussi qu'« en novembre 1998, le Comité consultatif sur la Sécurité et la Santé du BIT a également été consulté et a rendu un rapport dans lequel il considérait que des problèmes sérieux existaient dans les unités des Archives, des Registres et de la Valise diplomatique nécessitant une correction immédiate ». Il était déjà recommandé notamment « pour l'unité de la Valise diplomatique l'engagement de personnel supplémentaire, des étagères adéquates à l'entreposage des paquets, des équipements électriques pour le soulèvement et le transfert des charges et l'aménagement d'un espace de travail adéquat ». Problème : ce dernier rapport de juin 2002 souligne que « seuls les moyens de stockage des documents et le système de ventilation de la salle de Registre et des Archives ont bénéficié d'améliorations. À l'époque, le Comité a signalé que la manutention de 450 kg par jour et par personne était excessive. Le poids manipulé n'a fait qu'augmenter depuis avec des pics à une tonne et demie, voire deux tonnes durant certains jours. »

Décidément, Juan Somavia, le directeur général de l'OIT, devrait, question santé, consulter sa « camarade » Gro Harlem Brundtland, l'ancienne directrice générale de l'OMS qu'il côtoie parfois dans les réunions de l'Internationale socialiste. Et mettre en pratique, à l'OIT, les belles recommandations exposées dans la plaquette éditée par l'organisation qu'il dirige à l'occasion de la 87e session de la Conférence internationale du travail, intitulée *Un travail décent...*

CHAPITRE 8

SEXE CONTRE NOURRITURE

La corruption ? Elle est souvent présente dans le système onusien, de manière perfide, invisible, souvent voilée d'apparence diplomatique, touchant plusieurs secteurs de la vie des Nations unies. Il est évident, en s'arrêtant au seul aspect de l'activité économique des OI, que l'importance de leurs marchés ne peut laisser indifférentes les entreprises.

Les sommes en jeu ? « En 2000, les dépenses engagées par les organisations internationales gouvernementales (OIG) ont progressé de 13,1 % par rapport à 1999, pour atteindre 3,991 milliards de francs suisses. Sur cette somme, 2,4 milliards reviennent dans l'économie suisse (60,1 %) sous forme de salaires versés à des personnes résidant en Suisse ou sous forme de montants versés à des entreprises établies dans le pays pour des achats de biens ou de services », précise Carol Daverio, économiste statisticienne de l'OCSTAT.

« Les retombées économiques sont assez substantielles, de l'ordre de 3 milliards de francs suisses par année soit à peu près 13 % du revenu cantonal genevois », estime Steve Bernard, directeur du Centre d'accueil Genève international (CAGI). Pour autant,

Salika Wenger considère que le compte n'y est pas. « C'est important pour Genève d'avoir une aura internationale. Mais toutes les routes, les liaisons, les parkings, les infrastructures sont construits aux frais de l'État, une partie étant payée par le gouvernement fédéral et une autre immense partie payée par le contribuable suisse. Nous sommes loin du compte par rapport aux retombées, même s'il y a de nombreuses sociétés multinationales qui se sont installées à Genève, notamment en raison de la présence des organisations internationales », rappelle l'ancienne présidente de la Commission de contrôle de gestion de l'État fédéral. Et la dame connaît ses dossiers...

Élargissement et chevauchement des activités

Côté retombées, au sein du système onusien, la frontière entre le légal et l'illégal n'est pas toujours clairement identifiable.

« Nous sommes pour le moment dans un monde à dominante libérale, avec une situation de concurrence entre les organisations internationales. Le chevauchement de leurs activités est une situation typique du système d'influence qui s'y exerce de manière continue », indique en privé Steve, haut fonctionnaire international. Ainsi, par exemple, dans le cas d'un projet de formation de pêcheurs dans un pays africain, plusieurs OI peuvent être compétentes et se positionner pour le projet : l'OIT, l'organisation des Nations unies pour l'alimentation et l'agriculture (FAO), la Commission économique pour l'Afrique (CEA), la Conférence des Nations unies sur le commerce et le développement (CNUCED), etc. À partir de ce constat, deux phénomènes apparaissent : d'une part la tendance à l'élargissement de l'activité de chacune des organisations internationales afin de se positionner au mieux sur tout projet pouvant se présenter relevant plus ou moins de son secteur d'activité et, d'autre part, l'influence que peuvent exercer un ou plusieurs pays membres avec différentes motivations pour privilégier telle ou telle OI. Ainsi « des pays membres mécontents d'une OI pour une raison, peu importe laquelle, peuvent décider de reporter une partie importante de leur subvention sur une autre », indique-t-il.

Des budgets ordinaires en perte d'éthique

Autre raison qui milite en faveur de leur concurrence : le décalage qui existe entre la présentation officielle du budget et la réalité. Le budget de chaque organisation internationale est essentiellement composé d'un budget ordinaire et de contributions volontaires des États membres que chacune reçoit sous la forme de subventions. Et il apparaît qu'au fil des années, la part de ces dernières joue un rôle de plus en plus important dans leur fonctionnement. Remarque de mon interlocuteur : « Si vous observez le budget d'une organisation internationale et que vous prenez son évolution dans le temps, vous vous poserez forcément la question de savoir jusqu'à quel point les contributions ne dirigent pas le budget ordinaire. » Toutes sortes de pressions peuvent ainsi s'exercer pour privilégier une organisation internationale, par exemple par un pays où celui-ci a plus d'influence, un directeur général ou un fort coefficient de personnel. Mais ces influences peuvent également jouer pour des raisons légitimes. Par exemple, concernant les organismes génétiquement modifiés (OGM), il peut y avoir plusieurs approches sur la question de la sécurité alimentaire. L'une qui consiste à refuser catégoriquement un produit qui n'a pas été prouvé complètement sûr, une autre qui considère qu'il faut prendre en compte ce qu'il peut rapporter financièrement et une autre encore de dire que les OGM peuvent permettre d'obtenir des effets positifs. « La synthèse au sein du système onusien est pratiquement inexistante et elle ne s'effectue que par la force des choses, par influences. Ce qui fait que bien souvent, sur des questions importantes socialement, économiquement et pour lesquelles il y a un fort questionnement, vous avez plusieurs discours qui cohabitent avec une certaine confusion, jusqu'à déboucher sur un compromis avec beaucoup de prudence et une langue de bois certaine », explique Steve.

L'Inspection Panel veille au grain

De fait, un lobbying très important se développe autour des décisions et recommandations des OI, comme de leurs propres marchés. Santé, essence sans plomb, agriculture, OGM, environnement, droit... Il y a peu de domaines qui échappent aux études des organisations onusiennes. Et leurs recherches font l'objet des convoitises des multinationales. Des marchés importants où l'argent ne va pas toujours là où il est destiné.

Au point qu'il y a dix ans, la Banque mondiale créa l'Inspection Panel chargé de vérifier que les projets développés soient bien conformes à sa politique, tant dans l'utilisation des fonds que dans la substance même des projets. « Plusieurs d'entre eux, importants, ont été abandonnés en raison du décalage entre le projet initial et ce qui allait être réellement fait », précise-t-il.

Une liste noire des entreprises corruptrices

De même, la Banque mondiale a mis en place une cellule interne pour lutter contre la corruption de sociétés internationales dont certaines essaient de s'approprier des marchés des OI. Une liste noire des entreprises corruptrices est dressée et systématiquement mise à jour. Toutefois, Steve fait observer que « pour qu'une entreprise repérée dans une affaire de corruption, de rétrocommissions, de fraude ou autre soit inscrite sur la liste, il faut l'accord du conseil d'administration où siègent les pays membres. Bien entendu, un administrateur peut mettre son veto à ce qu'une entreprise de son pays soit inscrite sur la liste. Mais les faits sont parfois tellement graves et flagrants, les preuves évidentes qu'il est assez difficile pour un pays de procéder ainsi ». Aussi, certaines sociétés ont-elles trouvé une parade pour déjouer les investigations des enquêteurs de la Banque mondiale : créer des entités qu'elles contrôlent mais dans lesquelles elles n'apparaissent pas, destinées à un marché précis et domiciliées dans les places offshore, ces « paradis fiscaux » qui échappent à toute enquête officielle. Principaux pays fournisseurs de bataillons d'entreprises régulièrement épinglées dans des pratiques frauduleuses : les États-Unis, l'Angleterre, les Émirats Arabes Unis, la Suède...

D'autres bataillons, bien moins reluisants, se distinguent parfois aux quatre coins du monde sous les couleurs de l'ONU.

Casques bleus : les pays pauvres fournissent le gros des troupes

L'ONU est souvent présente dans les médias occidentaux au travers des interventions des « soldats de la paix », les Casques bleus. Ceux-ci – soldats, observateurs militaires et membres de la police civile – viennent à plus de 70 % des pays pauvres ou dits « en voie de développement ». Quand les Américains et les Européens envoient quelques centaines d'hommes pour des missions relativement tranquilles, le Bangladesh et le Nigeria fournissent à eux seuls plus de 9 000 Casques bleus, soit près du quart des effectifs de l'armée onusienne. Parmi les principaux pays contributeurs, viennent ensuite la Jordanie – près de deux mille sept cents hommes –, le Kenya – un peu plus de deux mille hommes – et le Ghana avec près de deux mille hommes. Et comme le souligne la journaliste Catherine Simon, « ce sont eux que l'on trouve dans les zones à hauts risques. En Sierra Leone, par exemple, où 500 soldats de la paix avaient été pris en otage en mai 2 000 par des bandes armées, le gros des bataillons onusiens provient désormais du Bangladesh (plus de 4 200 hommes) et du Nigeria (3 300 hommes). Les Américains n'y ont personne. Les Britanniques ont réduit leurs effectifs à vingt observateurs militaires et à huit hommes de troupe[1] ». Leur paie ? Versée par l'ONU aux observateurs militaires, elle varie d'un pays à l'autre et tient compte du risque et du coût de la vie. Pour les simples soldats, le calcul est un peu différent, souligne Catherine Simon : « L'ONU verse

1. Catherine Simon, « Si tous les soldats du monde... », *Le Monde*, 3 septembre 2001.

environ 1 000 dollars par mois et par soldat à chacun des gouvernements concernés, à charge pour ces derniers de redistribuer cette manne à leurs troupes selon des proportions qu'ils sont seuls à décider». Passées les images de guerre et d'atrocités, c'est généralement à leurs arrivées et leurs départs dans les pays en conflit que s'arrêtent les caméras de télévision. Et pendant leur présence sur place, que se passe-t-il?

«Dans la capitale, ils font figure de pachas»

«À Kinshasa, les Casques bleus s'offrent les plus belles villas, les plus belles filles et paient sans compter. La population leur reproche de participer à la guerre des prix plus qu'au maintien de la paix» rapporte, fin juillet 2002, Godefroid Bwiti Lumisa, correspondant de Syfia International à Kinshasa. Quelque 450 observateurs militaires soutenus par 3 354 officiers et soldats assurant leur protection constituent la MONUC, Mission d'observation de l'ONU au Congo. Établie en République démocratique du Congo depuis décembre 1999, elle a pour mandat de veiller au respect de l'accord de cessez-le-feu de Lusaka. Les Casques bleus de cette mission sont uruguayens, marocains, sénégalais, ghanéens et tunisiens.

«À Kinshasa, la capitale, le contraste est saisissant entre leur niveau de vie ostentatoire et la galère quotidienne des quelque six millions de Kinois. "Ils sont dans les plus beaux palaces de la ville, les lieux de plaisance, les restaurants et boîtes de nuit réputés, les grandes surfaces...", estime une Kinoise qui les fréquente avec assiduité. Dans la capitale, ils font figure de pachas: à Gombé, Limeté, Binza, les quartiers les plus chic, ils occupent les plus belles villas et s'occupent des plus belles filles», indique-t-il.

« On leur apporte la paix mais aussi du poison... »

L'arrivée des Casques bleus a fait aussi flamber les prix des loyers, allant jusqu'à chasser les habitants dans d'autres quartiers. Les témoignages que recueille Godefroid Bwiti Lumisa sur place sont édifiants: «Avant, je louais au centre ville un appartement de quatre pièces à 350 dollars. Je l'ai quitté pour la cité parce que mon bailleur voulait y loger à 900 dollars un agent de la MONUC», témoigne un Congolais qui travaille... à la Mission de l'ONU. Par l'odeur des dollars alléchés, les bailleurs ont doublé voire triplé les loyers en centre ville. Les étrangers ne discutent même pas les prix et payent des cautions pour un an». Certaines entreprises de la place ont carrément loué les villas et appartements destinés à leurs cadres à des agents de la MONUC. Fourchette du loyer mensuel: entre 1 500 et 2 000 dollars. Autre aspect de ces débarquements de soldats, fussent-ils de l'ONU, le développement de trafics de toutes sortes. Si «dans les magasins des vendeuses apprécient ces "gentils Casques bleus" qui leur laissent parfois quelques dollars de monnaie, les prostituées, elles aussi, profitent de leur générosité: "Une de leurs qualités, c'est qu'ils règlent bien la facture: 100 dollars la nuit contre 30 dollars pour les autres."»

Même ambiance en d'autres lieux. C'est le cas en Érythrée lorsque débarquent en décembre 2000, après deux années de guerre et plusieurs dizaines de milliers de morts, près de 4 000 militaires de la Mission des Nations unies en Éthiopie et en Érythrée

(MINUEE). Son but : conforter l'accord de paix signé entre les deux pays le 18 juin de la même année. Sur place, Catherine Simon constate qu'« avant leur arrivée on ne voyait guère de filles au visage maquillé, vêtues de tee-shirts et de bermudas aux terrasses des cafés. "On apporte la paix, c'est vrai. Mais on leur apporte aussi du poison – la grossièreté, la prostitution, l'alcool", lâche sous couvert d'anonymat un officier européen ». Le fait est que la prostitution semble une activité en vogue dans la soldatesque onusienne.

Bosnie : l'armée US au lit avec la mafia

Catherine Simon rappelle qu'en février 2000, le scandale avait éclaté « après que trois soldats danois, en permission dans le port de Massawa, eurent été accusés – via la presse de Stockholm – de viol sur mineure » qui a quelque peu terni l'image de la MINUEE. Le fait qu'une commission d'enquête danoise dépêchée sur les lieux ait disculpé les trois hommes du crime de viol n'a pas totalement effacé le malaise. Certes, on est loin, en Érythrée, des exactions perpétrées par des « soldats de la paix » américains au Kosovo en 1999 ou de leurs homologues italiens, en Somalie, entre 1992 et 1995. Pour autant, des faits bien plus graves, dénoncés depuis dans des rapports de l'ONU, sont apparus. Et dans certains cas, ce sont à de véritables trafics que se livrent des fonctionnaires de l'organisation internationale, encouragés, c'est un fait, par la présence militaire américaine qui génère dans les pays détruits par les guerres toute une économie parallèle, dont celle du sexe.

Ben Johnston dénonce la prostitution : il perd sa place !

Michel Collon, journaliste d'investigation et auteur de plusieurs ouvrages, dont *Poker menteur : les grandes puissances, la Yougoslavie et les prochaines guerres*[1], décrit dans *Deux ans plus tard, la Yougoslavie* l'un des mécanismes de la corruption autour des troupes onusiennes et américaines : « En réalité, l'occupation des morceaux de l'ex-Yougoslavie transformés en protectorat s'avère une catastrophe à long terme pour les populations locales. Loin de décoller, ces économies sont colonisées. Et moralement perverties. En Bosnie également, l'occupation militaire US fait surgir tout un système de trafics, illustré récemment par le scandale Dyn Corp. Cette firme, un des plus gros fournisseurs de services à l'armée US, avait envoyé en Bosnie 181 employés et cadres pour l'entretien des hélicoptères Apache et Blackhawk. En janvier 2002, un de ces employés, Ben Johnston, a dénoncé les ignobles pratiques d'esclavage sexuel régnant à Dyn Corp : "Dès que je suis arrivé, on m'a parlé de prostitution mais j'ai mis un certain temps à comprendre qu'ils achetaient ces filles entre 600 et 800 dollars. Je leur ai dit que c'était tout simplement de l'esclavage." Certaines de ces filles avaient entre 12 et 15 ans. Les dénonciations de Johnston lui coûtèrent sa place mais finirent quand même par provoquer une enquête. Cependant, l'armée US avait pris soin, en 1995, d'imposer l'impunité pour ses soldats et autres personnels qui échappent en fait aux lois de ce pays. Finalement, les coupables purent retourner aux États-Unis sans être poursuivis. Commentaire indigné de

1. Bruxelles, Éd. EPO.

Christine Dolan, fondatrice de la Campagne internationale humanitaire contre l'exploitation des enfants : "Voilà des employés des fournisseurs de l'armée US au lit avec la mafia et achetant des enfants comme objets sexuels. Quelle surprise d'entendre que Dyn Corp a pu maintenir son contrat alors que les États-Unis prétendent vouloir mettre fin à la traite des êtres humains !" »

Les soldats de l'ONU accusés de la Bosnie au Mozambique

« En fait, partout dans le monde les bases militaires US sont de véritables plaques tournantes de l'esclavage sexuel des femmes, organisé avec les mafias locales. Un document du Haut-Commissariat de l'ONU pour les droits de l'homme explique que la Bosnie d'après-guerre est devenue une place importante du trafic des femmes. Le document ne fait pas bien sûr de liens avec la base militaire de l'OTAN à Tuzla où sont stationnés des milliers d'hommes. En 1995, déjà le *New York Times* titrait de façon éloquente : "Tuzla : Les Américains arrivent. La prostitution, la drogue et le sida aussi" » rapporte Michel Collon.

Moins d'un an après l'enquête du *New York Times*, le 5 décembre 1996, le journal espagnol *El Pais* révèle que « l'ONU accuse ses Casques bleus de violer des fillettes et de les livrer à la prostitution. Dans une étude récente ayant trait aux répercussions des conflits armés sur les enfants et mineurs d'âge, il a été démontré qu'au Mozambique, en Angola, en Somalie, au Cambodge, en Bosnie et en Croatie, l'arrivée des soldats du maintien de la paix fut liée à une rapide augmentation de la prostitution enfantine (...). Depuis la signature du traité de paix de 1992, les soldats de l'Opération des Nations unies au Mozambique (ONUMOZ) ont recruté des fillettes entre 12 et 18 ans afin qu'elles leur servent de prostituées», écrit le journaliste Eduardo Haro Tecglen.

Communisme, l'organe central du Groupe communiste internationaliste – GCI – rapporte en mai 2001 que «de son côté, l'UNICEF témoigne de viols répétés de fillettes perpétrés par les Casques bleus, révélant aussi l'existence d'agressions sexuelles à l'encontre de gamines mutilées, telles ces petites filles sans jambes violées à plusieurs reprises durant des orgies collectives par ces dévoués protecteurs de la paix. Même l'organisation de la "Protection de l'Enfance" des Nations unies s'est vue obligée d'admettre l'implication directe de ses agents dans des viols, dans la prostitution de femmes et d'enfants et dans l'application systématique de "tortures sexuelles", *dixit* la rédactrice du rapport de l'ONU». Mais comme le soulignera *El Pais*, «ni l'ONU, ni l'UNICEF n'ont fourni de précision sur le nombre de soldats impliqués ou sur leur nationalité».

Des membres de la police internationale mis en cause

Le 1er juin 2001, c'est le quotidien suisse *Le Temps* qui titre à son tour: «L'ONU est accusée d'étouffer des enquêtes sur ses policiers proxénètes en Bosnie.» Dans un article précis et documenté, Jean-Claude Péclet rapporte que «dans une région où le trafic d'êtres humains a pris des proportions dramatiques, la force de police internationale est elle-même victime de ses éléments douteux. Pressions et intimidations se multiplient sur ceux qui prennent le risque de dénoncer ces faits. Les fautifs risquent au plus d'être renvoyés dans leur pays et privés d'une prime.» Car, eux aussi sont de la partie et semblent se partager les bordels des pays qu'ils occupent avec les Américains. La force de police internationale – en anglais l'IPTF pour désigner l'International Police Task Force –, qui a été mise en place par l'ONU pour venir en aide à la police locale après la guerre, compte alors environ 1 800 membres venant de quarante-sept pays. En décembre 2001, le *Washington Post* affirme à son tour qu'en Bosnie, des policiers de l'ONU sont directement impliqués dans le recrutement et le trafic de femmes destinées aux maisons de passe locales. Le journal américain cite même une enquête préliminaire de l'ONU selon laquelle cinq officiers étaient concernés, précisant que l'un d'eux, un Roumain, a reconnu devant un enquêteur qu'il a acheté à l'ambassade de Roumanie des permis de travail pour deux femmes. «Des témoins toujours plus nombreux mettent en cause certains membres de la police internationale», précise *Le Temps*.

Mise en cause et quelques journalistes commençant à s'intéresser sérieusement aux conséquences de ces débarquements militaires, l'ONU décide de réagir.

Journée chargée au Conseil de sécurité

Le 5 mars 2002, devant le Conseil de sécurité, Jacques Paul Klein, représentant spécial des Nations unies pour la Bosnie, déclare que rien ne prouvait une implication de la police onusienne dans le trafic de femmes dans l'ex-République yougoslave. Pour le haut fonctionnaire, il ne s'agit que de «rumeurs sans fondement». L'homme est sûr de lui et son discours suffisamment généraliste pour rassurer l'honorable assemblée : « Nous avons enquêté sur toutes les accusations d'implication présumée des membres de la force de police internationale dans le trafic. En dépit du sensationnalisme des médias, aucune allégation n'a été étayée de preuves et aucune information supplémentaire n'a été apportée. » Ouf ! L'honneur est sauf. Sauf que le discours du haut fonctionnaire de l'ONU est terni le jour même par de nouvelles accusations qui pointent à nouveau du doigt l'organisation internationale dans des affaires encore plus graves...

À Conakry, Souleymane Bah, membre du Bureau exécutif de l'Organisation guinéenne des droits de l'homme, dénonce la situation des réfugiés dans les camps de Guinée, de Sierra Leone et du Liberia qui « font l'objet de toutes sortes de harcèlements et souvent les femmes et les jeunes filles réfugiées se livrent à la prostitution si elles ne sont pas victimes de viols ».

« Selon une source proche du Haut-Commissariat pour les réfugiés (HCR) qui a requis l'anonymat, le coordonnateur des activités du HCR à Dabola avait attiré l'attention de la presse sur le phénomène il y a quelques semaines et avait fait cas de l'arrestation de quatre employés de l'organisation impliqués dans le scandale. Cette même source précise qu'environ 1 500 personnes ont affirmé avoir été victimes d'exploitation sexuelle mais que jusqu'à ce jour et malgré la gravité des faits, le Bureau du HCR en Guinée n'a fait aucune déclaration » indique l'agence Inter Press Service.

C'est ainsi qu'en Sierra Leone, l'association Human Rights Watch indique que « deux cas de viols par des Casques bleus de l'ONU ont été rapportés, l'un impliquant un soldat guinéen accusé d'avoir violé une fillette de douze ans à Bio, l'autre concernant un Nigérian[1] ». Déjà, en février 2002, un rapport rédigé par le Haut-Commissariat de l'ONU pour les réfugiés et l'association humanitaire *Save the children* dénonçait la violence et l'exploitation sexuelle des enfants réfugiés en Guinée, au Liberia et en Sierra Leone.

Enfants prostitués pour de la nourriture

L'équipe de l'organisation onusienne et de l'association humanitaire a mené sur place une mission d'évaluation du 22 octobre au 30 novembre 2001. Il s'agit d'un travail de professionnels de ces questions réalisant des entretiens et des réunions de groupes conduit auprès de 1500 adultes et enfants.

Ce rapport de vingt pages donne un aperçu du comportement de fonctionnaires internationaux loin du siège de l'ONU[2]. On y apprend que les enquêteurs « ont eu connaissance d'accusations d'abus et d'exploitation à l'encontre de 67 personnes basées au sein de divers organismes chargés de la protection des communautés de réfugiés et de PDI – personnes déplacées à l'intérieur des frontières. Les organismes pouvant être mis en cause d'une manière ou d'une autre comprennent des forces de maintien de la paix de l'ONU, des ONG locales et internationales, et des organismes gouvernementaux chargés d'action humanitaire » ; que

1. Human Rights Watch, Rapport mondial 2002.
2. Note à l'intention des organismes partenaires d'exécution rédigée par le HCR de l'ONU et l'association Save the children-UK, *La violence et l'exploitation sexuelle : Enseignements réunis à propos des enfants réfugiés en Guinée, au Liberia et en Sierra Leone*, février 2002.

« l'échange sexe contre argent ou sexe contre cadeau paraît très répandu et la majorité des enfants interrogés disent connaître au moins un autre enfant impliqué dans un tel échange. Les enfants eux-mêmes, quoique conscients de l'exploitation que représente un tel échange, avaient le sentiment que c'était le seul moyen qu'ils avaient de recevoir de la nourriture et d'autres produits de première nécessité ainsi que de payer leur instruction. (...) la majorité des enfants impliqués étaient des filles âgées de 13 à 18 ans ».

Le rapport montre que « c'est une "élite" relativement prospère – y compris du personnel de l'ONU, des soldats de la paix et des employés d'ONG – dont les revenus sont considérablement plus élevés que ceux des réfugiés, qui exploitent l'extrême disparité qui entoure la population réfugiée. Les gens qui se livrent à l'exploitation apparaissent comme pouvant payer des relations sexuelles quand et avec qui ils le souhaitent, et en toute impunité, étant donné que les gens mêmes qu'ils exploitent sont dans l'impossibilité de se plaindre de cette situation de peur de perdre leurs sources de moyens de survie »...

« L'exploitation par le personnel d'organisations humanitaires »

Un autre chapitre de ce rapport indique que « dans tous ces pays, on a rapporté que les employés des ONG internationales et nationales ainsi que ceux des agences de l'ONU étaient les gens qui se livraient le plus fréquemment à l'exploitation sexuelle des enfants en se servant souvent comme outil de pression de l'aide et des services humanitaires eux-mêmes qui sont destinés à bénéficier aux réfugiés. La plupart des allégations mettaient en cause du personnel masculin national faisant commerce de biens et services humanitaires, y compris du carburant, de la semoule de blé, des feuilles de papier goudronné ou de plastique, des médicaments, des facilités de transport, des cartes de rationnement, des prêts d'argent, des cours d'instruction ou des séances de cours pratiques et autres services élémentaires en échange de relations sexuelles avec des filles de moins de 18 ans (...). Les employés des organisations se servent de leur fonction pour ne pas dispenser des services qui sont destinés aux enfants. Ces services sont gelés et on avance des prétextes jusqu'à ce qu'on offre du sexe en échange: "Ton nom n'est pas sur la liste", "L'ordinateur a avalé ta carte" ou "Le bureau central n'a pas envoyé ton nom". Certaines allégations des enfants sont confirmées par des adultes: "Dans cette communauté on ne peut pas avoir de CSB [un nutriment à base de soja] sans "faire le sexe" d'abord. Ils dosent "un kilo pour le sexe" (réfugiée du Liberia); "Si vous ne pouvez pas offrir votre femme ou votre sœur ou votre fille aux employés des ONG, c'est dur d'avoir accès à l'aide" (rapatrié au Sierra Leone)... »

« De nombreux rapports sur la façon dont les employés des organisations... »

L'équipe d'évaluation « a reçu de nombreux rapports sur la façon dont les employés des organisations procurent des services aux filles en échange de rapports sexuels ». S'ensuit tout un descriptif des moyens de chantage employés par les agents des organisations onusiennes et humanitaires pour obliger les enfants à se prostituer pour de la nourriture ou un petit emploi. Exemple: « Quoique les employés des organisations aient les moyens de payer plus que les autres exploiteurs d'enfants, cela reste à des prix très bas dans la plupart des cas. Une réfugiée libérienne, par exemple, peut recevoir l'équivalent de 10 cents américains avec lesquels elle pourra acheter quelques fruits ou une poignée de cacahuètes. Le plus souvent le paiement consiste en quelques biscuits, une feuille plastique ou un morceau de savon. »

« Jig Jig 5 block »

Plus loin, le rapport précise que « des soldats de la paix auraient exploité des enfants en échange d'argent et de nourriture. On dit que de très jeunes enfants ont dû poser nus en échange de biscuits, de levure à gâteau et autres denrées alimentaires [...]. Les soldats de la paix sont réputés être les gens qui paient le plus cher les relations sexuelles avec les enfants. Ils paient entre 5 à 300 dollars américains. Certains soldats de la paix réuniraient une cagnotte pour s'offrir une fille et ensuite auraient tous des rapports avec la même enfant. Certains bataillons utilisent une expression bien connue localement "Jig Jig 5 block" pour obtenir les faveurs sexuelles de filles tout juste adolescentes. » Plus loin : « La position d'autorité et le statut dont jouit le personnel de maintien de la paix lui donnent la possibilité d'agir comme il veut. À Freetown, des nationaux ont parlé du comportement des gars en casque bleu en exprimant des sentiments d'impuissance et de tristesse : "Il vous suffit d'aller au Paddys [un bar de Freetown] autour de quatre heures et dans la soirée, vous constaterez par vous-même, ou alors contentez-vous de passer en voiture le long de la plage. Dans tous les restaurants là-bas vous verrez des hommes adultes avec de jeunes adolescentes. Allez à Lumley Plage ou à Laka Plage et personne n'aura besoin de vous dire quoi que ce soit" » (commentaires d'un officier de police, de représentants du gouvernement et de personnel d'organisations à Freetown)...

Rendant compte, fin février 2002 à Genève, de l'enquête qu'il a conduite avec l'association Save the Children, le HCR précise qu'il a enquêté sur place pendant quarante jours, indique qu'« en tout, plus de 40 agences et organisations et près de 70 personnes sont citées à travers ces témoignages » et précise que « beaucoup de ces cas auraient été perpétrés par du personnel local d'ONG nationales et internationales, ainsi que du personnel de l'ONU, dont le HCR ».

L'ONU blanchit ses fonctionnaires

Dans un premier temps, les dirigeants de plusieurs organisations humanitaires et de l'ONU réagissent en condamnant cette situation. Kofi Annan, secrétaire général de l'ONU, donne immédiatement des instructions afin qu'une enquête soit diligentée et que des mesures soient prises pour la protection des femmes et des enfants des camps de réfugiés. Le Secrétariat général de l'ONU dépêche sur place, depuis New York, une équipe composée d'enquêteurs, de membres de l'inspection générale du HCR et d'un expert extérieur sur les cas d'abus sexuels. Parallèlement, le HCR esquisse un plan d'action d'urgence pour renforcer la protection des femmes et des enfants réfugiés, prévoyant notamment le déploiement d'un plus grand nombre de personnels féminins dans les camps, un meilleur accès des réfugiés aux structures juridiques et un mécanisme pour qu'ils puissent, si nécessaire, porter plainte auprès des responsables de l'organisation à son plus haut niveau.

Après six mois d'enquête, le 22 octobre 2002, le Bureau des services de contrôle interne de l'ONU à New York rend son rapport, démentant l'exploitation sexuelle des réfugiés en Afrique de l'Ouest. « Les enquêteurs n'en ont pas moins documenté une dizaine de cas d'abus sexuels par des travailleurs humanitaires, dont l'un de sodomie sur un garçon de 14 ans par un Casque bleu. Mais seules deux affaires en cause sont imputables à des personnels liés à l'ONU relève le rapport, les autres étant du ressort des organisations non gouvernementales (ONG) », indique Corine Lesnes, correspondante du *Monde*, à New York.

« Le sexe c'est les autres... »

Le Service d'information des Nations unies rend compte du travail des enquêteurs : « L'enquête approfondie de l'ONU n'a pas permis de confirmer les accusations d'exploitation sexuelle répandues contre le personnel de l'ONU ainsi que les agents humanitaires et le personnel des opérations de maintien de la paix en Guinée, Sierra Leone et au Liberia (...). Le Bureau de contrôle interne de l'ONU, qui a dirigé cette enquête de six mois, affirme ne pas pouvoir confirmer le bien-fondé de l'ensemble des accusations de mauvais traitement que le personnel de l'ONU aurait infligé aux réfugiés. Dans les quelques cas où il y a eu abus, le personnel concerné appartenait aux opérations de maintien de la paix et aux associations humanitaires, non pas à l'effectif régulier des Nations unies. » Dileep Nair, le directeur du Bureau des services de contrôle interne, déclare que l'ensemble des accusations portées contre le personnel de l'ONU sur le terrain « ternissaient inutilement la réputation et la crédibilité de la grande majorité des agents humanitaires et du personnel des opérations de maintien de la paix sur le terrain ».

À l'écouter, ce personnage finirait par nous faire croire que les enquêteurs professionnels de Save the Children et du HCR devaient être très certainement dans un état d'ébriété avancée, quarante jours durant, alors qu'ils recueillaient dans des conditions difficiles les témoignages des victimes de viols et autres abus sexuels.

Les incertitudes de Ruud Lubbers

Peu de temps auparavant, le haut commissaire du HCR lui-même, Ruud Lubbers, avait remis en cause l'enquête de ses propres services, ne se disant plus sûr des faits... qu'il avait lui-même rendus publics le 27 février : « Ruud Lubbers a préféré faire amende honorable auprès des ONG ayant le plus vivement contesté leur mise en cause », écrivent dans *Le Monde* Robert Belleret et Stephen Smith. Après avoir tout de même rapporté les témoignages qu'ils ramènent de Guinée : « À l'école secondaire de Kountaya, Finda, 18 ans, Adana, 13 ans, Djéné, 15 ans, élèves de 5e ou de 6e année, et quelques autres qui ont rédigé des lettres d'alerte transmises au HCR nous ont confirmé ce phénomène. Elles-mêmes disent avoir choisi les études, seule chance de "sortir de l'enfer", mais si " le sexe c'est les autres", toutes évoquent des sœurs ou des copines qui ont succombé et quitté leur famille, trop nombreuse et affamée, pour subsister en se vendant. Maryama va plus loin. Cette veuve quadragénaire n'hésite pas à avouer qu'elle a eu recours à une forme de prostitution de survie. Elle finit par dire : "Je sais que ma fille de 13 ans a cédé à plusieurs reprises à ceux qui lui proposaient 1 000 ou 2 000 francs guinéens [moins de deux euros] ou de la nourriture en échange de faveurs sexuelles. Que voulez-vous que je lui dise ? Quand on n'a rien, comment préserver sa dignité ?" Les femmes, qui représentent l'écrasante majorité de la population des camps, désignent le plus souvent les salariés locaux du HCR ou des ONG (dont 60 à 80 % sont recrutés parmi les réfugiés), mais laissent entendre que certains membres des comités – devenus de petits notables – se feraient payer, en argent ou en nature, pour favoriser notamment les rapatriements. »

Les enquêteurs de l'ONU n'ont visiblement pas rencontré sur place, après « six mois d'enquête », d'adolescentes enceintes suite à des viols.

Chiffres inquiétants

Cette partie du rapport conjoint du HCR et de l'association Save the Children ne sera plus évoquée. Il y souligne pourtant que « l'avortement est interdit en Guinée, au Liberia et en Sierra Leone et est considéré comme un crime passible de la prison à vie. Les services médicaux soutenus par le HCR et implantés dans les camps de réfugiés ne pratiquent pas l'avortement parce que le personnel doit respecter la loi. (...) L'évaluation a rencontré beaucoup de difficultés à réunir des données relatives au nombre d'adolescentes qui avaient été enceintes, étaient enceintes, avaient été mariées ou avaient un enfant. Toutefois, la présence de filles-mères à la suite de grossesses d'adolescentes était manifeste dans la plupart des camps (...). Les informations recueillies dans la communauté ont donné des chiffres inquiétants sur le taux de grossesse des filles, à savoir six accouchements par semaine concernant les filles de 18 ans et moins ; 50 % de grossesses chez les adolescentes du camp ; 75 % de grossesses chez les filles scolarisées... »

Trois ans d'enquête d'une équipe de spécialistes du monde entier

Ce n'est pas la première fois que du personnel de l'ONU est mis en cause dans des affaires liées au harcèlement sexuel, voire à la prostitution. Déjà, le 26 août 1996, Graça Sabine Machel, universitaire, ancienne combattante du Front de Libération du Mozambique (Frelimo), engagée dans la défense de la paix et des droits de l'enfant, présente aux Nations unies la première étude sur *L'impact des conflits armés*. Elle y décrit et condamne entre autres leurs prostitution et exploitation sexuelle forcée ainsi que l'attitude de certains fonctionnaires de l'organisation : « Les enfants peuvent également devenir victime de la prostitution après l'arrivée des forces de maintien de la paix. Au Mozambique, après la signature du traité de paix, en 1992, les militaires de l'Opération des Nations unies au Mozambique (ONUMOZ) ont recruté comme prostituées des filles de 12 à 18 ans. Après qu'une commission d'enquête eut confirmé ces allégations, les militaires en question ont été rapatriés. Dans six des douze études de cas sur l'exploitation sexuelle des enfants en situation de conflit armé établies en vue du présent rapport, l'arrivée des troupes de maintien de la paix s'est accompagnée d'une augmentation rapide de l'incidence de la prostitution des enfants

(...). Les militaires, et les membres des forces de maintien de la paix des Nations unies en particulier, devraient avoir un rôle à jouer dans la prévention de la violence contre les femmes. Or, les officiers supérieurs ont souvent fermé les yeux sur les crimes sexuels de leurs subordonnés [1] (...). »

Le 23 janvier 2001, Radhika Coomaraswamy, rapporteuse spéciale chargée de la question de la violence contre les femmes, présente de nouveaux faits devant le Conseil économique et social des Nations unies. À l'ordre du jour, le rapport de l'enquête menée durant trois années par une équipe de recherche composée de spécialistes du monde entier pour l'aider à faire part des questions touchant la violence contre les femmes dans les conflits armés durant la période 1997-2000 [2].

Des cas de plus en plus nombreux de viols et autres sévices sexuels...

Dès l'introduction, la rapporteuse « se déclare de plus en plus préoccupée par la traite dont sont victimes des femmes provenant de camps de réfugiés ou d'autres centres mis en place pour assurer leur protection, ainsi que par la traite dont elles font l'objet aux fins d'assurer des services sexuels aux membres des forces de maintien de la paix des Nations unies dans les différents pays où celles-ci sont installées. Elle s'inquiète en particulier du nombre croissant d'informations faisant état de viols et autres sévices sexuels

1. ONU, Impact des conflits armés sur les enfants, rapport A/51/306, 26 août 1996.
2. ONU, Conseil économique et social, Rapport interne E/CN.4/2001/73, 23 janvier 2001.

commis par des membres des forces de maintien de la paix des Nations unies ainsi que par des soldats et autres personnels travaillant pour des bases militaires dans le monde et souligne qu'il incombe spécialement à l'organisation de prendre des mesures appropriées pour prévenir de tels abus» (Résumé analytique, page 4).

... commis par des soldats et fonctionnaires des Nations unies

«Les femmes peuvent aussi être victimes de violences commises par des responsables de la communauté internationale ou des membres des forces internationales chargés de les protéger. Des cas de plus en plus nombreux de viols et autres actes de violence sexuelle commis par des soldats et fonctionnaires des Nations unies chargés du maintien de la paix ont été signalés, dont le plus marquant a été l'assassinat au Kosovo, en 1999, d'une fillette albanaise âgée de 11 ans par un soldat américain. En outre, tout en disculpant l'armée italienne d'exactions massives lors de l'opération de maintien de la paix menée par celle-ci en Somalie entre 1992 et 1995, une commission d'enquête italienne a établi en revanche que des agents du maintien de la paix avaient commis des exactions, dont le viol d'une femme somalienne à l'aide d'un bâton d'explosif. Des informations faisant état de tortures, de viols, d'assassinats et d'autres exactions commises par des unités de maintien de la paix ont également été enregistrées au Mozambique, en Angola, au Cambodge et en Bosnie» (pages 19 et 20).

« La complicité de certains membres de la police internationale... »

« On a également relevé que les entreprises chargées de fournir la logistique militaire aux forces de maintien de la paix et à la police des Nations unies accroissaient généralement la demande de prostitution, voire participaient à la traite des femmes aux fins de prostitution forcée. Un rapport établi par le Haut-Commissariat aux droits de l'homme et la Mission des Nations unies en Bosnie-Herzégovine (MINUBH) a conclu que la traite des femmes à destination de la Bosnie bénéficiait trop souvent de la complicité de la police locale ainsi que de certains membres de la police internationale et de la Force de stabilisation (SFOR). Ce rapport cite le cas d'un civil de la SFOR ayant acheté à une tenancière de maison de prostitution deux femmes pour la somme de 7 000 deutsche marks (3 057 dollars E-U) et note que l'OTAN a refusé de lever l'immunité diplomatique de ce membre de la SFOR, lequel a quitté la Bosnie sans faire l'objet de poursuites judiciaires » (page 20).

Faut-il y voir ce que Jacques Paul Klein, représentant spécial des Nations unies pour la Bosnie appelle des « rumeurs sans fondement » et « le sensationnalisme des médias »... Malheureusement pour monsieur Klein, en Bosnie même comme au Kosovo, au moment où il tente de blanchir les fonctionnaires onusiens, nombre d'entre eux sont sur place les premiers clients des bordels de la mafia albanaise. Il faudra attendre mai 2004 pour qu'Amnesty International puisse rendre publics ces faits.

« Communauté internationale » : 80 % des revenus de la prostitution forcée !

Début mai 2004, l'association Amnesty International, AI, dénonce à son tour la traite des femmes et des jeunes filles contraintes à la prostitution au Kosovo et met en cause des membres de la « communauté internationale », vocable qui recouvre aussi bien les personnels civils que militaires occupant la République fédérale de Yougoslavie dans la région du Kosovo. « Les femmes amenées au Kosovo par les réseaux de trafiquants viennent pour la plupart de Moldavie, de Roumanie, de Bulgarie et d'Ukraine. Selon l'Organisation internationale pour les migrations (OIM), un grand nombre des femmes et jeunes filles originaires de Moldavie et revendues au Kosovo se seraient vu promettre un emploi en Italie. De plus en plus de femmes kosovars, des jeunes filles pour la plupart, font l'objet d'un trafic interne au Kosovo. Les femmes sont souvent vendues plusieurs fois dans les pays de transit. Selon l'OIM, les prix varieraient de 50 à 3500 euros [1] » indique AI.

L'association dont la mission sur place en 2003-2004 a interviewé des jeunes filles et des femmes, des représentants des autorités et des ONG produit plusieurs témoignages de ces femmes dont l'une indique que « même lorsqu'il faisait froid, j'étais obligée de porter des robes légères... le patron me forçait à me mettre au service des policiers et des soldats de la force internationale ». Premier constat de l'enquête d'Amnesty International sur la traite des êtres humains au

1. Rapport sur la protection des droits des femmes et des jeunes filles contraintes à la prostitution au Kosovo, Amnesty International (AI EUR 70/01/2004).

Kosovo : « La communauté internationale est responsable du développement de l'industrie du sexe lié à l'exploitation des femmes vendues à des réseaux de proxénétisme. »

Autre constat : « La Mission d'administration intérimaire des Nations unies au Kosovo (MINUK), la Force internationale de paix au Kosovo (KFOR), dirigée par l'OTAN, et les institutions provisoires pour une auto-administration démocratique du Kosovo (PISG) n'ont ni protégé ni respecté les droits humains de ces femmes et de ces jeunes filles. » Et l'association « estime que 20 % des personnes profitant des services de ces réseaux de prostitution sont des membres de la communauté internationale, qui serait à l'origine d'une part substantielle des revenus de cette industrie ». Ainsi, « certaines personnes censées protéger ces femmes et ces jeunes filles profitent de leurs fonctions pour les exploiter et ne subissent aucune sanction ». Le nombre d'établissements abritant des femmes et des jeunes filles contraintes à la prostitution est même passé « de 18 en 1999 à plus de 200 en 2003. Dans le même temps les poursuites pour traite d'êtres humains sont restées très peu nombreuses ». Relevant que « les filles de moins de dix-huit ans constituent entre 15 et 20 % des femmes travaillant dans les bars où elles ont été vendues et contraintes de se prostituer », AI observe « qu'au lieu de faire sortir des bars ces mineures dont la MINUK a établi une liste, on les laisse dans ces établissements où elles sont soumises à d'autres atteintes aux droits humains telles que les viols et les coups ».

Ces jeunes filles et femmes se retrouvent prisonnières car leurs clients sont essentiellement ceux qui sont... censés les protéger : « Des femmes et des jeunes filles sont vendues comme esclaves. Elles sont menacées, battues, violées et enfermées par ceux qui les ont achetées. Comme des soldats et policiers de la force internationale font partie de leurs clients, les femmes et les jeunes filles ont souvent trop peur pour s'enfuir et les autorités ne leur apportent aucune aide. » Si « de janvier 2002 à juillet 2003, entre 22 et 27 soldats de la KFOR ont été soupçonnés d'infractions liées à la traite des êtres humains, selon l'unité de police de la MINUK chargée de la répression de la prostitution et du trafic d'êtres humains (TIPIU) », cette dernière « n'a pu donner aucune indication à Amnesty International concernant d'éventuelles mesures disciplinaires qui auraient été prises contre ces personnes ». Pourtant, si l'on en croit les chiffres d'Amnesty International, les représentants de la « communauté internationale » – ONU, OTAN et autres entreprises de soutien à l'armée américaine et de « reconstruction » – dépensent sans trop regarder dans les bordels pour violer les filles contraintes à la prostitution : « Avec l'arrivée de la communauté internationale au Kosovo en 1999, on a assisté à un développement sans précédent de l'industrie du sexe basée sur la traite des femmes et des jeunes filles. En 1999-2000, on estime que les membres de la communauté internationale représentaient 80 % des clients des femmes et jeunes filles victimes des réseaux de prostitution. En 2002, le chiffre est tombé aux alentours de 30 %, mais au cours de la même période les membres de la communauté internationale ont été à l'origine de presque 80 % des revenus de cette industrie. Aujourd'hui, on estime qu'ils constituent environ 20 % de la clientèle alors qu'ils ne représentent que 2 % de la population du Kosovo. »

Aucune sanction pour les trafiquants, aucune sanction pour les « consommateurs » de leurs prisonnières qui enrichissent ce trafic. C'est un autre constat que fait AI : « Les policiers et le personnel de la MINUK (Mission d'administration intérimaire des Nations unies au Kosovo), ainsi que les membres et entrepreneurs sous contrat de la KFOR (Force internationale de paix au Kosovo, dirigée par l'OTAN) jouissent d'une impunité totale tant que leur immunité n'est pas explicitement levée par le Secrétaire général des Nations unies ou, dans le cas de l'OTAN, par leurs commandements nationaux respectifs. La levée de l'immunité a été demandée et accordée pour une affaire en 2002 et pour une autre en 2003, ce qui a permis que des poursuites soient engagées contre deux policiers. Aucun membre de la KFOR soupçonné de faire partie des trafiquants ou d'avoir eu recours aux services de femmes ou de jeunes filles forcées de se prostituer ne peut être poursuivi au Kosovo. » Cette situation amène Amnesty International à considérer que « la vente de femmes et de jeunes filles à des réseaux de prostitution au Kosovo et dans d'autres pays en situation d'après-guerre ne cessera pas tant que les auteurs de tels actes resteront en liberté et tant que le personnel présent sur place, civil et militaire, pourra commettre des atteintes aux droits humains en toute impunité ». Il y a fort à parier que l'ONU dira très certainement une nouvelle fois que ces faits sont exagérés. Pourtant l'organisation n'ignore rien de ce trafic de prostitution forcée si l'on en croit James, un haut fonctionnaire américain en poste au Kosovo : « Nous avons par l'Intranet de la MINUK la liste des établissements, bars, boîtes de nuit et autres à ne pas fréquenter et celle-ci est mise à jour régulièrement. » En gros, il ne manque que les mensurations et les tarifs...

Des mesures disciplinaires relativement rares

De même, faisant référence à l'étude de Graça Machel évoquée plus haut et concernant le problème des sévices à enfants commis par des agents du maintien de la paix, la rapporteuse souligne que ces actes « n'étaient que rarement signalés et ne faisaient généralement pas l'objet d'une enquête. Bien que l'ONU ait pris certaines mesures réglementant la conduite de ces personnels, il restait relativement rare que des mesures disciplinaires soient prises à leur encontre ».

« Par ailleurs, au Japon (Okinawa), aux Philippines et en République de Corée, des femmes se sont émues de ce que la présence dans leur pays de bases et de forces militaires des États-Unis avait pour effet d'y accroître les risques de viol et d'autres actes de violence sexuelle. Le 8 novembre 2000, par exemple, un soldat américain a été condamné à six ans de prison par le tribunal de première instance de Séoul pour avoir étranglé une serveuse de 31 ans qui avait repoussé ses avances. La présence de bases militaires à proximité de populations civiles accroît les risques de certaines formes de violence » (page 20).

Mais il serait injuste de dire que l'ONU ne prend pas des mesures pour lutter contre les délits.

Au Kosovo, un fonctionnaire qui avait oublié de mettre la barre de sécurité au volant d'un véhicule de la MINUK, par ailleurs équipé d'un système anti-vol, a vu une prompte intervention du service de sécurité des Nations unies : un sabot fut immédiatement placé sur une roue du véhicule et ce fonctionnaire privé de son permis de conduire pour un mois... Selon plusieurs témoignages, la pratique est assez répandue.

Jo Hans Dieter Trutschler, un ressortissant allemand de la Mission d'administration intérimaire des Nations unies au Kosovo (MINUK) avait trouvé un bon moyen de s'en mettre plein les poches avec les fonds destinés à la reconstruction. Dans sa note (A/58/592) sur « un détournement de fonds d'un montant de 4,3 millions de dollars commis par un ancien fonctionnaire de rang supérieur affecté à la composante reconstruction de la MINUK dirigée par l'Union européenne », le secrétaire général de l'ONU « indique qu'à la suite de l'enquête menée par le Bureau des services de contrôle interne (BSCI) et l'Office européen de lutte antifraude (OLAF), l'ancien fonctionnaire Jo Hans Dieter Trutschler est passé en jugement et a été reconnu coupable d'abus de confiance, d'usage de faux et d'usage frauduleux d'un titre universitaire (...) ». Dans la même note, le rapport « fait également état des réponses de la composante IV (Reconstruction) de la MINUK aux recommandations du BSCI selon lesquelles devraient être notamment engagées des poursuites supplémentaires, les mécanismes de contrôle des importations et d'exportation d'énergie revus ». L'OLAF est par ailleurs invité à « envisager d'examiner systématiquement ses activités pour vérifier s'il y a d'autres cas de corruption ». Il faut dire que Jo Hans a fait très fort : alors qu'il dirigeait la Compagnie d'électricité du Kosovo (KEK), ce fonctionnaire des Nations unies avait détourné 4,3 millions d'euros apportés par des donateurs étrangers pour la remise en état du secteur de l'énergie au Kosovo détruit par les bombardements de l'OTAN. Le missionnaire de l'ONU a commis son vol au moment où les autorités provinciales essayaient de pallier le déficit énergétique en important de l'énergie de la Bulgarie voisine. Les bénéfices provenant de la revente d'une importante quantité de l'électricité importée à la Serbie ont été déposés sur un compte en banque domicilié à Gibraltar. Pendant que le Kosovo souffrait de longues coupures quotidiennes d'électricité, Jo Hans garnissait son compte. Il a démissionné en février 2002 prétextant des problèmes de santé. Deux mois avant que ne vienne sur la place publique un autre scandale financier dans lequel il est également impliqué pour avoir détourné d'autres sommes sous couvert d'une prétendue intervention d'un cabinet de consultants auprès de la compagnie KEK...

Dénoncer la corruption est souvent dangereux

Nous l'appellerons George afin de ne pas mettre ses jours en danger. Je le croise à Genève alors qu'il arrive de Washington et s'apprête à repartir en mission au Kosovo pour les Nations unies. George est de ces fonctionnaires qui travaillent au sein de l'ONU, passant avec une facilité déconcertante d'une organisation à une autre, d'un poste à l'autre. Comme les Anglais et les Russes, les Américains sont les seuls à demeurer en liaison constante avec un correspondant de leur pays tandis qu'ils opèrent à l'étranger. Question d'efficacité et de soutien aux hommes du terrain. Entretien: « Tu sais, la première fois que j'ai débarqué là-bas, j'ai été choqué par la corruption et le laisser-aller. Et surtout j'ai découvert que les quelques fonctionnaires consciencieux qui s'opposaient aux trafics étaient souvent bloqués par leurs supérieurs. Par exemple, des fonctionnaires du staff local vendaient des faux papiers pour environ 800 à 1 000 dollars, notamment des attestations de retraite pour permettre à leurs parents de réclamer des pensions et des assurances sociales dans plusieurs pays de l'Union européenne, principalement en Allemagne, en France et en Italie. Et sais-tu ce qui s'est passé quand un fonctionnaire a découvert cela ? Il a prévenu le fonctionnaire international du ministère du Travail et des Affaires sociales mais rien n'a été fait. Voyant cela, il a ensuite alerté la director of social Affairs[1], également une fonctionnaire internationale. Eh bien celle-ci l'a menacé de le mettre à la porte des Nations unies s'il insistait ! Autre exemple. Alors que je me déplaçais dans le sud du Kosovo, j'ai rencontré un fonctionnaire qui m'a expliqué certaines activités de la mafia albanaise dans l'immobilier, y compris dans des immeubles appartenant au Fonds d'assurance sociale du Kosovo. Quand ce fonctionnaire a voulu dénoncer cette situation anormale au chef de service du ministère du Travail et des Affaires sociales, celui-ci est allé voir directement la supérieure du fonctionnaire et j'ai su plus tard qu'il avait été muté et rétrogradé par une lettre du Principal International Officer dès le lendemain. Bien sûr, tout cela se fait discrètement. Quand j'étais à Pristina, j'ai appris qu'un travailleur social de la ville était allé à la police locale pour dénoncer un chef de service qui vendrait les enfants des services sociaux de l'orphelinat 1 500 euros chacun. Mais là encore, à ma connaissance, rien n'a été fait. » À la question de savoir pourquoi vendre les enfants d'un orphelinat, George répond sans détour : « Mais qui va déposer plainte s'ils disparaissent entre les mains de réseaux de prostitution ou de trafiquants d'organes ? À l'ONU, dès qu'un fonctionnaire dénonce une situation anormale dans l'intérêt de la population et du fonctionnement de l'organisation, celui-ci est très

1. Directrice des Affaires sociales.

souvent mis sur la touche quand il n'est pas sanctionné alors que la hiérarchie devrait au contraire l'aider dans son travail. »

Des enfants de dix ans en esclavage sexuel

« Bien souvent, les membres des forces de maintien de la paix et de la police internationale ne sont pas assez attentifs aux besoins des femmes en matière de protection ou négligent de régler dans les meilleurs délais les cas de viol et autres crimes de violence sexuelle, perpétuant ainsi un climat d'impunité dans les régions placées sous leur contrôle (...) », relève le rapport présenté devant la Commission des droits de l'homme de l'ONU par Radhika Coomaraswamy (page 20). Conscient de ce problème, le Conseil de sécurité a adopté le 17 septembre 1999 une résolution afin que des dispositions spéciales de protection et d'assistance en faveur des groupes qui ont besoin d'une attention particulière, notamment les femmes et les enfants, soient prises. Par la même résolution, le secrétaire général a été prié de prendre les dispositions pour que le personnel engagé dans ces activités « reçoive une formation appropriée en ce qui concerne le droit international humanitaire et le droit relatif aux droits de l'homme et aux réfugiés ».

Neuf années de conflit en Sierra Leone ont montré jusqu'à quel point la barbarie était encore bien présente sur Terre. Ainsi, ce rapport, parmi d'autres faits tous plus atroces les uns que les autres, indique que dans ce conflit « un grand nombre de viols concernent des victimes qui ont été enlevées et forcées à devenir des partenaires sexuelles ou les "épouses" de leurs ravisseurs. Des petites filles, certaines âgées de 10 ans seulement, ont été enlevées par les forces rebelles et réduites en esclavage sexuel » !...

Le Conseil de sécurité donne un chèque en blanc aux Américains

Parmi un ensemble de recommandations, Radhika Coomaraswamy, indique que « l'organisation devrait prendre des mesures spécifiques pour que les agents de maintien de la paix qui commettent des violations des droits de l'homme et du droit humanitaire, et notamment des exactions contre les femmes et les filles, aient à répondre de leurs actes. Les États membres qui fournissent des contingents pour les opérations de maintien de la paix devraient non seulement respecter un code de conduite mais aussi enquêter sur toutes les allégations faisant état de telles violations et poursuivre les responsables. Toutes les enquêtes de ce type, ainsi que leurs résultats, devraient être rendus publics, et notamment être évoqués dans les rapports présentés périodiquement au secrétaire général (...) ».

Les États-Unis dont les troupes sont impliquées dans des délits de toutes sortes – pillage, viol, trafics – dans les guerres qu'ils provoquent ont entendu le message et se livrent à une série de manœuvres pour soustraire les soldats et responsables gouvernementaux américains à la Cour pénale internationale. Le Conseil de sécurité sera d'une grande compréhension en adoptant à l'unanimité, à la mi-juillet 2002, une résolution garantissant pour un an l'immunité des soldats américains, privilège qui pourra être reconduit d'année en année. Ainsi, les soldats et dirigeants du pays le plus armé et impliqué dans le plus de conflits à travers le monde échappent à la « justice internationale »...

Diverses associations et la coalition pour la Cour pénale internationale s'élèvent alors contre cette décision qui « viole non seulement le traité fondateur de la Cour, mais aussi la Charte des Nations unies », plusieurs pays membres de l'ONU estimant par ailleurs cette décision illégale.

Inutile de préciser que les États-Unis se félicitent aussitôt de ce vote. Après avoir rappelé le chantage américain, « les États-Unis menaçant d'opposer leur veto aux opérations de maintien de la paix de l'ONU » s'ils n'obtenaient pas satisfaction, à Genève, Corinne Aublanc rapporte dans le quotidien suisse *Le Courrier* que « l'ambassadeur américain auprès des Nations unies a déjà prévenu des "graves conséquences" qui surviendraient au cas où un Américain aurait à en découdre avec la CPI »...

Ainsi, les membres permanents du Conseil de sécurité donnent un chèque en blanc aux responsables gouvernementaux et aux soldats américains déjà impliqués dans des actes de barbarie sur plusieurs continents sans jamais avoir été inquiétés. Prolongement de l'ingérence humanitaire cher à l'ancien ministre français Kouchner, le Conseil de sécurité délivre désormais des passeports pour le crime humanitaire.

CHAPITRE 9

SÉQUENCES NOIRES

Descendant en janvier 1995 de l'avion qui l'amène de Genève où il est fonctionnaire de l'Organisation internationale du travail (OIT) pour prendre son poste de responsable des programmes au bureau régional de Lusaka, Adel Gromov espère réaliser enfin un travail concret au profit des populations. Depuis fin septembre 1985 qu'il exerce au siège de l'OIT à Genève, il a pu mesurer « l'efficacité » des méthodes de gestion de l'organisation onusienne et a fait le choix du « terrain », pensant pouvoir travailler de manière plus concrète. Pourtant, il n'est pas au bout de ses surprises et va découvrir encore bien d'autres aspects du fonctionnement du système onusien au fil de son périple africain au sein de ce bureau du « field » – le terrain – situé à plus de quinze heures de vol du cœur de l'OIT.

Première surprise à son arrivée : le directeur du bureau, Adam Simbeye, pensant qu'il est musulman, a décidé d'organiser une prière... chrétienne ! Les choses commencent bien. Et comme elles vont aller en empirant de mois en mois, Adel qui n'a plus rien à perdre, décide de témoigner à visage découvert et sous son vrai nom.

Géologue, politologue, également diplômé en management et en économie internationale, il travaille au début des années quatre-vingt au département des Relations internationales du ministère du Travail de l'Union Soviétique. Adel Gromov sélectionne et prépare les fonctionnaires internationaux pour le système onusien. Cette tâche délicate implique une grande intégrité car « pour les Soviétiques, travailler dans le système onusien était toujours très profitable en raison des salaires importants ». Les postulants ne manquent pas et se pressent à la porte de son service d'autant que « le système diplomatique a ses limites et ne peut accueillir tous les enfants de tous les dirigeants. Le système onusien avec ses organisations se présente comme une voie supplémentaire pour une vie plus confortable. Et même si le salaire que recevait un fonctionnaire soviétique de l'ONU se voyait amputé d'une partie qui était reversée dans le budget de l'État, il restait largement de quoi vivre très bien à la soviétique ». À l'époque, les périodes sont de trois-quatre ans et rester en poste une troisième, quatrième, voire une cinquième année est très difficile et, normalement, exceptionnel. « Le problème était donc pour les gens qui travaillaient à l'étranger de rester au-delà de trois-quatre années. Quand au début des années quatre-vingt un nouveau chef, le camarade Kireev, est arrivé de l'ONU New York à la tête de mon département au ministère du Travail, il a cherché à m'en écarter pour contrôler complètement le processus d'attribution mais surtout de prolongation de la durée des postes », rapporte-t-il. Faute de pouvoir lui faire des reproches professionnels, Adel Gromov se voit proposer de partir travailler à Genève au sein du Bureau international du travail. Une manière comme une autre de l'éloigner. Onze mois plus tard, tandis qu'il fait ses premiers pas dans le système onusien au sein de l'OIT, « Kireev est arrêté par la police russe pour corruption de fonctionnaires internationaux après avoir reçu un cargo de manteaux de fourrures de New York en échange de prolongations de postes ». Mais cette corruption ne concerne pas que l'ex-Union soviétique, loin s'en faut, et pour cause : « Il n'y a que quatre ou cinq pays sur les 191 États membres des Nations unies qui peuvent payer leurs fonctionnaires avec des salaires supérieurs, à qualification et expérience égales, à ceux des organisations du système onusien : les États-Unis, l'Allemagne, l'Angleterre et peut-être le Japon. Pour tous les autres, aller travailler aux Nations unies est une sorte de promotion sociale mais présente surtout un avantage financier important. Alors pour ce qui est de ceux qui viennent de nombreux pays et qui gagnent en un mois trois ans de salaires chez eux, tu comprends qu'ils ne soient pas pressés de rentrer mais plutôt disposés à faire n'importe quoi pour rester dans le système », indique-t-il.

Madame la directrice n'aime pas la performance

Embauché sur un poste P3 comme rédacteur du *Social and Labour Bulletin*, publication du Bureau international du travail (BIT), très vite il s'aperçoit que son activité est presque inutile « car ceux auxquels s'adresse cette publication, les représentants des gouvernements, des syndicats et du patronat au sein de l'OIT n'y attachent pas une grande attention ». Si l'on considère que les meilleurs indices d'intérêt d'une publication sont le tirage et les ventes, Adel Gromov constate que « ce bulletin est distribué gratuitement à tous les membres de l'OIT tandis que le chiffre de vente est pratiquement zéro. La directrice a essayé d'apporter des modifications mais rien n'a marché. En parlant avec les gens auxquels est destiné la publication, je me suis aperçu que même en la rendant plus attrayante, personne ne s'en souciait vraiment bien qu'elle comporte des articles et des informations intéressants pour leur activité». Fin 1980, cet autodidacte qui lit quatorze langues, en écrit et parle couramment quatre, commence à demander à être transféré dans le «field» – sur le terrain. Il va alors à contre-courant de la «culture» de l'organisation car, pour beaucoup de fonctionnaires, ce transfert est considéré comme une rétrogradation, voire une punition. Refus du service du personnel. En 1991, il se présente au concours d'experts en informatique pour la coopération technique qu'il passe avec succès, devenant par la même occasion le premier Soviétique remportant un concours ouvert du système onusien. Il accède alors au service du personnel pour la coopération technique. C'est pour lui, le premier pas ver le terrain. Presque trois ans plus tard, celui-ci est intégré au département du personnel dont une Américaine vient de prendre la direction. Cette dernière décide d'imposer l'installation d'un système informatique de gestion du personnel produit par une firme américaine. Mais Adel qui est déjà dans cette niche d'expertise, et notamment en contact avec le siège de l'ONU de New York, sait que, plus de deux ans auparavant, le même système y a été mis en place, qu'il fonctionne mal et ne donne pas les résultats escomptés. Aussi, quand commencent à se succéder les réunions pour sa mise place, il alerte naturellement sur son inefficacité, son coût et pose à chaque réunion la question essentielle pour laquelle il ne parvient pas à obtenir de réponse: «Dites-moi s'il vous plaît pourquoi si, à l'ONU, ce système ne fonctionne pas et ne fournit pas les capacités techniques attendues, il fonctionnerait chez nous à l'OIT ? » Son opposition à la mise en place de ce système informatique dont il démontre l'inadaptation et le peu de performance va lui valoir finalement une... offre de transfert urgent en Afrique. Mais non seulement on lui propose de partir en Zambie, un poste considéré comme l'un des plus difficiles, mais il ne bénéficie d'aucune promotion à un grade supérieur ainsi que cela se pratique normalement pour ceux qui partent travailler dans ces conditions. Il accepte néanmoins le poste de responsable des programmes de l'OIT sur la région de la Zambie et s'envole en janvier 1995 pour Lusaka.

« Field privileges » : où commence la corruption ?

« À la fin de la première semaine où je suis arrivé, j'ai été voir Lusaka et je me suis promené dans les quartiers pour découvrir la ville. C'était le choc. Tu n'imagines pas. Des quartiers où des milliers de gens n'ont strictement rien, pas d'eau, pas d'électricité, pas d'assainissement, les enfants au milieu de tout cela. Tu débarques sur une autre planète », se souvient-il. Dès le départ, il travaille beaucoup, dix, douze heures par jour sans s'arrêter en fin de semaine, et met en place plusieurs projets, essentiellement des petits programmes pour aider les gens à se prendre en charge autour de petites activités économiques. Son engagement intense et ses bonnes relations avec le personnel du bureau lui valent des appréciations amicales de ses collègues et positives de sa hiérarchie. Mais arrive le moment où on lui demande de signer des documents financiers concernant certaines « facilités ». « J'ai refusé car il s'agissait de signer des papiers autorisant des paiements, par exemple, pour l'utilisation de la voiture avec un chauffeur pour la femme du directeur, l'achat de matériels par le bureau au profit de personnes extérieures à l'OIT, etc. C'est là que je découvre ce que l'on appelle dans l'ONU "field privileges" – les privilèges de terrain – qui consistent à se servir sur l'organisation pour des intérêts privés. » Le chef du bureau, un Tanzanien du nom d'Adam Simbeye, très occupé à la construction de sa villa de l'autre côté de la frontière, en Tanzanie, est souvent absent. Et quand il part en déplacement, Adel le remplace et a la responsabilité de signer les documents bancaires et autres papiers de gestion administrative du bureau. « C'est comme cela que je découvre toutes ces irrégularités », dit-il.

Si l'on en croit les listes d'importation du bureau de Lusaka de l'OIT pour les années où celui-ci était dirigé par Adam Simbeye, il apparaît que du matériel acheté en quantité importante n'a jamais été livré à l'organisation. Adel Gromov se voit expliquer « que ce n'est pas irrégulier mais que ce sont des « avantages de terrain » et Adam Simbeye produit alors une note contre lui. Revenant à Genève fin 1995 après avoir dénoncé ces abus le service de l'Inspection des finances de l'OIT lui dit que « ces achats doivent dissimuler quelque chose de plus important car ils sont informés que le chauffeur passe beaucoup de temps avec les douanes ». Et de lui demander s'il peut se renseigner et trouver des preuves sur ces affaires. Lorsqu'il revient à Lusaka début 1996, Nelson Nyirenda, un ancien chauffeur employé du bureau de l'OIT de Lusaka de mars 1994 à octobre 1995, le rencontre et lui confie tous les ennuis qu'il a eus avec le directeur. Ce témoin se dit même prêt à aller chercher les preuves qui sont aux postes des douanes par lesquels il a fait transiter d'importantes marchandises sous ses ordres. Mais il disparaît dans la nature. Peu après, le service du personnel de l'OIT de Genève l'informe que l'affaire concernant la note d'Adam Simbeye contre lui est classée. Pour Adel Gromov, l'une des explications au classement de ces affaires de corruption tient au fait que « pour les fonctionnaires qui sont sur le field, ces privilèges sont normaux. Pour eux, une affaire de 150 dollars par exemple, ce n'est rien. Ils touchent leur salaire régulièrement avec pas mal de facilités quoiqu'ils fassent. Mais pour quelqu'un du personnel local, confronté à des difficultés de toutes sortes, dans des pays où il faut faire face au manque de tout, à la guerre, aux maladies, à l'insécurité permanente, 150 dollars c'est une somme énorme qui permet à une famille de vivre pendant un mois. Mais en plus, cette somme est volée par quelqu'un qui doit donner l'exemple. Pourquoi cela devient-il insupportable ? Parce qu'ils voient que le système national est corrompu, ils croient que le système onusien est sain et quand ils se tournent vers lui, ils découvrent à nouveau la corruption ! Ce qui est considéré comme un privilège à Genève ou à New York peut devenir sur place une véritable corruption. »

« J'aurais sans doute dû laisser flinguer le personnel ? !... »

Mais si l'affaire est classée pour le service du personnel, dans le même temps, le chef du service de l'Inspection financière de l'OIT informe le sous-directeur général pour l'Afrique qu'il a commencé une enquête dans les affaires financières du bureau de Lusaka. L'inspecteur est obligé de suivre cette procédure dans le cadre de la réglementation, ce qui n'est pas forcément une bonne chose pour une enquête interne qui se voudrait discrète, surtout quand le sous-directeur général responsable de l'Afrique vient aussi de Tanzanie et de la même tribu qu'Adam Simbeye, le directeur du bureau de Lusaka concerné par ladite enquête. Du coup, le sous-directeur général pour l'Afrique décide de commencer une procédure disciplinaire contre Adel sur la base de l'ancienne note de Simbeye comme si la décision du service du personnel de classer celle-ci sans suite n'existait pas ! Et, sage précaution, d'envoyer son compatriote rapidement sur un autre poste à Genève, le temps de se faire oublier. Les départs précipités sont presque une seconde nature pour Adam Simbeye qui a déjà dû, quelques années auparavant, quitter précipitamment Lagos, la capitale du Nigeria étant sans doute devenue trop chaude pour lui, pour arriver en Zambie. S'agirait-il d'une affaire de harcèlement sexuel contre une femme du bureau de Lagos ? Voici donc Adam Simbeye qui s'apprête à s'installer non loin des bords du lac de Genève dans le fauteuil du « Bureau pour la promotion du partenariat actif et de la coopération technique ». Adel croit donc que l'affaire est close.

En octobre 1997, lors des derniers mois de la présence de Simbeye à Lusaka et alors que celui-ci est en déplacement, une tentative de coup d'État éclate contre le régime du président Frederick Chiluba.

À cinq heures du matin, un appel téléphonique le prévient que des tanks passent. Il téléphone à l'ambassade des États-Unis qui est la plus proche du palais présidentiel. Celle-ci l'informe qu'il y a effectivement des half-track qui manœuvrent et qu'ils ont déjà demandé à leur personnel de ne pas sortir de chez eux. En toute logique Adel téléphone au chef de l'ONU basé à Lusaka et lui dit qu'il a reçu une information selon laquelle un coup d'État est en cours et qu'il est urgent de prévenir le personnel. Sans réaction du représentant de l'ONU, il prend son walkie-talkie et appelle les uns après les autres les membres du personnel du bureau de l'OIT pour leur demander de rester chez eux dans l'attente que la situation se calme. « À dix heures du matin, le président annonce que le coup d'État a échoué. Et c'est seulement bien après, vers onze heures, quand tout redevient normal, que le chef du bureau de l'ONU annonce que tous les personnels doivent rester chez eux comme l'ont fait cinq heures plus tôt les Américains, les Russes, les Français. Système onusien, rien : ni radio, ni téléphone, pas d'information », relève Adel. Et pour couronner le tout, lorsque Adam Simbeye revient, « il demande au fonctionnaire suédois qu'il a nommé à ma place en son absence sans informer personne de faire un rapport pour dire que j'ai pris autoritairement le pouvoir de chef de bureau à sa place ! J'aurais sans doute dû laisser flinguer le personnel en plein coup d'État dans ce pays où, comme un peu partout en Afrique, tu peux prendre une balle sans même savoir pourquoi ?! »... Suit plus tard une réponse du service du personnel de l'OIT selon laquelle l'affaire est close. Pourtant, l'affaire va continuer de manière inattendue. Simbeye parti, le francophone Louis Ndaba-Hagamye, du Rwanda, arrive pour le remplacer dans ce pays anglophone.

« Noir » pouvoir et menaces de mort

Se rendant à Genève pour voir le service du personnel, le BIT l'informe qu'il a reçu une lettre du secrétaire général du ministère des Affaires étrangères de Zambie datée du 18 décembre 1998 l'accusant « d'attitude autoritaire envers ses subordonnés zambiens » et d'avoir « durant le coup d'État de 1997, pris autoritairement la responsabilité des communications du bureau de l'OIT et de commencer à envoyer des messages à différents collègues »... Sur quoi, le signataire de ce courrier mensonger « demande son départ pour des activités incompatibles avec son statut » ! Alors qu'il est à Genève, un fonctionnaire du cabinet du Président lui téléphone pour lui demander d'y rester quelque temps car, en l'absence du ministre des Affaires étrangères, c'est le ministre des Affaires intérieures, ex-ministre du Travail, qui le remplace temporairement. Celui-là même dont il apprend plus tard qu'il est intervenu à plusieurs reprises pour obtenir du secrétaire général du ministère des Affaires étrangères, et contre tous les règlements zambiens, d'écrire la lettre demandant son départ de Zambie... Tout ce petit monde se connaît bien puisque, selon Adel Gromov, « le ministre des Affaires intérieures, le ministre du Travail à l'époque du règne de Simbeye, est le partenaire de celui-ci et le secrétaire d'État, également secrétaire général du parti gouvernemental, était l'oncle de l'une des copines préférées de Simbeye. Et c'est après plusieurs refus du secrétaire général du ministère des Affaires étrangères de faire cette lettre qu'il se contentera d'une note verbale ». Coïncidence ? La note verbale en question contient des précisions sur le fonctionnement du bureau de l'OIT à Lusaka qui n'ont pu être transmises que par le directeur. Adel se remémore alors que, bien avant son retour sur Genève, celui-ci lui a donné l'ordre de ne pas se servir de son passeport de l'ONU, qui garantit l'immunité diplomatique et confère une relative protection, pour ses déplacements en Afrique. Il n'en a rien fait et l'a utilisé dans tous ses déplacements sachant que l'on peut faire disparaître quelqu'un en Afrique sans que personne ne s'en inquiète et même ne s'en aperçoive. Après qu'il eut expliqué la réalité des faits, le BIT envoie, le 31 mars 1999, une lettre au ministère des Affaires étrangères de Zambie pour demander les preuves des accusations contre Adel Gromov tout en rappelant poliment à son interlocuteur que le fonctionnement du bureau de l'OIT à Lusaka relève du règlement interne de l'organisation et non du ministère des Affaires étrangères du gouvernement zambien. Le courrier de l'OIT restera sans réponse de Lusaka. Par contre, apprenant ces faits, fin 1998, le personnel du bureau de l'OIT de Zambie signe une pétition pour lui témoigner à la fois son amitié dans sa manière de travailler avec l'équipe et son soutien contre les attaques dont il est l'objet. « Adel, si vous devez être crucifié que ce soit pour n'importe quelle raison mais certainement pas pour l'homme manipulant et maltraitant les gens du personnel de ce bureau parce que cela n'est pas vrai et a été grossièrement interprété. C'est pour cette raison que nous, les soussignés, aimerions laver nos mains de cette allégation injustifiée à votre encontre », lui écrivent courageusement les membres du bureau de Lusaka.

Piqué au vif et n'ayant sans doute pas grand-chose à faire pour son continent en perdition, Louis Ndaba, le nouveau chef du bureau, enverra le 3 mars 2000 – un an plus tard, sans doute le temps de la réflexion et de la traduction... –, à chacun des signataires de la pétition une note de trois pages en treize points dans le plus pur style bureaucratique pour tenter de discréditer Adel Gromov tout en les menaçant de mesures disciplinaires.

Quand il retourne en Zambie, l'affaire est en principe réglée. Erreur. Car dans le même temps, cette affaire a pris une tournure plus dramatique. « En août 1998, deux personnes du personnel local m'informent que quelqu'un a décidé de se débarrasser de moi. Je reçois plus tard la même information d'un fonctionnaire du cabinet de président de la République, puis d'un dirigeant du parti gouvernemental. Puis ce sont des menaces de mort par téléphone si je ne quitte pas le pays. J'informe le directeur en septembre, le sous-directeur général pour l'Afrique de l'OIT, à Abidjan, lors d'une mission en octobre, et le chef du personnel à Genève en janvier 1999. Le service du personnel aurait dû normalement me transférer immédiatement sur un autre poste dans un autre pays. Mais il ne se passe rien », témoigne-t-il. Finalement, ce n'est qu'au mois de novembre suivant qu'il est informé de son transfert à Addis Abeba, la capitale de l'Éthiopie. Mais toujours rien : il ne reçoit ni billet, ni ordre de transfert et doit, faute d'être accusé d'abandon de poste, rester sur place même s'il est officiellement transféré. La situation devient intenable : « Je suis obligé de changer complètement mon mode de vie en raison de cette situation. Je ne sors pas après la coucher du soleil, je ne me déplace que du bureau où je n'ai pas de travail à la maison ou accompagné par des amis et des gens du bureau pour faire des courses. J'ai vécu ainsi pendant dix-sept mois. » Dix-sept mois de tension et de *mobbing*. Fin février 2000, il reçoit un fax lui donnant enfin l'ordre de transfert pour le 1er mars, mais cette fois pour Abidjan en Côte-d'Ivoire où est installé le bureau régional pour l'Afrique.

En Afrique, « aucun projet de l'OIT ne traite de la pauvreté »...

Lorsqu'il débarque en Côte-d'Ivoire, personne ne sait ce qu'il doit faire. Il n'y a alors ni directeur, ni sous-directeur, ni directeur des programmes. Plus tard le sous-directeur du bureau d'Afrique arrive et lui demande de préparer une analyse sur les activités de l'OIT sur toute l'Afrique contre la pauvreté. Le voilà de nouveau attelé à un travail important qui, pense-t-il, va lui demander plusieurs mois de travail. Il commence par recenser les projets de coopérations techniques qui ont été présentés à la conférence africaine et les analyse. C'est alors qu'il découvre que la liste des projets présenté aux membres ne correspond pas tout à fait à la réalité de la situation. Pour préciser cette recherche, Adel Gromov demande aux directeurs de tous les bureaux de l'OIT en Afrique de lui adresser la liste des programmes qu'ils ont exécutés, sont en cours ou à venir. « Aucun des directeurs des bureaux de l'Afrique n'a répondu à ces demandes qui émanent du bureau régional. Aucun ! » rapporte-t-il. Dans le même temps, il commence à collecter et à analyser l'information qui existe au niveau du bureau régional, examine tous les projets les uns après les autres et constate avec étonnement « qu'il n'y a eu aucun projet qui traite de la pauvreté ni aucun programme qui permette d'évaluer que l'intervention de l'OIT ait provoqué un changement ou un recul de la pauvreté. Rien ne permet de dire que nous avons amélioré la situation ! »...

En mai 2000, c'est presque le coup de grâce. Ou la délivrance. Adel reçoit une lettre du siège de l'OIT l'informant que son emploi est terminé et apprend par la même occasion que le directeur de Zambie, Louis Ndaba a envoyé un rapport négatif contre lui.

Tentative d'assassinat

Louis Ndaba n'a peur de rien. Ne pouvant formuler le moindre reproche professionnel réel à Adel Gromov, sachant que le personnel apprécie sa rigueur et son intégrité, il invente, quitte à se ridiculiser. Ainsi l'un des points de ce rapport négatif contre Adel Gromov insiste sur le fait que son anglais n'est pas bon. Un mensonge de plus pour qui sait qu'Adel Gromov parle et écrit couramment au moins quatre ou cinq langues dont l'anglais... Comique pour qui connaît les propres compétences de Louis Ndaba en la matière : « C'est amusant car quand il est arrivé en Zambie, je devais expliquer aux fonctionnaires après chaque réunion ce qu'il avait voulu dire car ils ne comprenaient pas grand-chose à ses interventions. Je lui ai appris l'anglais pendant plusieurs mois et je devais chaque jour vérifier et modifier chacun de ses documents pour qu'il ne fasse pas de graves erreurs », se souvient-il. Le service du personnel de l'OIT à Genève lui donne dix jours pour revenir à Lusaka afin de régler définitivement son départ du bureau de Zambie.

Arrivé à Lusaka, nouveau drame : « Le jour où je suis allé au bureau des statistiques pour me procurer les listes des matériaux importés par l'ancien directeur au nom de l'OIT et qui ne sont jamais parvenus au bureau de l'organisation, alors que je roulais tranquillement une grosse Land Rover m'a doublé à toute vitesse et m'a forcé à quitter la route en me poussant dans le fossé avant de prendre la fuite. » Par miracle, il sort presque indemne de cette tentative d'assassinat. Ses correspondants anonymes qui lui délivraient téléphoniquement des messages du genre « les Blancs trop curieux comme toi, on leur fait la peau » ou « si tu ne pars pas, on va te crever» sont visiblement passés à l'action. Puis, quelques jours plus tard, il retrouve le chauffeur qui accepte cette fois de témoigner sous serment avec un officier ministériel pour recenser toutes les fraudes opérées du temps d'Adam Simbeye.

Le « système Simbeye »

La déclaration sous serment que signe le 25 juillet 2000 Nelson Nyirenda devant l'avocat Darlington Mwape donne de nombreux faits sur la manière dont fonctionnait le « système Simbeye » lorsqu'il était employé comme chauffeur par le bureau de l'OIT de Lusaka. Celui-ci indique ainsi qu'il a « été occupé à l'importation d'au moins vingt camionnages de différents matériaux : carrelage, robinetterie, ventilateurs, climatiseurs, peintures, lavabos, toilettes, mastic, d'autres matériaux de construction et de la bière ». Indiquant que ces importations se faisaient directement « sous la supervision et les ordres de monsieur Elasto Ngoma, PASO[1] et de monsieur Adam Simbeye, directeur du bureau de l'OIT de Lusaka », l'ancien chauffeur reconnaît qu'il fut, « de plus, employé à l'exportation d'au moins dix camionnages vers la Tanzanie de marchandises expédiées à la résidence de monsieur Simbeye, notamment : encadrements de fenêtres, des meubles, des tuiles, du mastic, des encadrements de portes, de la robinetterie et d'autres matériaux de construction ». Puis, toujours selon sa déclaration, Nelson Nyirenda précise « qu'une partie des importations était effectuée au nom de l'OIT mais allait en réalité à des

1. Le chef administratif du bureau.

sociétés commerciales de Zambie». Le système de détournement était relativement simple. Mais qui allait s'en soucier si loin de la direction de l'OIT à Genève? «Une fois les marchandises arrivées sous le nom de l'OIT, les unes étaient envoyées à des sociétés commerciales de Zambie et d'autres vers la résidence de monsieur Simbeye en Tanzanie (...). Toutes les marchandises importées figuraient sur les formulaires d'entrée 82 et 84 qui sont utilisés pour l'importation de marchandises pour usage diplomatique. Ces formulaires étaient signés par monsieur Ngoma (...) et tamponnés par monsieur Ngoma ou monsieur Simbeye avec le cachet de l'OIT (...). Mon occupation dans ces opérations d'import-export concernait le dédouanement des produits auprès des différents bureaux douaniers et notamment de l'aéroport de Lusaka, de Chirundi, de Livingstone (...). Les marchandises étaient principalement transportées du lieu d'entrée par camions de Zambezi Transporteurs et leurs chauffeurs avaient les instructions pour livrer les marchandises (...). Les produits pour la réexportation en Tanzanie étaient le plus souvent stockés dans les entrepôts de la société Manica Freight (...)» (cf. Documents, p. 354).

Le service du Personnel de l'OIT à Genève décide de prolonger le contrat d'Adel en le mettant un temps en vacances payées et en lui demandant de donner toutes les preuves au nouvel inspecteur du service de l'Inspection financière de l'OIT qui est depuis peu un Africain. Ce dernier ne lui demandera jamais s'il n'a pas d'autres preuves sur ce «quelque chose de plus important» concernant les trafics autour du bureau de Lusaka et évoqué, fin 1995, par son prédécesseur. Dommage...

90 % des programmes n'atteignent pas les buts fixés

Puis, le service du Personnel de l'OIT propose à Adel d'intégrer à Genève le Département de la coopération technique afin de préparer un système de contrôle des programmes de coopération technique. Il prend rapidement ce travail en charge, formule ses recommandations et se voit confier dans la foulée la réalisation d'un rapport d'audit sur l'efficacité des programmes de coopération technique de l'OIT. Il connaît la pratique pour avoir déjà réalisé un travail similaire alors qu'il était à Abidjan. Stupeur quand il analyse plusieurs centaines de projets – près de trois cents – sur tous les pays : « Il apparaît que 90 % des projets des années 1998 à 2001 n'atteignent pas les buts qui ont été fixés et déclarés aux gouvernements donateurs. Même des projets qui ont bénéficié d'une grande promotion et de moyens importants comme le programme contre le travail des enfants au Pakistan n'ont pas été menés à terme. » Et quand en 2001 il donne ce rapport accusateur, deux semaines plus tard on lui demande de démissionner. Personne ne répondra ou ne s'intéressera à son travail pourtant essentiel pour l'OIT car, pense-t-il, « moins tu fais de bruit, plus tu as de chance de grimper dans la hiérarchie. Peu importe le résultat et la réalité de tous ces programmes ». L'une des causes de cette situation tient au fait que des fonctionnaires internationaux qui prennent l'initiative de projets sont souvent conduits à changer de poste alors que ceux-ci sont en cours de réalisation. Et la plupart du temps, aucun suivi n'est assuré et le programme s'arrête de lui-même.

Adel Gromov a développé plusieurs programmes qu'il a menés à terme quand il était en Afrique. À lui seul, il a collecté près de 2 millions de dollars pour les programmes qu'il a initiés et développés tandis que l'OIT ne lui versait qu'environ 20 000 dollars par an pour les programmes en Zambie. « Il s'agissait surtout de développer de petites activités économiques, de lancer des petites entreprises, des programmes pour lutter contre le sida, contre le travail des enfants en créant des sources de profits pour les parents, des activités pour les mères et de mettre au point un système de microcrédit. Les gouvernements donnent les fonds pour les pays et c'était à moi, en travaillant directement avec les ambassades, de présenter les programmes susceptibles de les intéresser », explique-t-il. Mais l'un des programmes les plus importants qu'il mettra quatre ans à concevoir avortera au moment de démarrer et alors que les conditions sont pratiquement réunies pour sa réalisation : « La Zambie est l'un des principaux producteurs de pierres précieuses mais ils les vendent à l'état brut, juste extraites de la terre. Par exemple, une pierre que l'on achète dans la jungle proche de Lusaka au prix d'un dollar en vaut trois livrée à Lusaka dans le même état. Mais si tu nettoies les pierres, tu doubles leur prix et si tu les tailles tu le multiplies par dix. » L'idée d'Adel Gromov qui consiste à créer une multitude de toutes petites entreprises pour les Zambiens autour des complexes d'extraction est d'autant plus intéressante que sa concrétisation ne nécessite pas une mise de fonds trop importante : « Environ 400 000 dollars avec lesquels on pouvait lancer le projet sur trois ans car au bout de cette période il s'autofinançait autour de cette importante activité de la Zambie. Former une personne au nettoyage des pierres demandait environ deux semaines mais augmentait à terme de trois fois le revenu pour les gens et le pays. » Pour former des gens et créer de très petites entreprises spécialisées sur le nettoyage et la taille des pierres, faute de moyens dégagés par le gouvernement, il réussit à trouver un bâtiment et rencontre un financier japonais intéressé par son programme. Il ne lui reste plus qu'à collecter les fonds pour payer les formateurs et acheter de l'équipement quand il est rappelé par l'OIT à Genève. Le programme lancé par Adel Gromov, sur le point de démarrer, ne verra jamais le jour. Après son départ, plus personne ne s'y intéressera au sein de l'OIT et ne reprendra ce projet bien avancé, créateur de nombreux emplois nouveaux, de revenus et aux retombées économiques intéressantes pour la Zambie... Celui-ci a dû mourir entre les mains du directeur Ndaba qui a sans doute préféré laisser cette activité économique entre des mains étrangères au détriment de la Zambie et de ses habitants.

En presque six années d'Afrique, Adel Gromov a connu les tracasseries administratives, le « je-m'en-foutisme » le plus total de parvenus avant tout préoccupés de leur petite carrière et de leur business, un accident suivi d'une commotion cérébrale qui l'oblige à s'arrêter trois mois, lui fait perdre le sommeil et lui provoque encore aujourd'hui, en 2004, des nuits blanches plusieurs fois par semaine, dix-sept mois à vivre pratiquement en résidence surveillée dans une insécurité permanente, plusieurs hospitalisations, six malarias, puis la tuberculose, la salmonellose, la bilharziose – due à des petits vers parasites appelés schistosomes qui s'installent dans le sang et provoquent des maladies du rein, du foie, l'anémie et affaiblissent le système de défense de l'organisme contre d'autres maladies –, une tentative d'assassinat... « Quand je suis revenu d'Afrique, j'étais semi-mort », lâche-t-il, le regard perdu dans les images de pénibles souvenirs qui défilent sans doute dans sa tête comme un mauvais film en noir et blanc. Et quand l'OIT décide de mettre fin à son contrat, pourquoi n'a-t-il pas de contrôle médical ? À la question, il sourit : « Ils m'ont presque tué physiquement, ils m'ont détruit psychologiquement, alors, sans doute ne tenaient-ils pas à produire mon certificat de décès pour ne pas avoir à payer l'enterrement ! Pour eux, j'ai été un problème car j'ai dit que le système informatique qu'a voulu imposer une directrice coûtait cher et ne fonctionnerait pas – et j'avais raison puisqu'il n'a jamais fonctionné efficacement ; j'ai mis en cause leurs droits sur les "privilèges de terrain" et pour une peuplade de petits chefs sans conviction, c'est une source sacrée de plaisir, de pouvoir et parfois d'enrichissement personnel au détriment de l'ONU. Et en plus, j'ai mis au jour l'inefficacité des projets de l'OIT. Alors, tu imagines, cela ne se fait pas... », commente-t-il avec un fond d'humour appuyé d'un geste ample de la main avant d'allumer une énième Marlboro.

Le 1er septembre 2003, Adel Gromov donne sa démission de l'OIT. Il a préféré partir. Sans rien. Pour, me dit-il, « des raisons hygiéniques, de survie. À ce stade, ce n'était même plus une question de morale. J'étais fatigué de vivre dans la m... ». On le serait à beaucoup moins.

CHAPITRE 10

TERRORISTES ET PILLARDS SOUS BANNIÈRE ONUSIENNE

Pouvez-vous imaginer un seul moment que des organisations du système onusien ou travaillant à ses côtés sur les principes de la Charte des Nations unies préparent le renversement de régimes politiques et le pillage économique de pays ou servent de couverture à de telles opérations ? Évidemment non puisque la référence de chaque citoyen du monde est la Charte des Nations unies ou tout au moins les valeurs de paix, de progrès social, de liberté que l'ONU est censée incarner. On peut ne pas croire le secrétaire général Kofi Annan lorsqu'il écrit que « la progression des principes démocratiques engendre des libertés plus vastes que jamais » et que « l'ère de la mondialisation est également en train de transformer le monde et d'apporter le savoir, l'information et les chances de la réussite économique pratiquement aux quatre coins de la planète[1] ». Il suffit de lire le bilan de plus d'un

1. Kofio Annan, avant-propos de *L'ABC des Nations unies*, New York, 1998.

demi-siècle d'ONU pour constater, sur la base des propres statistiques de l'organisation internationale, que ce discours ne colle pas vraiment à la réalité du monde. Juste un chiffre, lâché par les éminents statisticiens onusiens : le revenu par habitant est aujourd'hui plus bas dans 80 pays qu'il y a dix ans ! On peut donc également douter que les volontés affirmées dans la Charte des Nations unies, texte de référence pour les peuples du monde et leurs gouvernements, soient appliquées : « Préserver les générations futures du fléau de la guerre qui, deux fois en l'espace d'une vie humaine, a infligé à l'humanité d'indicibles souffrances, à proclamer à nouveau notre foi dans les droits fondamentaux de l'homme, dans la dignité et la valeur de la personne humaine, dans l'égalité des droits des hommes et des femmes, ainsi que des nations, grandes et petites, à créer les conditions nécessaires au maintien de la justice et du respect des obligations nées des traités et autres sources du droit international, à favoriser le progrès social et instaurer de meilleures conditions de vie dans une liberté plus grande. » De là à voir des agents américains profiter d'organisations onusiennes pour encourager le développement d'activités terroristes ou des fonctionnaires de la Banque mondiale ou du Fonds monétaire international saper l'économie de pays, il y a un pas à franchir. Pourtant, plusieurs témoignages attestent de cette sinistre réalité. Le cas du conflit contre la République fédérative de Yougoslavie est particulièrement représentatif d'un plan élaboré à long terme visant à étrangler économiquement un pays, y créer des troubles et la guerre afin de renverser son gouvernement et en imposer un nouveau laissant de grandes sociétés faire main basse sur ses richesses.

Un plan de subversion programmé par les États-Unis

Michel Chossudovsky, professeur d'économie à l'université d'Ottawa, est également chercheur associé au Center of Developing Area Studies de l'Université McGill à Montréal. Conseiller économique auprès de gouvernements de plusieurs pays du tiers-monde, il a également été consultant de l'ONU, de la Banque africaine de développement, de l'Organisation mondiale de la santé ou de l'Organisation internationale du travail. Auteur de plusieurs ouvrages, il a notamment publié *Mondialisation de la pauvreté*[1] dans lequel il décrit le processus de démantèlement de la Yougoslavie et la manière dont les organisations onusiennes permettent aux multinationales de pays occidentaux de s'emparer des ressources naturelles stratégiques.

Alors que les forces armées de l'OTAN s'appliquaient, en Bosnie, à mettre en œuvre les accords de Dayton[2], la presse et les hommes politiques décrivaient l'intervention occidentale comme une réponse noble – bien que tragiquement tardive – à l'explosion des massacres ethniques et des violations des droits de l'homme. Pourtant, cette vision occulte de nombreux éléments, notamment les intérêts stratégiques de l'Allemagne et des États-Unis ainsi que le rôle des créanciers extérieurs et des institutions financières internationales qui jouèrent un rôle non négligeable dans l'éclatement

1. *Mondialisation de la pauvreté*, Paris, Éd. Serpent à Plumes.
2. Signés le 21 novembre 1995 entre les présidents serbe, croate et bosniaque sur la base américaine de Dayton, cet accord découpe la région en territoires « purs » sur des bases ethniques : la Républika Srpska et la Fédération croato-musulmane. Cet accord d'apartheid va à l'encontre de la réconciliation nationale.

de la Yougoslavie. Car les puissances occidentales portent une responsabilité dans l'appauvrissement et la destruction de cette nation de 24 millions de personnes. Les réformes imposées par les créanciers de Belgrade, adoptées en plusieurs étapes depuis le début des années quatre-vingt, ont opéré de véritables ravages économiques et politiques.

Malgré le non-alignement politique de Belgrade et ses intenses relations commerciales avec les États-Unis comme avec la Communauté européenne, l'administration de Ronald Reagan avait classé l'économie yougoslave comme « ultra-sensible » dans une directive de sécurité nationale de 1984 (NSDD 133), intitulée « La politique américaine en Yougoslavie ». Une version censurée de ce document, rayé de la liste des documents secrets en 1990, s'inspirait largement d'une directive précédente de 1982 concernant la sécurité nationale en Europe de l'Est (NSDD 54). Elle prônait « des efforts accrus pour promouvoir une révolution en douceur qui renverserait gouvernements et partis communistes » à travers la réintégration de ces pays au sein du marché mondial. Les réformes imposées sous la pression des créanciers de Belgrade allaient désintégrer le secteur industriel et démanteler les acquis sociaux. Rapidement, la croissance industrielle fut ramenée à 2,8 % pendant la période 1980-1987, plongeant ensuite à 0 en 1987-1988 et reculant enfin de 10,6 % en 1990. En 1989, Washington promit au Premier ministre Alite Markovic une aide financière importante en échange de réformes économiques : une nouvelle monnaie dévaluée, le gel des salaires, des coupes claires dans les dépenses gouvernementales et la disparition des entreprises autogestionnaires à propriété sociale.

Mais les revenus fédéraux ainsi dégagés servirent à payer les intérêts de la dette aux Clubs de Paris et de

Londres au lieu d'être transférés aux républiques abandonnées à leurs propres moyens. Ce faisant, les réformateurs détruisaient la structure fiscale, blessant à mort, du même coup, les institutions politiques fédérales. Car le crise budgétaire provoquée par le Fonds monétaire international avait créé un « fait accompli » économique qui fraya partiellement la voie à la sécession de la Croatie et de la Slovénie en juin 1991. En 1989, un « programme de faillite » destiné à provoquer la liquidation des « canards boiteux » avait été mis en route avec l'aide de conseillers occidentaux. En moins de deux ans, plus d'un millier de sociétés disparurent, en premier lieu des entreprises à propriété sociale dans les secteurs de l'électronique, de la raffinerie pétrolière, de la machinerie, de l'ingénierie et de l'industrie chimique. Effondrement des revenus, des programmes sociaux et de l'emploi allèrent de pair, diffusant dans la population une atmosphère de désespoir.

FMI et Banque mondiale asphyxient l'économie croate

Les réformes économiques imposées aux États issus de l'ex-Yougoslavie prolongent naturellement celles qui avaient été mises en œuvre à l'époque fédérale. Sur fond de guerre brutale et destructrice, les espérances de reconstruction des Républiques fraîchement indépendantes étaient donc des plus mornes. Presque totalement occultée par les médias, la question de la renégociation de la dette faisait partie intégrante des efforts de paix. Le découpage de l'ex-Yougoslavie, sous l'œil attentif de ses créanciers, allait se doubler d'une répartition de sa dette entre les nouvelles Républiques.

Alors que les armes parlaient encore, la Croatie, la Slovénie et la Macédoine entamèrent des négociations avec les institutions de Bretton Woods (Fonds monétaire international et Banque mondiale). Dès 1993, le gouvernement du président Franjo Tudjman signa un accord avec le Fonds monétaire international exigeant de massives réductions budgétaires qui contrariaient les efforts croates pour mobiliser les ressources productives et compromettaient par là même la reconstruction d'après-guerre. Évaluée à quelque 23 milliards de dollars, la restauration de l'économie croate, détruite par les combats, implique alors de nouveaux prêts de l'étranger. Faute d'un rééchelonnement de sa dette, son seul service représenterait pour Zagreb un fardeau écrasant pour des dizaines d'années.

Pour obtenir de nouvelles avances, le gouvernement croate a donc consenti à d'autres réformes entraînant des fermetures d'entreprises supplémentaires et une diminution brutale des salaires. Si bien que le taux officiel du chômage est passé de 15,5 % en 1991 à 19,1 % en 1994. En outre, Zagreb a adopté une loi beaucoup plus stricte sur les faillites ainsi que des procédures rigoureuses pour le démembrement des grandes entreprises d'utilité publique nationalisées.

Le FMI met en faillite l'industrie de Macédoine

La Macédoine a pris le même chemin. En décembre 1993, son gouvernement acceptait de réduire les salaires et de geler le crédit afin d'obtenir un prêt à l'appui de la « transformation systémique » préconisée par le FMI. L'argent, pourtant, était destiné non à financer la « reconstruction » mais à permettre à Skopje de rembourser les arriérés de ses dettes à la

Banque mondiale... Comme son homologue croate, le Premier ministre Branko Crvenkovski devait, en échange d'un rééchelonnement de la dette, accepter la liquidation des entreprises dites « en faillite » ainsi que le licenciement des salariés « en surnombre », soit les salariés de la moitié des entreprises industrielles du pays ! Là encore, la thérapie du FMI prolonge le « programme de faillite » lancé en 1989 du temps de la Yougoslavie fédérale. Oubliant l'austérité et les atteintes aux services publics comme l'enseignement et la santé, Ljube Trpevski, le ministre des Finances, pouvait déclarer fièrement à la presse que « la Banque mondiale et le FMI classent la Macédoine parmi les pays les plus couronnés de succès en ce qui concerne les réformes de transition actuelles ». Le FMI, pour sa part, avait félicité le gouvernement macédonien, complimentant tout particulièrement sa « politique salariale efficace »...

La Bosnie dirigée par les conseillers étrangers de l'ONU

En Bosnie, tandis que les forces de l'OTAN maintiennent une paix fragile, l'Occident a levé le voile sur un « programme de reconstruction » qui prive le pays de toute souveraineté économique et politique réelle. Son objectif affiché : développer la Bosnie-Herzégovine comme un territoire divisé sous occupation militaire de l'OTAN et sous administration occidentale.

Sur les bases de l'accord de Dayton de novembre 1995, les États-Unis et l'Union européenne ont installé une véritable administration étrangère en Bosnie. À sa tête se trouvait le « haut représentant civil de la communauté internationale », Carl Bildt, ancien Premier ministre suédois et représentant de l'Union européenne aux pourparlers de paix. Le haut représentant possède les pleins pouvoirs exécutifs sur toute question civile, avec droit de passer outre aux objections des gouvernements de la Fédération bosniaque et de la République Srpska des Serbes de Bosnie. Il agit en liaison étroite avec le haut commandement militaire de la Force d'interposition (IFOR) ainsi qu'avec les agences donatrices. De surcroît, une police civile internationale dirigée par un commissaire étranger nommé par le secrétaire général des Nations unies a été déployée dès 1996 en Bosnie – 1 700 policiers issus de 15 pays qui, pour la plupart, n'avaient jamais posé le pied dans les Balkans avant un entraînement de cinq jours à Zagreb.

L'assemblée parlementaire mise en place en vertu de la Constitution prévue par les accords de Dayton servait surtout de « tampon officiel ». Derrière la façade institutionnelle, le pouvoir politique de la nouvelle Bosnie reste aux mains d'un « gouvernement parallèle » dirigé par le haut représentant et composé de ses conseillers étrangers. L'article VII de la Constitution stipule que le premier gouverneur de la Banque centrale doit être désigné par le FMI et qu'il « ne peut être un citoyen de la Bosnie-Herzégovine ni d'un État voisin »... En vertu du même article, la banque centrale n'a pas le droit de fonctionner comme... banque centrale : « Pendant six ans (...), elle ne peut accorder de crédits par création monétaire, opérant à cet égard comme un simple institut d'émission. » Bref, comme les autres États issus de l'ex-Yougoslavie, sa capacité à autofinancer sa propre reconstruction sans augmenter massivement sa dette extérieure est limitée dès l'origine...

Les tâches liées à la gestion de l'économie bosniaque ont été soigneusement réparties entre les agences donatrices : si le FMI veille sur la Banque centrale, la Banque européenne pour la reconstruction et le développement (BERD), elle, est à la tête de la commission des entreprises publiques qui dirige les opérations de toutes les entreprises du secteur public : énergie, eau, poste, routes, chemins de fer, etc. C'est même le président de la BERD en personne qui désigne le responsable de cette commission également chargée de la restructuration du secteur public, autrement dit de la vente des entreprises étatiques et à propriété sociale ainsi que de l'acquisition de fonds d'investissement à long terme.

Les pillards de la « reconstruction »

Drôle de Constitution... Des créanciers occidentaux écrivant à la va-vite un document destiné à préserver leurs propres intérêts, attribuant des positions exécutives dans le système d'État bosniaque à des non-citoyens : pas d'Assemblée constituante ni de consultations des organisations des citoyens en Bosnie-Herzégovine, pas de possibilité d'amendements constitutionnels... Selon le gouvernement bosniaque, les frais de la reconstruction sont alors estimés à 47 milliards de dollars. La Banque mondiale et l'Union européenne se sont engagées, pour leur part, à fournir dans les trois ou quatre années à venir 5 milliards de dollars dont 500 millions d'urgence. Mais les États-Unis ont fixé leur quote-part maximale à 600 millions de dollars pour les trois prochaines années tandis que l'Union européenne entend se limiter à 1 milliard. On est donc loin du compte, surtout sachant qu'en vertu des accords de Dayton, une part de ces sommes couvre certains des frais civils locaux du déploiement militaire de l'IFOR ainsi que le remboursement d'arriérés des dettes aux créanciers internationaux. Ainsi, par exemple, selon l'accord entre la République de la Bosnie-Herzégovine et l'OTAN, le personnel de l'OTAN ne paie aucun impôt et certains de ses frais locaux sont pris en charge par le gouvernement bosniaque. À vrai dire, les gouvernements et les entreprises des pays occidentaux s'intéressent aussi aux ressources naturelles stratégiques, actuelles et potentielles, de la Bosnie. À en croire des documents aux mains des Croates et des Serbes bosniaques, des gisements houillers et des champs pétrolifères auraient été identifiés sur la pente est des Alpes dinariques, une région reprise par l'armée croate aux Serbes bosniaques rebelles de la Krajina lors des batailles antérieures aux accords de Dayton. Des fonctionnaires bosniaques signalent aussi que la compagnie pétrolière américaine Amoco figure parmi les sociétés étrangères ayant effectué des sondages en Bosnie. Il y aurait enfin « d'importants champs pétrolifères dans la partie de la Croatie tenue part les Serbes, de l'autre côté de la région de Tuzla », ville où a été installé le quartier général de la zone militaire américaine.

Ce plan économique de sabotage de l'économie yougoslave que décrit le professeur Chossudovsky s'accompagne en amont et tout au long de son développement d'actions de déstabilisation politique et militaire. Là encore, c'est sous la bannière de l'ONU que vont agir les agents américains venus armer, financer et entraîner des groupes terroristes.

Michel Collon, l'un des rares journalistes d'investigation occidentaux à avoir suivi sur place l'évolution du conflit, rappelle quelques faits essentiels sur les rôles de l'ONU et de ses organisations internationales, de l'OTAN et des États-Unis depuis le début de ce conflit.

La CIA fabrique l'UCK

Bien avant le début de la guerre, des troubles sont créés contre la population de la République fédérative de Yougoslavie, notamment au Kosovo. L'ONU est-elle intervenue d'une manière ou d'une autre afin de faire respecter la souveraineté de la Yougoslavie et sa population ?

Non, en aucune manière, bien au contraire. Il faut savoir que dès les années 1987, de violentes attaques sont menées en premier lieu au Kosovo par des groupes armés contre toutes les populations qui n'étaient pas albanaises, y compris par la suite contre des Albanais modérés. Ces groupes trouvent refuge en Albanie et sont dès cette époque financés, armés et entraînés par des conseillers militaires de plusieurs pays occidentaux, américains notamment. Ceux-ci vont former en février 1996 l'Armée de libération du Kosovo, l'UCK, qui va revendiquer en février de cette année-là une série d'attentats meurtriers à la bombe. Ces assassinats marquent le début d'un plan préparé de longue date par les dirigeants américains. Bien avant 1996, la mission dite de vérification de l'Organisation pour la Sécurité et la Coopération en Europe, l'OSCE, organisation régionale dont l'autorité est fondée sur les principes de la Charte des Nations unies qui est présente au Kosovo pendant les six mois qui précèdent les bombardements contre la Yougoslavie n'a été qu'une couverture pour la Central Intelligence Agency. L'équipe de vérification américaine est alors composée d'employés de la firme Dyn Corp, une société basée en Virginie dont James Woolsey, l'ancien patron de la CIA, reconnaît, dès 1992, qu'elle bénéficie de contrats de la centrale d'espionnage américain. Cette équipe est conduite par William Walker qui, s'il n'a aucune expérience comme médiateur international, est un individu que l'on retrouve dans les sales coups de la Maison-Blanche : Irangate, soutien aux Escadrons de la mort contre les forces progressistes au Salvador ou encore aux groupes terroristes de Washington contre le gouvernement sandiniste du Nicaragua. Sous couvert de l'OSCE, les Américains se livrent à un espionnage systématique de la Yougoslavie et confortent leurs liens avec les chefs terroristes. Ils leur procurent des informations sur les troupes de sécurité yougoslaves chargées du maintien de l'ordre, leur donnent des manuels d'entraînement de l'armée américaine et une formation pratique de combat contre l'armée yougoslave et la police serbe. Une semaine avant que les bombardements de la Yougoslavie ne commencent, les agents de la CIA fournissent aux chefs des groupes terroristes plusieurs systèmes de communication sophistiqués et des téléphones-satellite afin qu'ils puissent rester en contact avec des responsables américains de l'OTAN et de Washington. Plusieurs des chefs terroristes de l'UCK ont même le numéro de téléphone mobile du général Wesley Clark, commandant de l'OTAN, sorte de fou de guerre. Ce général américain est notamment responsable de plusieurs crimes de guerre dont le bombardement de populations civiles, de complexes pétrochimiques, de convois de réfugiés, de l'usage de bombes à fragmentation puis d'obus à uranium « appauvri ». Un commandant de l'UCK, Shaban Shala, alors qu'il est impliqué dans des tentatives de déstabilisation contre des villages à majorité albanaise en territoire serbe, reconnaît qu'il a rencontré des agents anglais, américains et suisses au nord de l'Albanie en 1996. Tom Walker et Aidan Laverty confirment dans un article du *Sunday Times* que « Agim Ceku, le commandant de l'UCK dans la deuxième étape du conflit, a établi des contacts américains à travers son travail dans l'armée croate qui a été modernisée avec l'aide de Ressources Professionnelles Militaires Inc., une compagnie américaine spécialisée dans l'entraînement et la fourniture d'armes. Le personnel de cette compagnie était au Kosovo avec ceux d'une compagnie similaire, Dyn Corp, qui a aidé au programme de renforcement américain de l'armée bosniaque [1] ». Tout cela se fait alors sous la couverture de l'OSCE et de l'ONU.

La guerre voulue par l'OTAN continue

Quel rôle est imparti à l'ONU et aux organisations internationales sur place ?

Un rôle symbolique : symbole d'impuissance dans la prévention des conflits et d'inefficacité dans sa mission de faire respecter la Charte des Nations unies. Plus grand monde dans ce qui fut la République fédérative de Yougoslavie ne croit vraiment en cette organisation internationale. Imaginez que la France soit bombardée par l'OTAN sous prétexte de réprimer les attentats d'indépendantistes corses qui auraient décidé de faire de la région Provence-Alpes-Côte d'Azur une république indépendante... Il faut bien se rappeler que la décision de la guerre contre la République fédérative de

---

1. Tom Walket et Aidan Laverty, « La CIA a aidé l'armée de guérilla du Kosovo », *Sunday Times*, Londres, 12 mars 2000.

Yougoslavie est celle de l'OTAN et en premier lieu des États-Unis et non de l'ONU. Il faut se rappeler également que depuis 1991 l'Albanie soutient la guérilla des séparatistes albanais contre tout le reste de la population : proclamation d'une « République » du Kosovo, mise en place d'institutions parallèles uniquement contrôlées par des Albanais de l'UCK en 1992, attaques incessantes à partir des années 1994 contre tout ce qui n'est pas albanais. Depuis 1989, les Serbes sont chassés de leurs villages, leurs maisons incendiées, les enfants assassinés, les femmes violées. Ce sont les Serbes, victimes, que l'Occident accuse alors qu'ils ne font que se protéger de ces attentats répétés. L'ONU ne jouant pas son rôle, loin s'en faut, la guerre ne s'est donc pas terminée en juin 1999. Elle continue toujours aujourd'hui parce que d'une part les peuples de la République fédérative de Yougoslavie sont profondément patriotes, indépendants, n'acceptent pas cette occupation étrangère de l'OTAN et d'autre part parce que les objectifs réels de la guerre n'ont pas été atteints par ceux qui l'ont déclenchée.

Les objectifs américains

Quels sont-ils en réalité les objectifs poursuivis par les États membres de l'OTAN ?

Officiellement, pour l'opinion, le prétexte américain et européen était qu'il fallait arrêter un prétendu « génocide » des forces yougoslaves de sécurité contre les Albanais du Kosovo. Dans la réalité, nous avons vu par la suite comment des opérations médiatiques ont été montées de toutes pièces pour tenter d'accréditer cette thèse, quitte à fabriquer de fausses informations et des « documentaires » comme la CIA sait le faire. Le fabricant de ce médiamensonge est Alastair Campbell, le conseiller en communication du Premier ministre anglais Tony Blair, le même qui a inventé le prétexte des « armes de destruction massive » en Irak. Le gouvernement américain vise plusieurs objectifs. D'abord, il s'agit pour les États-Unis de privatiser les entreprises au profit de leurs multinationales. C'est ainsi, par exemple, que la firme US Steel rachètera pour une croûte de pain Sartid, le plus grand complexe sidérurgique des Balkans ou que la compagnie pétrolière américaine Amoco cherche à s'approprier des gisements de pétrole en Bosnie.

Ensuite, ils ont réussi à créer un foyer de tension permanent aux portes de l'Europe en se servant de l'Albanie comme d'un nouvel Israël fanatisé par une doctrine de nettoyage ethnique – la « Grande Albanie » des nazis de la Seconde Guerre mondiale – et d'apartheid. Enfin, autre objectif essentiel des États-Unis, c'est le contrôle de la voie stratégique des Balkans. Berlin souhaite que la route du pétrole passe par le Danube, donc par Belgrade, pour acheminer vers Hambourg et Rotterdam le pétrole et le gaz du Caucase et du Moyen-Orient. Pour affaiblir et contrôler l'Europe, les États-Unis tentent d'imposer un tracé du sud par les États marionnettes qu'ils contrôlent actuellement que sont la Bulgarie, la Macédoine et l'Albanie. C'est avec cet objectif que le gouvernement des États-Unis a construit au Kosovo la gigantesque base militaire de Camp Bondsteel que nous évoquons dans notre film *Les damnés du Kosovo*. Savez-vous qu'aujourd'hui Washington conclut des locations de 99 ans pour les pistes de ses bombardiers ? Outre que cette présence militaire accrue ne règle en rien les problèmes des populations, bien au contraire, il est clair que les bases installées aujourd'hui préparent les guerres de demain contre le monde arabe, le Caucase, la Fédération de Russie et la République populaire de Chine. C'est du moins ce qu'imaginent dans leur folie certains stratèges américains comme Leslie Gelb qui présidait le Council of Foreing Affairs, groupe de réflexion qui réunit les services d'espionnage américains, le Département d'État et les principaux responsables de multinationales américaines. Gelb prône les « États purs » qui s'inspire des thèses nazies ou sionistes qui rêvent d'un Israël « purifié des Arabes ». En Yougoslavie, ce fut la théorie des protégés de l'Occident, le Croate Tudjman et le Bosniaque Izetbegovic. Le plan américain en Yougoslavie comme en Afghanistan, en Irak, en Asie ou en Afrique consiste à opposer les populations sur des bases ethniques et religieuses. Il leur faut entretenir des guerres civiles de longue durée afin d'essayer de justifier l'occupation coloniale américaine et de pouvoir continuer de piller les richesses des pays. S'ils ont pu commencer à dépouiller la Yougoslavie dans un premier temps, leur rôle commence à apparaître aujourd'hui plus clairement dans l'opinion. Depuis cinq ans que le Kosovo est occupé par l'OTAN, le nettoyage ethnique des Albanais a tué 2 500 habitants, entraîné la disparition de 1 200 personnes et chassé plus de 230 000 personnes non albanaises de leur terre : Serbes, Roms, juifs, Turcs, musulmans, Gorans et d'autres sont l'objet de cette traque permanente qui se fait avec la complicité de l'OTAN, sans la moindre intervention de l'ONU et devant ses troupes !

L'ONU laisse s'enflammer la poudrière des Balkans

Pensez-vous que l'ONU laisse les mains libres aux visées hégémoniques américaines et ne fait pas respecter la Charte des Nations unies dans ce conflit permanent ?

C'est évident. Il suffit pour le constater de prendre le calendrier des opérations, année après année depuis les années 1990. Quand éclatent les attentats meurtriers des groupes terroristes albanais, à aucun moment l'ONU ne fait respecter les frontières de la République fédérative de Yougoslavie. Pour arriver à leurs fins, l'Allemagne d'abord, puis très vite les États-Unis s'emploient à opposer sur des bases ethniques ou religieuses des gens qui vivaient auparavant en parfaite harmonie : les enfants albanais, serbes, turcs et autres fréquentaient les mêmes écoles, partageaient les mêmes jeux dans les mêmes rues, se retrouvaient pour danser sur les mêmes places ou dans les mêmes bars, qu'ils soient croyants ou non et quelle que soit leur religion. Ce qu'ils font alors avec le Kosovo, ils le font également en Macédoine, en Bosnie-Herzégovine, en Croatie, en Slovénie afin de faire éclater la Fédération de Yougoslavie. Or, si l'on prend les actes de l'ONU les uns après les autres, on s'aperçoit très vite que ceux-ci tendent à entraver toutes les interventions de Belgrade pour rétablir la paix et la sécurité. En septembre 1991, alors que de janvier à juin les Républiques de Macédoine, de Croatie et de Slovénie sont l'objet de troubles et de combats, la Conseil de sécurité de l'ONU vote l'embargo sur les ventes d'armes à destination de la Yougoslavie et des États qui en sont issus. Il s'agit en fait d'essayer d'affaiblir l'armée yougoslave pendant que l'Allemagne et les États-Unis arment des troupes dans chacun de ces États qu'ils entraînent à la sécession. Le 19 décembre 1991, l'Allemagne fédérale reconnaît unilatéralement la Croatie et la Slovénie, suivie, le 12 janvier suivant, par les onze autres pays de la Communauté européenne. Le 21 février 1992, le Conseil de sécurité de l'ONU crée une force de 14 000 Casques bleus baptisée Force de protection des Nations unies, FORPRONU, qu'il déploie en Croatie. Mais de fait l'organisation internationale entérine alors diplomatiquement l'éclatement de la fédération yougoslave en reconnaissant les États dont quelques dirigeants soudoyés par Berlin et Washington s'autoproclament indépendants. Le 22 mai de la même année, la Bosnie, la Croatie et la Slovénie sont admises à l'ONU alors que la seule autorité légitime, la République fédérative de Yougoslavie, en est exclue le 22 septembre. L'ONU ira même jusqu'à imposer un triple embargo commercial, pétrolier et aérien à la Serbie et au Monténégro en mai 1992 au moment où les forces de sécurité yougoslaves doivent faire face, au Kosovo, aux attaques répétées des groupes armés venus d'Albanie. Et lorsque l'année suivante, Cyrus Vance et Lord Owen, coprésidents de la Conférence permanente sur l'ex-Yougoslavie créée en septembre 1991, présentent un plan de découpage de la Bosnie-Herzégovine en dix provinces, le Conseil de sécurité de l'ONU envoie des Casques bleus sous prétexte d'instituer des zones de sécurité dans six districts. Il ne s'agit pas d'une force d'interposition ainsi qu'elle est présentée mais bien d'une force d'occupation, d'autant qu'une large majorité de la population est opposée à ce charcutage de la République. Le 16 juin 1995, l'OTAN bombarde la ville de Pale. L'ONU laisse faire. En août de la même année, plus de 200 000 Serbes sont chassés de Krajina par des bataillons croates armés par les Américains. L'ONU laisse faire. En février 1996, l'UCK multiplie les attentats meurtriers contre des populations civiles en les revendiquant. L'ONU laisse faire. À la mi-décembre 1996, l'OTAN déploie en Bosnie une nouvelle force militaire, la Force de stabilisation, SFOR, avec la participation de l'armée allemande. L'ONU laisse faire. En juillet 1997, l'OTAN bombarde la ville de Prijedor. L'ONU laisse faire. Le 23 mars 1999, le socialiste espagnol Javier Solana, secrétaire général de l'OTAN, donne l'ordre de « lancer des opérations aériennes en République fédérale de Yougoslavie ». Cette intervention militaire est entreprise sans aucun mandat de l'ONU ni même sans la consultation des Parlements des pays concernés dont les parlementaires, comme en France, violent carrément la Constitution de leur propre pays. Le gouvernement (PS-PCF-Verts) de Lionel Jospin porte une responsabilité écrasante dans cet engagement qui n'a pas manqué de réjouir le lobby américain en France. Et l'on pourrait continuer ainsi jusqu'à aujourd'hui. Je n'évoque que l'aspect politique, diplomatique auquel il faut ajouter celui de prédateur financier joué par d'autres organisations internationales du système onusien, notamment le groupe de la Banque mondiale, le Fonds monétaire international et l'Organisation mondiale du commerce.

Entretenir un foyer de tension permanent

Qui gère réellement le conflit des Balkans, l'OTAN ou l'ONU ?

L'ONU ne compte plus beaucoup dans ce conflit si ce n'est ses organisations du groupe de la Banque mondiale et du FMI qui livrent le pays aux multinationales étrangères, essentiellement américaines, sous prétexte de reconstruction. Dès le début, les États-Unis ont fait jouer à fond l'appareil militaire tant pour déstabiliser la fédération yougoslave que pour entraîner les dirigeants européens dans leur aventure militaire. L'ONU a laissé faire une intervention militaire par l'OTAN sans s'y opposer et a envoyé des troupes pour empêcher les forces yougoslaves de maintenir l'intégrité du territoire et la sécurité des populations contre des groupes terroristes. C'est une atteinte à la souveraineté nationale évidente. De plus, son secrétaire général, Kofi Annan, fut lui-même le représentant spécial de l'ancien secrétaire général de l'ONU entre novembre 1995 et mars 1996 pour superviser la transition de la Force de protection des Nations unies, FORPRONU, en une Force multinationale de mise en œuvre de la paix, IFOR, de 63 000 hommes placée sous la direction de l'OTAN, c'est-à-dire des agresseurs. Quant à Bernard Kouchner, ouvertement partisan de la guerre contre la Yougoslavie puis contre l'Irak, il est chargé en juin 1999 par Kofi Annan de diriger l'administration internationale onusienne qui occupe le Kosovo. Sauf erreur, c'est la première fois dans l'histoire de l'ONU qu'un souteneur de guerre se voit confier une mission de représentation de l'organisation internationale de la paix par son secrétaire général. On voit aujourd'hui le résultat du travail de cette sorte de proconsul : depuis qu'il a soutenu la guerre américaine puis collaboré au retrait forcé des forces yougoslaves de sécurité, l'épuration ethnique menée par les terroristes albanais n'a fait que s'accroître et la situation se détériorer. Alors qu'il a dirigé la mission des Nations unies au Kosovo, MINUK, jusqu'en janvier 2001, Kouchner a décrété comme un gouverneur colonial plusieurs ordonnances qui n'ont fait que creuser le fossé entre Serbes et Albanais voulu par les États-Unis. Il a ainsi décidé que le deutschemark allemand remplacerait le dinar yougoslave et serait la monnaie légale de paiement sur le territoire du Kosovo, décidé de bloquer les versements d'impôts et de douanes dans le budget de la République et au niveau fédéral et décidé de mettre la gestion de tous les biens mobiliers et immobiliers du Kosovo, y compris les comptes bancaires et les biens dont la République fédérative de Yougoslavie était titulaire, entre les mains de la MINUK. L'économie kosovare a ainsi échappé à la population pour être à la merci de groupes étrangers présentés comme de généreux « donateurs » contribuant à la reconstruction du pays. Les extrémistes albanais ont profité de cette situation pour s'en prendre à tout ce qui n'était pas albanais. La situation est devenue telle qu'un responsable de la police de l'ONU parle « d'une violence planifiée, coordonnée, à sens unique contre les Serbes. Rien au Kosovo ne se produit spontanément ». La plupart des médias occidentaux évoquent des « affrontements interethniques » quand il s'agit d'opérations concertées de nettoyage ethnique menées par des groupes paramilitaires venus d'Albanie. Lorsque ces groupes tuent en mars 2004 31 habitants, Serbes pour la plupart, en blessent plus de 500 autres, incendient les maisons, détruisent 14 églises et monastères de culte orthodoxe, l'amiral américain Gregory Johnson lui-même, commandant de l'OTAN pour le sud-est de l'Europe, qualifie de « nettoyage ethnique » et d'« orchestration » les violences massives en cours au Kosovo. Intervenant à Belgrade devant le Parlement, Vojislav Kostunica, Premier ministre serbe, a dénoncé la responsabilité de la KFOR et de la MINUK en soulignant que « dans certains cas, la KFOR et la MINUK ont proposé d'évacuer les Serbes, après quoi, comme si cela avait été concerté, leurs biens ont été incendiés ». Et, au-delà de cette violence quotidienne dans le protectorat onusien, quel silence en Occident sur la situation en Yougoslavie après cinq années d'occupation étrangère depuis que les ministres des Affaires étrangères des pays membres du G8 ont décidé, en juin 1999, « le déploiement au Kosovo de présences internationales efficaces, civiles et de sécurité » ! Les crimes perpétrés au Kosovo par les groupes terroristes albanais continuent, les privatisations plongent le pays dans la misère sociale et les mafias albanaise et kosovares sont devenues l'une des principales plaques tournantes des trafics de drogue, d'armes et de prostitution vers l'Europe occidentale. Les stratèges américains ont réussi jusqu'à présent à ouvrir et entretenir un foyer de tension permanent aux portes de l'Europe à partir de l'Albanie.

L'OTAN, bras armé des sociétés multinationales

Dans ces conditions, pensez-vous que l'ONU puisse encore jouer un rôle dans la région pour mettre un terme à cette guerre alors qu'elle n'a pas su l'empêcher et qu'elle semble impuissante devant les nouvelles attaques menées depuis l'Albanie ?

Cela me semble difficile après avoir laissé ainsi bombarder tout un pays puis participé directement à son pillage avec le G17 Plus et des fonctionnaires internationaux de la Banque mondiale et du Fonds monétaire international. Les gens commencent à voir plus clairement à quoi ont conduit ces années de guerres atroces et les objectifs des États-Unis : ils n'ont jamais été aussi pauvres et dépendants ! L'Europe aura certainement d'une manière ou d'une autre sa part de responsabilité à assumer pour s'être associée, au travers de l'OTAN, à cette nouvelle guerre des Balkans. L'OTAN a chassé 20 000 travailleurs serbes et monténégrins de leurs postes de travail. Six cents mineurs du complexe minier et industriel de Trepca ont écrit au syndicat des métallurgistes de Serbie: « Le major Nicholson et le capitaine Stewart de la KFOR nous ont chassés de notre travail le 6 juillet nous privant par la violence d'un droit de l'homme fondamental: le droit au travail. La situation est aussi grave dans les autres entreprises métallurgiques du Kosovo. » Il est clair que l'OTAN n'occupe pas le Kosovo pour les droits de l'homme dans l'intérêt des Serbes ou des Albanais mais bien pour la recolonisation économique des Balkans décidée dans les conseils d'administration des firmes multinationales. La guerre puis les envoyés de l'OTAN et de l'ONU ont achevé de saper l'un des principaux atouts de la région du Kosovo comme partout ailleurs dans le pays. La réconciliation des Serbes, des Bosniaques, des Croates et des Albanais dans une nouvelle fédération des Balkans ne peut en aucune manière être le fait de ceux qui ont agi afin de les diviser, les opposer, éclater, morceler et affaiblir la fédération yougoslave pour s'approprier ses richesses.

Les terroristes de Washington

L'analyse de Michel Collon est confirmée par les informations collectées de part et d'autre, y compris aux États-Unis: le gouvernement américain a mobilisé tous ses services pour venir à bout de la souveraineté nationale de la Yougoslavie puis des États qui en sont issus. Les relations entre les services de

Washington et les groupes terroristes ne sont pas le fait de relations épisodiques qui relèvent de la coïncidence, du simple renseignement ou d'actions occasionnelles d'infiltration. Il s'agit de liens établis de longue date, entretenus et développés pour instrumentaliser ces groupes afin d'étendre la mainmise des États-Unis sur les richesses de cette partie du monde. L'UCK n'est que le jouet meurtrier fabriqué de toutes pièces par les services de Washington qui va permettre aux États-Unis de créer des troubles en République fédérative de Yougoslavie puis dans chacun des États en fonction de ses intérêts géostratégiques.

L'activité des groupes terroristes recrutés dans un premier temps hors Yougoslavie tourne autour d'un « noyau dur » de quelques mercenaires albanais, de conseillers militaires américains – généralement des officiers de l'armée à la retraite – et d'agents agissant tantôt sous la couverture d'organisations de l'ONU ou d'organisations internationales proches du système onusien comme l'OSCE ou de sociétés nord-américaines. Et ce sont les mêmes qui s'activent tantôt pour provoquer des troubles au Kosovo, tantôt pour opposer les populations en Bosnie, tantôt pour déstabiliser le gouvernement de Belgrade ou de Skopje. C'est ainsi que l'on retrouve en 2001 Agim Ceku, le chef de l'UCK, aux côtés du général américain Richard Griffiths, de la société nord-américaine Military Professional Resources, la MPRI, et de l'Américain Robert Frowick, chef de mission de l'OSCE pour provoquer des troubles et déstabiliser le gouvernement de Macédoine. Ils se connaissent bien pour avoir déjà participé ensemble à l'« Opération Tempête » planifiée en 1995 afin de pousser les forces armées croates à un véritable massacre ethnique qui a débouché sur des centaines de morts et l'expulsion de plus de

200 000 Serbes de la région de la Krajina en Croatie. Avec une nuance toutefois : l'agent de la CIA qui agit sous couvert de l'OSCE s'appelle alors William Walker. Michel Chossudovsky constate que « les États-Unis mènent une nouvelle fois une guerre par personnes interposées en utilisant l'"Armée de libération du Kosovo" (UCK) pour combattre les forces armées macédoniennes ». Les mêmes agents et structures sont engagés dans cette nouvelle opération : « Même si les troupes US de la KFOR stationnées au Kosovo ne sont pas directement impliquées, le personnel militaire américain de la "S.A. Ressources Professionnelles Militaires, MPRI" conseille l'UCK et son clone macédonien, l'ALN. Le personnel militaire du "Corps de protection du Kosovo" (le CPK, c'est-à-dire l'UCK transformé en corps de police du Kosovo sous la direction de l'ONU...) a rejoint l'ALN. Les réservistes du CPK ont été appelés et le chef d'état-major du CPK, Gezim Ostreni – qui était payé par les Nations unies – nommé commandant en chef en second de l'ALN. »

C'est dire que tout est possible sous couvert de l'ONU puisque l'on peut être chef d'un groupe terroriste comme l'UCK, puis rémunéré par les Nations unies comme gentil policier et reprendre du service comme chef d'un autre groupe terroriste, filiale du premier, pour lequel les services de Washington ont suggéré cette fois le nom d'Armée de libération nationale de la Macédoine... Bien avant que cette ALN de circonstance ne déclenche des attentats en Macédoine, en octobre 1998, le général Richard Griffiths, responsable du programme « Équiper et entraîner » de la société américaine MPRI en Croatie, est décoré à l'occasion de son départ. Quelques mois plus tard, le général de brigade Agim Ceku quitte à son tour l'appareil militaire croate pour devenir commandant en chef de l'UCK, moins de deux mois avant le bombardement de la Yougoslavie par l'OTAN en mars 1999. C'est le même général américain Griffiths que l'on retrouve deux ans plus tard directeur du programme de la même société nord-américaine MPRI en Macédoine avec pour tâche officielle d'acheminer l'aide militaire américaine aux forces armées macédoniennes. Griffiths connaît de longue date le général Jovan Andrejevski, chef d'état-major des forces armées macédoniennes, du temps où ce dernier était en formation dans une école militaire aux États-Unis : « Ceku et Andrejevski ont été formés par le général Griffiths. Ce qui signifie que Richard Griffiths, de la MPRI, est un entremetteur entre les deux armées, collectant des renseignements militaires des forces armées macédoniennes qu'il transmet ensuite au commandant Agim Ceku et à ses collègues de la MPRI, conseillers de l'UCK au Kosovo. Il renseigne également le quartier général de la MPRI en Virginie, en liaison étroite avec le Pentagone », observe Michel Chossudovsky. La couverture à ces activités ? Encore une fois, l'OSCE ! Et comme pour le Kosovo, la Croatie ou la Bosnie « le stratagème de l'espionnage militaire de la MPRI a été soigneusement coordonné avec une autre opération soutenue par la CIA et menée sous le parapluie intergouvernemental de l'OSCE », indique-t-il.

Le rôle destructeur des organisations financières de l'ONU

Le nouveau chef de la mission de l'OSCE en Macédoine, Robert Frowick, présenté comme un « ancien diplomate américain » s'est vu confier la tâche de faire conclure un accord entre les terroristes de l'ALN et les partis albanais qui font partie de la coalition gouvernementale macédonienne. Sous la couverture de l'OSCE, les activités de Frowick – consistant à établir un dialogue avec les rebelles – reprennent largement le rôle joué par un autre agent de la CIA, William Walker, quand il était chef de la mission de l'OSCE au Kosovo dans les mois qui ont précédé les bombardements de la Yougoslavie en 1999. « Frowick a permis – sur instructions de Washington – d'arranger des rencontres secrètes entre le leader rebelle, Ali Ahmeti, de l'ALN, et les partis albanais. L'objectif est alors pour les Américains d'incorporer l'ALN directement à la scène politique macédonienne tout en créant une division dans le gouvernement de coalition. Dès lors, la coalition gouvernementale macédonienne est entrée en crise et le système politique tout entier s'est trouvé en état de désintégration. Cela donnait aux États-Unis les meilleures chances pour forcer un accord à leurs conditions », analyse Michel Chossudovsky. Il ne reste plus qu'aux organisations financières de l'ONU à entrer en scène selon un scénario désormais classique : asphyxie de l'économie, endettement du pays par de nouveaux prêts en échange de la privatisation du secteur industriel, rachat des firmes convoitées par les sociétés multinationales sous couvert de « démocratie » et de « reconstruction ». Et comme pour les autres Républiques, les activités du Fonds monétaire international (ONU) en Macédoine sont soigneusement coordonnées avec celles de l'OTAN et de l'OSCE. Michel Chossudovsky souligne sur ce point que « tandis qu'argent, armes et mercenaires sont fournis aux rebelles de l'ALN, le gouvernement macédonien est dans une camisole de force financière. Dans le cadre du "Pacte de stabilité", la totalité de son budget est contrôlée par le FMI et la Banque mondiale au nom de ses débiteurs internationaux. En d'autres termes, les sévères mesures d'austérité imposées par le FMI empêchent le pays de défendre son territoire. Le blocage par le FMI des dépenses militaires revient, en Macédoine, à un embargo *de facto* sur les armes. Cela oblige le gouvernement à employer les recettes du programme de privatisation développé par le FMI et la Banque mondiale pour équiper les forces armées macédoniennes et combattre les rebelles. D'autre part, les dépenses militaires sont aussi financées par les fonds gouvernementaux tandis que les budgets pour tous les programmes civils et les infrastructures sociales (eau, électricité, fonds d'aide urgente aux civils touchés par les assauts terroristes) ont été gelés». Ainsi, pendant que Washington aide les terroristes de l'ALN à déstabiliser le gouvernement macédonien en créant des troubles, FMI et Banque mondiale plongent le pays dans l'austérité économique pour préparer la venue des généreux donateurs de la «reconstruction»: les sociétés multinationales nord-américaines.

Que fait le frère du docteur Zawahiri chez les mercenaires de la CIA?

En octobre 2001, les services de renseignement macédoniens révèlent que des groupes terroristes de l'UCK s'entraînent dans la zone militaire américaine du Kosovo placée sous contrôle de l'OTAN. Peu après, cette information est confirmée par les services de renseignement militaire russes, puis par l'agence de presse russe RIA-Novosti: «Un camp d'entraînement de militants albanais fonctionne près du village de

Ropotovo, près de Kosovska Kamenica, dans la province yougoslave du Kosovo, qui est contrôlée par les forces américaines. Le camp entraîne actuellement 50 moudjahidin afghans et algériens, dirigés par Zaiman Zawahiri, qui est le frère de l'un des plus proches associés de Ben Laden dans le réseau terroriste. Ce camp prépare des militants pour des formations terroristes au Kosovo et en Macédoine. Leurs "instructeurs" sont des officiers albanais qui en 1991-1992 ont déserté l'armée yougoslave. » Le 21 octobre le journal londonien *The Independant* affirme qu'Interpol a établi de liens entre les gangs criminels de l'UCK et Ben Laden qui aurait « fourni un de ses plus grands commandants pour créer une unité d'élite au Kosovo ». Le journal macédonien *Dnevnik* indique au même moment que « le plus jeune frère du chef de l'état-major d'Al-Qaïda dans les Balkans, Ayman al-Zawahiri, avec environ 50 moudjahidin, est entré en Macédoine et a commencé à construire des fortifications dans la région de Skopska Crna Gora. Le but du groupe terroriste est d'attaquer l'approvisionnement en eau » de la capitale macédonienne.

Homme clé du dispositif d'Al-Qaïda, le docteur Ayman al-Zawahiri, un chirurgien d'origine égyptienne, est surtout l'une des principales figures du mouvement islamiste mondial. Il s'engage dès sa jeunesse, d'abord avec les Frères musulmans, puis en fondant sa propre organisation d'inspiration plus radicale, avant de rencontrer Ben Laden en Afghanistan à la fin des années soixante-dix. Depuis cette époque, il n'a de cesse de lutter contre l'humiliation du monde arabe et l'impérialisme nord-américain. En 1985, alors qu'il exerce à Djeddah en Arabie Saoudite, il retrouve Oussama Ben Laden et devient dans les années quatre-vingt-dix l'un des principaux fondateurs d'Al-Qaïda. Idéologue et propagandiste averti, c'est aussi un homme de terrain qui n'hésite pas à braver le danger pour défendre sa cause. Il fut ainsi durement emprisonné fin octobre 1981 et torturé à mort par la police du président égyptien Moubarak – l'Égypte est le pays arabe qui compte le plus de prisonniers politiques – alors qu'il dénonce publiquement la bourgeoisie égyptienne qui pactise avec les États-Unis et Israël.

L'information, recoupée par plusieurs sources d'origines différentes, ne manque pas d'interpeller : que fait le frère de l'un des principaux dirigeants islamistes au Kosovo, dans une zone contrôlée par l'OTAN, en plein secteur militaire américain, avec des mercenaires à la solde de la CIA ? Le frère du docteur Ayman al-Zawahiri avait pourtant une cible américaine de choix à portée de main : Camp Bondsteel, au sud de Pristina, près de Urosevac, à quelques kilomètres seulement de la route menant à la frontière avec la Macédoine... Les intérêts américains dans le monde ne seraient-ils plus sa « cible prioritaire » ? Mais pourquoi s'en prendrait-il à une base militaire des États-Unis quand Washington participe, par CIA, sociétés et conseillers militaires interposés, au financement, à l'armement et à l'entraînement de ses amis de l'UCK ?!... En Albanie, les services de Washington entretiennent de longue date des relations suivies avec le groupe terroriste UCK qu'ils ont « sponsorisé » dès son origine. La CIA est donc alors forcément parfaitement informée de sa présence dans la zone du Kosovo sous contrôle de l'armée américaine en octobre 2001. Un mois après les attentats du 11 septembre à New York et au plus fort des déclarations des dirigeants de Washington qui appellent à la « croisade contre le terrorisme »... Une « croisade » qui apparaît bien dès lors pour ce qu'elle est : un leurre pour diviser les peuples et neutraliser les autres puissances au seul profit des intérêts économiques et financiers des multinationales nord-américaines.

Le major-général canadien MacKenzie, ancien commandant des forces de l'OTAN en Bosnie, à la retraite début 2004, témoigne.

« Notre acharnement à creuser notre tombe n'est-il pas comique ? »

« Il y a cinq ans, les écrans de nos télévisions débordaient d'images d'Albanais du Kosovo fuyant à travers les frontières pour aller chercher refuge en Macédoine et en Albanie. Des rapports alarmistes disant que les forces de sécurité de Slobodan Milosevic menaient une campagne génocidaire et qu'au moins 100 000 Albanais du Kosovo avaient été massacrés et enterrés dans des charniers à travers toute la province. L'OTAN entra promptement en action, bien qu'aucun des États membres de cette alliance n'ait été menacé et se mit à bombarder non seulement le Kosovo mais aussi les infrastructures et la population de la Serbie elle-même sans que cette action soit autorisée par une résolution des Nations unies, instance pourtant vénérée par les gouvernants du Canada passés et présents. On qualifia de « munichois » ceux d'entre nous qui mirent en garde l'Occident contre le fait qu'il se laissait entraîner aux côtés d'un mouvement indépendantiste albanais extrémiste et partisan. On oublia opportunément que l'organisation qui menait le combat pour l'indépendance, l'Armée de libération du Kosovo (UCK), était désignée universellement comme organisation terroriste et connue pour être soutenue par le mouvement Al-Qaïda d'Oussama Ben Laden. » Les États-Unis ont ainsi ouvert un conflit larvé permanent au sud de l'Europe devant lequel l'ONU semble devenue muette. Terrorisme encouragé par Washington et mafia, qui y font, depuis, bon ménage, sous l'œil attendri de l'OTAN, observe le général-major MacKenzie : « Depuis l'intervention de l'OTAN et de l'ONU en 1999 au Kosovo, ce dernier est devenu la capitale européenne du crime. Le commerce des esclaves sexuels y est florissant. La province est devenue la plaque tournante de la drogue en direction de l'Europe et de l'Amérique du Nord. Et pour comble, la plupart des drogues proviennent d'un autre pays "libéré" par l'Occident : l'Afghanistan. Les membres de l'UCK, qui a été démobilisée mais non démantelée, participent à la fois à ce trafic et au gouvernement. La police de l'ONU arrête quelques-uns de ceux qui sont impliqués dans ce trafic et les traduit devant une juridiction passoire ouverte à la corruption et aux pressions. Le but ultime des Albanais du Kosovo est de purger celui-ci de tous les non-Albanais, y compris les représentants de la communauté internationale et de fusionner avec la "mère patrie" albanaise réalisant ainsi la "Grande Albanie". Leur campagne a commencé au début des années quatre-vingt-dix par l'attaque des forces de sécurité serbes ; ils ont réussi à retourner la réaction musclée de Milosevic en une sympathie universelle pour leur cause. Le génocide proclamé par l'Occident n'a jamais existé ; les 100 000 morts prétendument enterrés dans des charniers se sont avérés être environ 2 000, toutes ethnies confondues, y compris ceux qui sont tombés dans les combats. Les Albanais du Kosovo ont joué sur nous comme sur un Stradivarius. Nous avons financé et soutenu indirectement leur campagne pour l'indépendance d'un Kosovo ethniquement pur. Nous ne leur avons jamais reproché d'être responsables des violences du début des années quatre-vingt-dix et nous continuons de les dépeindre comme les victimes d'aujourd'hui malgré les preuves du contraire. Quand ils auront atteint leur objectif d'indépendance, aidés par les dollars de nos impôts ajoutés à ceux de Ben Laden et d'Al-Qaïda, on peut imaginer quel signal d'encouragement ce sera pour les autres mouvements indépendantistes du monde entier soutenus par le terrorisme ! Notre acharnement à creuser notre tombe n'est-il pas comique[1] ? » Mais qui arme le terrorisme si ce n'est l'Occident, États-Unis en tête, par l'humiliation et l'opprobre perpétuellement jetés sur des peuples dont la voix ne parvient même plus, ou bien faiblement, à la tribune des Nations unies ?

Tropiques bien tempérés

Comment une telle utilisation, une telle manipulation de l'ONU et de ses organisations internationales par les services de Washington est-elle possible ? Plusieurs raisons peuvent l'expliquer : le manque de démocratie interne à l'ONU, un contrôle des décisions et des tâches pratiquement inexistant, la confiscation du Conseil de sécurité par quelques grandes puissances, le retrait – momentané – de la Fédération de Russie et de la République populaire de Chine qui pourraient, avec la France, s'opposer plus fermement aux guerres de toutes sortes, exiger l'application des décisions de l'ONU et peser différemment dans les grandes

1. *The National Post*, 6 avril 2004. Traduit par Maurice Pergnier.

décisions internationales, le fait que l'actuel secrétaire général Kofi Annan ait été choisi et nommé après une campagne des États-Unis au sein de l'organisation expliquent partiellement cette situation. S'y ajoute le fonctionnement même du système onusien qui s'est dégradé sous la direction de Kofi Annan par la suppression de postes, la diminution des crédits, un centralisme décisionnel extravagant. Un système que Michel Bachelet décrit sans concession dans son roman décapant *Tropiques bien tempérés*[1]. Lui-même ancien fonctionnaire de l'ONU, juriste du Bureau international du travail, ayant exercé dans plusieurs organisations du système onusien, Michel Bachelet, professeur associé des Universités où il enseigne le droit international public, dresse d'une plume alerte et riche de nombreuses années d'expérience un portrait sulfureux du « grand machin ». Extrait : « À l'Est comme à l'Ouest, au Nord comme au Sud ce n'étaient que gaspillage et bafouillage, les deux mamelles de l'ONU. Les technocrates de l'organisation et de ses agences spécialisées du style UNESCO, OMS, FAO, OIT dont le BIT n'était que le secrétariat, avaient jusqu'alors concocté des programmes annuels, biennaux, triennaux, décennaux axés sur des thèmes nobles, hautement mobilisateurs d'une opinion publique toujours soucieuse de solidarité, et grands pourvoyeurs de crédits dont le programme mondial de l'emploi avait largement bénéficié, principalement au bénéfice de ses concepteurs.

« Ces années altruistes, qui donnèrent prétexte à de savants symposiums aux résultats douteux, avaient surtout constitué de fabuleux tremplins promotionnels

1. Michel Bachelet, *Tropiques bien tempérés*, Hérault Éditions.

pour leurs gestionnaires, les fameux "focal points", selon la terminologie maison.

« Ces personnages, tirés du néant et qui n'avaient pas envie d'y retourner, veillaient jalousement à éviter toute évaluation des résultats avant qu'un nouveau thème porteur et prometteur d'emplois technocratiques n'ait été placé sur l'orbite de la coopération technique internationale et dûment inscrit sur la ligne budgétaire appropriée.

« L'ONU n'avait rien retiré de ces foutoirs d'idées sur lesquels trônaient des directeurs de programmes particulièrement avides de prébendes touristiques dont ils récompensaient un personnel dévoué et désintéressé, tellement désintéressé qu'il en oubliait les objectifs mêmes du programme, lequel finissait par se perdre dans les limbes de ses propres concepts.

« D'ailleurs, pour peu que l'on eût des relations *ad hoc* au système, il était aisé de passer d'un programme à un autre, comme on se refile les portefeuilles ministériels entre gouvernants de bonne compagnie. C'est ainsi que l'illustre programme mondial de l'emploi passait régulièrement dans des mains de plus en plus compétentes. »

En près de cinq années passées entre la Macédoine et le Kosovo en mission pour l'ONU, Anna a vécu au jour le jour ce que décrit Michel Bachelet. Et il est effectivement des moments où la réalité dépasse le roman.

Personne ne voulait la guerre, exception faite de...

Juriste en droit du travail, elle travaille en entreprise dans le secteur des ressources humaines. En 1998, lasse du milieu juridique parisien, cette femme tranquille et dynamique cherche à partir travailler à l'international afin de développer son expérience et ses connaissances. À peine vient-elle d'entrer dans une administration française qu'éclate la guerre contre la République fédérative de Yougoslavie. Avec les bombardements de l'OTAN, les réfugiés quittent le Kosovo pour passer entre autres en Albanie, au Monténégro et en Macédoine. En 1999, elle est sollicitée pour partir gérer l'aide humanitaire à Skopje et coordonne l'activité des Organisations non gouvernementales. Les accords de paix sont signés le 9 juin suivant et elle part ouvrir une nouvelle cellule à Mitrovica dans la zone militaire française du Kosovo. Elle gère une ONG française, travaillant en partenariat avec le Haut-Commissariat des Nations unies pour les réfugiés sur les programmes d'urgence alimentaire. La mission n'est pas aussi simple qu'il y paraît puisqu'elle doit organiser l'approvisionnement des Albanais et des Serbes en nourriture fraîche. « Les Serbes qui sont dans des enclaves ne peuvent plus sortir de chez eux sans se faire tirer dessus. Seule internationale du bureau, il m'a donc fallu trouver un moyen de réaliser ces opérations avec des gens pouvant se rendre dans les deux zones », explique-t-elle. Son sens du risque et du terrain donne l'idée à cette femme très concrète de faire travailler ensemble un Serbe et un Albanais de même âge, aux vécus à peu près identiques. Pas évident quand, depuis des années, les États-Unis s'emploient par groupes armés interposés à opposer les Yougoslaves sur des bases ethniques. « Le premier jour l'ambiance dans la voiture était tendue mais très vite ils sont devenus presque les meilleurs amis du monde. L'Albanais allait souvent seul chez les Serbes et tout s'est toujours bien passé au point de faire parfois de petites fêtes ensemble dans la partie serbe. Le Kosovo est un pays essentiellement rural où, à mon avis, les gens ne demandent qu'à vivre en paix et pour moi la majorité des Serbes et des Albanais ne veut pas la guerre bien que le contexte soit très sensible et facile à attiser. » Elle réalise ainsi un travail de terrain important et souvent méconnu. « Nous étions plusieurs organisations humanitaires ou autre à recourir à des équipes mixtes car c'était la seule solution. C'est vrai aussi que cela ne se savait pas trop car on ne voulait pas attirer des problèmes à nos staffs. Je crois que pour tous, cela s'est toujours bien passé et je sais que mon expérience n'est pas un cas isolé », dit-elle. Jusque-là, tout allait à peu près bien malgré les dangers et nombreuses déconvenues de la vie quotidienne dans un pays encore au bord de la guerre. Début 2000, elle postule pour la mission des Nations unies du Kosovo. Le siège de l'ONU à New York la contacte. L'aventure commence.

Recrutement « normal » à la Minuk

« Je m'attendais à passer un entretien d'embauche mais je suis convoquée pour signer directement mon contrat de travail au quartier général de l'ONU à Pristina. Surprise, je demande à voir le recruteur pour que l'on m'explique au moins le travail qui m'est proposé. Réponse : "Je ne sais pas, vous verrez cela plus tard avec le chef du personnel." J'ai donc refusé de signer, ne voulant pas m'engager sans savoir ce que j'avais à faire, ce qui me paraît a priori normal », dit-elle, s'amusant encore de ce curieux procédé d'embauche onusien. Intriguée, elle rentre à son bureau, se renseigne et se voit répondre que « c'est normal, que l'on procède toujours ainsi ». Elle retourne au siège de l'ONU et signe son contrat sans savoir pour quel poste elle est recrutée. Fin avril, après un séjour à Paris et toujours sans avoir la moindre idée du travail qui va lui être confié, elle retourne au Kosovo via l'aéroport de Skopje. Personne ne l'attend pour l'accueillir. Déjà sur la région depuis un an, elle connaît les combines et se rend seule à Pristina au quartier général de l'ONU. Là, après une semaine de réunions d'information sur la situation, la « culture ONU », le danger des mines antipersonnel et le franchissement de plusieurs bureaux avec une mine de formalités à remplir, elle parvient quand même a être convoquée par le chef du personnel. Va-t-elle enfin connaître le travail qui l'attend ? “Non, celui-ci m'informe simplement que je dois partir dans une région de l'ouest. Je demande donc à nouveau pourquoi faire. Réponse : je ne sais pas, vous verrez là-bas !” Le Kosovo est divisé en cinq régions militaires sous contrôle d'un pays de l'OTAN – France, Angleterre, Italie, Allemagne, États-Unis –, chacune d'entre elles étant par ailleurs dirigée administrativement par un administrateur régional de l'ONU. L'adjoint de l'administrateur régional la conduit au quartier général de la région. Au cours du trajet de près trois heures sur une route assez mauvaise, celui-ci lui demande ce qu'elle veut faire... “Ça fait drôle car en principe on vous confie un travail en fonction de vos qualités et de vos compétences. À l'ONU, au début de la mission, on embauchait les gens pour cette mission au Kosovo et on voyait ensuite à quoi ils pouvaient servir.” À l'arrivée, pas de logement. “Il faut se débrouiller soi-même pour trouver un logement dans un pays à peine sorti de la guerre.” Côté santé, l'ONU ne pratique aucun contrôle médical dans les missions alors que les conditions de vie et de stress peuvent parfois être difficiles. Surtout quand la mission se situe en pleine zone contaminée par les forces de l'OTAN qui y ont utilisé des obus à uranium "appauvri[1]" ... "Nous avons été informés par l'Intranet de l'ONU des dénonciations faites par plusieurs personnes qui avaient travaillé dans la zone en question et des enquêtes commencées par l'ONU. Nous n'avons jamais été informés des résultats quels qu'ils soient." »

Première mission confiée à la dizaine de nouveaux arrivants : faire le tour des municipalités placées sous le contrôle de la région afin de discuter avec les administrateurs municipaux pour évaluer leurs besoins en personnel et trouver un poste !... « Et là, c'est devenu complètement surréaliste », rapporte-t-elle.

Le Kosovo sous administration coloniale onusienne

« L'administrateur municipal, celui qui faisait un peu fonction de "maire" est en réalité un fonctionnaire international de l'ONU. En les interrogeant sur leurs besoins, nous n'obtenons que des réponses générales d'où il ressort qu'ils ont une connaissance de la situation locale, sans priorités dégagées, sans véritable plan de travail. C'est tellement le bazar au début de la mission que faire ou ne pas faire quelque chose ne se voyait même pas tant il y a de choses à mettre en place. À la décharge de l'ONU, face à tant d'urgences, on ne sait même plus par quel bout commencer. » Sans actions concrète, face à cet immobilisme auquel s'ajoute un sentiment profond d'inutilité, elle envisage de repartir au bout de quelques mois. C'est compter

---

1. Groupe de recherche et d'information sur la paix et la sécurité – GRIP –, Luc Mampaey, *Les Armes à uranium appauvri*, Bruxelles, éditions Complexe, www.grip.org

sans les ressources inattendues du processus de recrutement de l'ONU. « Quand tu postules à l'ONU, tu remplis un formulaire administratif de curriculum vitae, le "P 11" que pratiquement personne ne lit. La distribution des postes en début de mission se fait moins en fonction des compétences que tu mentionnes que des besoins du moment, du nombre de personnes disponibles et du nombre de postes que l'ONU peut budgétiser. Par exemple alors que je m'occupais de coordonner les ONG, j'ai été aussi chargée de travailler sur des projets de reconstruction, ce qui ne correspond en rien à mes compétences même si le besoin existait. » Cette experte en droit social se retrouve ainsi, sans formation et sans moyens, chargée du projet de reconstruction d'un centre culturel... Chance : le génie militaire français basé à Pristina décide de lui donner un coup de main et l'aide du mieux qu'il peut à monter le projet. Elle découvre alors un autre aspect de la mission de l'ONU au Kosovo : l'incompétence érigée en système de pouvoir.

« On monte le projet, on le chiffre et on le transmet à des commissions qui les sélectionnent et qui ensuite lancent les appels d'offres. Mais la mission de l'ONU au Kosovo, la Minuk, est une mission essentiellement administrative et politique. » Comment cela se passe-t-il alors ? « Cela ne se passe pas. De temps en temps on recevait une information comme quoi l'ONU avait un budget dont on ne connaissait pas toujours la provenance pour des projets à thème genre "Projets dans les zones des minorités" mais qui restaient souvent de petits projets. Globalement, c'est l'Union européenne qui est censée s'occuper de la reconstruction au Kosovo. Il est arrivé que des personnes travaillant pour l'Union européenne viennent sur place expliquer aux locaux qu'ils allaient avoir beaucoup d'argent et qu'il fallait leur fournir des projets pour l'Europe qui financerait ceux qu'elle sélectionnerait. » Bien entendu, avec l'état dans lequel se trouve l'administration, tout est pratiquement permis. À l'écoute de pareils propos, les locaux qui sont censés travailler avec les fonctionnaires internationaux de l'ONU qui gèrent les villes proposent seuls de projets parfois un peu fous : construction d'une station de sports d'hiver, réhabilitation d'hôtels, etc. – projets qui ne seront pas retenus – alors que la population et le tissu économique ont des besoins urgents et importants. La plupart des fonctionnaires qui dirigent les municipalités n'ont aucune formation ni expérience de la gestion de collectivités territoriales. L'incompétence ne fait qu'ajouter au drame de la situation car, comme elle le souligne, « il faut voir ce que représente la reconstruction d'une administration locale au lendemain d'une guerre. Le désordre du début de mission dans un pays au sortir de la guerre est général, le temps que la mission s'installe définitivement. Ainsi, un de mes collègues qui avait perdu son tampon des Nations unies a mis plusieurs semaines avant de le signaler avec les risques que cela peut comporter ». Dans un tel contexte, l'absence d'administration compétente et de cadastre, détruit par la guerre, permet par exemple à des mafieux de s'approprier des terres ou des immeubles qui appartiennent à d'autres chassés par les bombardements de l'OTAN. Beaucoup de tampons volés semblent avoir vraisemblablement servi à falsifier des titres de propriété pour prendre des terres appartenant à des Serbes. Mais l'administration onusienne alors dirigée par le « proconsul » Bernard Kouchner, partisan de la guerre contre la République fédérative de Yougoslavie, a d'autres préoccupations et sa composition pittoresque ne facilite pas toujours les choses, tout particulièrement dans les municipalités. Ainsi, par exemple, la ville de Decani était administrée par une Finlandaise, son adjoint était indien, un autre conseiller béninois, un autre allemand, etc. Avec le même souci de recourir à du personnel maîtrisant « bien » l'environnement de son intervention, la majorité du personnel de la mission de l'ONU en Côte-d'Ivoire ne parle que l'anglais et ne compte que quelques personnes parlant couramment le français. La décision vient du siège de l'ONU à New York... Mais qu'importe puisqu'ils ont rempli le formulaire « P 11 » de l'organisation. Tout est donc en ordre...

La fable de la « reconstruction »

Elle revient donc, toujours pour l'ONU, dans l'administration régionale de Pristina gérée par un général français, Jean Guinard, qui lui propose de travailler sur la coordination de développement rural. Dans une zone multiethnique où cohabitent des Albanais, des Croates et des Roms, le général Guinard souhaite concentrer les efforts sur des projets précis faisant travailler les gens ensemble afin de réaliser des opérations concrètes qui puissent à leur tour servir d'exemples. Elle coordonne une équipe d'internationaux qui intervient sur plusieurs domaines : revoir l'alimentation électrique et en eau, vérifier que les Roms ont bien les allocations sociales auxquelles ils ont droit, lancer des projets de petites entreprises, mettre en place de terrains de sport pour les enfants du village, etc. Il s'agit de montrer que tous ces gens de cultures différentes peuvent tout à fait vivre ensemble. Mais les fonctionnaires internationaux ne jouent pas vraiment le jeu, chacun voulant tirer la couverture à soi. Les fonctionnaires de l'ONU s'ils communiquent peu entre eux ont en commun de se défier de toute idée ou initiative. Cette expérience de plusieurs années fait dire à Anna que « les gens travaillent en parfaite autonomie, ce qui a du bon, compte tenu de la situation, mais entraîne aussi des abus car il n'existe pas de système de sanction ». Aussi, lorsque le général français démontre l'incohérence du système de saupoudrage financier des projets, il n'est pas forcément soutenu et a même du mal à s'imposer vis-à-vis de son staff, souvent loin des préoccupations des populations. Il réussit pourtant à réaliser des actions locales concrètes même si les fonctionnaires onusiens traînent les pieds bien que ces initiatives aillent dans le sens de la réconciliation des peuples autour de projets positifs, mobilisateurs et aux retombées plus ou moins immédiates.

Il en va tout autrement de la fable de la « reconstruction » entretenue par les États-Unis, l'OTAN, l'ONU et l'Union européenne. Les fonctionnaires onusiens y jouent durant des années un rôle capital de tout premier plan dans la... rédaction d'une multitude de rapports aussi inutiles que déshonorants puisque enfantés par l'organisation internationale qui a laissé faire la guerre alors qu'elle avait pour mission de l'en empêcher à tout prix. Après avoir détruit les structures sociales et économiques de la Yougoslavie à coups de bombes, ceux-ci pratiquent un véritable chantage à la « reconstruction », exigeant tantôt que tel pays change de président ou de gouvernement, tantôt que tel autre procède à la privatisation de secteurs entiers de l'économie qui intéressent des firmes multinationales occidentales. Le programme CARDS – Assistance communautaire pour la reconstruction, la démocratisation et la stabilisation –

de l'Union européenne prévoyait de dégager 4,65 milliards d'euros (30,50 milliards de francs) pour la période 2000-2006, programme dont l'Agence européenne de reconstruction a la charge de l'application. Pourtant, le 3 juin 1999, le commissaire européen Yves-Thibault de Silguy évaluait le coût de la reconstruction à plus de 18 milliards d'euros (près de 120 milliards de francs) tandis que les économistes yougoslaves de l'agence de presse européenne Europe Information Service la situait à 47 milliards d'euros (310 milliards de francs)... Nous sommes donc loin du compte de la réparation des dommages de guerre et ceux qui ont pris la responsabilité de détruire cette porte de l'Europe prennent aujourd'hui celle de la laisser à l'état de champ de ruines.

Après les premières élections municipales d'octobre 2000, au fur et à mesure que se mettent progressivement en place les administrations locales, l'ONU réduit en partie ses effectifs au cours d'une phase de transfert de compétence. Encore une fois, cette opération s'effectue sans toujours se préoccuper des besoins du terrain. Pour Anna, « la gestion et la motivation du personnel sont quasiment inexistantes. La durée des contrats – six mois – ne peut favoriser à mon avis un réel investissement du personnel, surtout quand il est informé du non-renouvellement du contrat un ou deux mois avant la fin. L'information se fait de différentes façons. Au début c'était parfois dans les toutes dernières semaines du contrat, ce qui ne permet pas d'avoir le temps de trouver autre chose. Pour ma part, c'est en croisant mon directeur dans la rue qu'il m'en a informé !... Dans un autre registre, un de mes collègues a été informé trois jours avant de sa rétrogradation qui n'était absolument pas motivée juridiquement !... ».

Les internationaux de l'ONU ferment souvent les yeux sur des dysfonctionnements de l'administration locale alors que leur mission est justement de conseiller le personnel local. Et les traductions des documents officiels ne sont pas toujours faites ou même demandées... « Il est cependant quasiment impossible de dénoncer quoi que ce soit car on sait d'avance que rien ne sera suivi d'effet. C'est comme si dénoncer quelque chose revenait à dénoncer l'organisation elle-même », commente un de ses collègues. En octobre 2001, elle quitte son poste, l'un des neuf ministères du Kosovo.

"Mister five per cent"

Pour Siegfried, affecté par l'ONU au ministère du Travail et des Affaires sociales, la situation n'est guère plus brillante. Il coordonne les centres pour l'emploi et travaille aussi bien dans le secteur albanais que serbe à organiser les équipes, mettre en place un système de formation du personnel et de gestion administrative, harmoniser l'activité des centres sociaux. Alors qu'il propose à l'adjoint du ministre albanais du Travail, un fonctionnaire international de l'ONU, plusieurs projets afin de faire travailler ensemble les Kosovars, sans distinction d'appartenance ethnique ou religieuse, sur des initiatives communes dans des villages où des tensions subsistent, pas un seul d'entre eux ne sera retenu. Volonté antiserbe ? Non : comme beaucoup de fonctionnaires onusiens, s'opposer à l'administration locale en place pour faire appliquer les dispositions de la résolution 1244 du Conseil de sécurité de l'ONU qui prévoit la reconstruction d'un Kosovo multiethnique signifierait aller au-devant de difficultés et donc contraire à son seul intérêt : que son poste dure le plus longtemps possible ! Adjoint de ministre, outre les avantages du poste, cela fait belle allure dans un curriculum vitae, donne du profil sur les invitations à des colloques sans lendemain et permet de prétendre à d'autres fonctions plus importantes au sein du système onusien. Conseiller de gouverneur d'une province de l'Irak occupé ?... Non, trop dangereux. En réalité, ce fonctionnaire fera du lobbying pendant de très longs mois auprès du siège des Nations unies avant d'être envoyé dans une mission qui correspond à ses aspirations personnelles et avec une promotion. « Il faut compter en moyenne près d'un an entre la parution d'une annonce de poste et le recrutement effectif, ce qui fait que les gens passent beaucoup de temps à postuler et c'est une activité qui prend beaucoup de temps. Il faut savoir que le temps passé en mission ne joue pas pour vous. Nous n'avons pas de priorité sur une autre mission et en plus de cela si on arrive à se faire recruter pour une autre mission, le grade pourra être revu à la baisse sur le nouveau poste. Le système fait que si quelqu'un veut rester dans le circuit, il doit passer un temps fou à postuler en espérant un jour être recruté. De fait, l'idéal est de postuler pour une autre mission dès que l'on arrive en poste quelque part », constate Siegfried. Et comme les missions de terrain dépendent du vote des budgets à l'ONU, personne ne sait exactement le temps qu'il va rester.

Selon certaines informations, quelques fonctionnaires se feraient payer 5 % de la rémunération mensuelle de fonctionnaires pour favoriser le renouvellement de leurs contrats, ce qui leur donne l'appellation de « Mister five per cent ». « Les gens sont souvent prêts à beaucoup pour rester en mission, tel cet administrateur au poste de P5 qui, voyant son poste supprimé, a pu rester en passant au statut de volontaire », indique-t-il à titre d'exemple. Si certains fonctionnaires semblent avoir du mal à partir de leur poste, par contre les habitants du Kosovo éprouvent de sérieuses difficultés pour revenir sur la terre et dans la maison dont les bombes de l'OTAN les ont chassés.

Le Kosovo multiethnique et le retour des populations déplacées, dont la majorité est serbe, sont gérés par l'ONU. Le bureau de l'ONU de Pristina chargé du retour des populations déplacées au Kosovo est dirigé par une Américaine et également par un Américain lorsque celle-ci s'absente. En trois ans, entre 2000 et 2003, ce bureau n'a officiellement rapatrié que 9 744 personnes. Sur ces 9 744 personnes, 4 958 sont serbes, 2 551 sont ashkalis/égyptiens, 877 sont roms, 583 sont bosniaques, 566 sont albanais et 209 sont goranis (d'origine turque)... À croire que ces Nord-Américains sont surtout préoccupés à ce que le bureau qu'ils dirigent en fasse le moins possible. Qui s'en préoccupe au sein de l'organisation internationale ?

L'ONU est devenue comme figée au point d'en oublier les principes mêmes de sa Charte, de laisser mourir dans l'oubli les décisions de ses propres organes dirigeants. Lourdeur bureaucratique, organisation pyramidale poussée à l'extrême, fromage de carriéristes irresponsables « tirés du néant et qui n'ont pas envie d'y retourner », association multinationale du négoce débridé et gangrenée par la corruption échappant au contrôle des peuples... Faut-il que le terrain soit propice pour que les dirigeants américains ne se privent pas de l'instrumentaliser ainsi à leur guise sans que personne ne bronche !

CHAPITRE 11

BRÛLER L'ONU ?

La crise irakienne a prouvé l'inefficacité de l'ONU. Désormais, les faits parlent d'eux-mêmes, surtout quand l'organisation internationale en est à piller elle-même un pays sous embargo comme l'Irak. Sous la pression des États-Unis, l'ONU applique à l'Irak un programme humanitaire inédit. « Il s'agit de sanctionner d'une main et d'assister de l'autre », dit Guy Poussy, président de l'association Codéveloppement avec le tiers-monde qui organise des actions de solidarité avec le peuple irakien. « C'est l'esprit de la résolution 986 dite "Pétrole contre nourriture" acceptée par l'Irak en 1996. Le produit des ventes de pétrole échappe au gouvernement irakien et pour l'ONU, l'Irak est devenu la poule aux œufs d'or », constate-t-il. Explication : « Aucun fond ne transite sur son territoire ou entre ses mains et l'argent est versé directement sur un compte séquestre ouvert par l'ONU auprès de la BNP à New York. Mais seuls 71 % de ces ventes permettent en réalité des achats sur le marché international au profit de la population irakienne et kurde ! 25 % servent à payer les réparations dues par l'Irak, ou du moins considérées comme telles, au Koweït, 2,2 % couvrent les frais de fonctionnement de l'ONU, 0,8 % est destiné aux opérations de désarmement et 1 % aux frais de gestion du compte séquestre. Ainsi, 3 % du pétrole irakien financent donc la gestion de l'ONU. Depuis 1996, l'Irak a exporté pour 56 milliards de dollars de pétrole et la contribution de l'Irak s'est élevée à environ 1,7 milliard de dollars. Elle fait de l'Irak l'un des premiers bailleurs de fonds de l'ONU alors que Bagdad a perdu son droit de vote sous prétexte qu'il n'a pas acquitté ses contributions ! C'est ainsi que la mission de l'ONU est financée en dehors du budget de fonctionnement de l'organisation et sans le moindre concours des États membres. » Sans commentaire. Ce sinistre pillage en plein embargo durera jusqu'à la fin novembre 2003.

Dix fois plus pour les chiens que pour l'assistance médicale !

Un exemple suffit à donner une idée du pillage réalisé par l'organisation internationale sur un pays déjà sous embargo : « La facture de nourriture des vingt-huit chiens renifleurs utilisés pour le déminage des régions kurdes illustre l'aspect infamant de cette situation. Chaque chien a coûté annuellement 1 248 dollars d'entretien, soit dix fois plus que ce que reçoit un Irakien en nourriture et en assistance médicale venant de l'aide onusienne ! » révèle Guy Poussy. En la matière, l'horreur ne semble pas avoir de limites. Elle se programme même. Ainsi, « le 6 février 2003, le Haut-Commissariat aux réfugiés a reçu de Washington une quinzaine de millions de dollars destinés à couvrir l'exode des 600 000 réfugiés estimés fuyant les bombardements souhaités par les États-Unis et l'Angleterre. En se faisant les premiers bailleurs de fonds de l'organisation onusienne et du Comité international de la Croix-Rouge avant même qu'il ait ouvertement engagé une guerre totale, gageons que le Pentagone ciblera les aides, désignera les victimes à secourir et les entreprises qui interviendront », indique le dirigeant de Codéveloppement.

Le plus moderne institut de vaccin du Proche-Orient saboté par l'ONU

En Irak, les inspecteurs de l'ONU qui ont agi au sein de l'UNISCOM se sont également distingués en provoquant des dommages importants. Ils sont les auteurs par procuration du sabotage d'entreprises de production de produits utiles à la santé et à la vie des hommes. Rentrant d'un séjour en Irak à la mi-janvier 2003, le contre-amiral Claude Gaucherand témoigne : « De la visite de l'institut de fabrication du vaccin contre la fièvre aphteuse, création des établissements Mérieu dans les années 1975-1980, unique en son genre au Proche-Orient, inspecté à 60 reprises de 1991 à 1995 et placé sous la surveillance de quatre caméras, nous sommes ressortis presque incrédules ; c'est en effet à un véritable acte de vandalisme que s'est livrée l'UNISCOM en procédant en 1996 à la destruction de l'outil de fabrication. Les Irakiens eurent beau demander la présence continue d'inspecteurs de l'ONU pour pouvoir continuer la production des 20 millions de doses dont ils ont besoin et des 28 millions d'autres qu'ils exportaient dans tout le Proche-Orient et en Asie, sans d'autres explications, la destruction leur fut imposée. Faute de vaccins,

500 000 moutons durent être abattus pour enrayer l'épidémie qui sévit en 1998-1999»... Pour rappel, en 1998, les États-Unis avaient acquis à leur cause le chef des inspecteurs, Richard Butler, qu'ils avaient chargé d'espionner l'Irak et de créer des incidents. La gravité de l'affaire contraint alors les Nations unies a dissoudre l'organe d'inspection puis à en créer un nouveau...

«Monstre ou être humain?»

De même, lorsqu'il fut découvert que l'état-major nord-américain n'avait pas hésité à utiliser des armes chargées d'uranium appauvri contre le peuple irakien, dont furent aussi victimes des milliers de soldats de l'armée américaine, le Conseil de sécurité fit silence. Pourtant, les conséquences sont catastrophiques: «De l'hôpital pour enfants de Bassorah nous sommes rentrés effarés après avoir touché du doigt ce que nous savions tous plus ou moins déjà. Munis de chiffres précis, nous avions vu les photos d'enfants monstrueux qui naissent dans cette maternité où viennent au monde 12 000 enfants par an. La première question des mères n'est plus "fille ou garçon?" mais "monstre ou être humain?" car c'est là que viennent accoucher les mères des zones d'Al Zoubir et d'Al Harta soumises en 1991 au feu des armes américaines dont celles à uranium appauvri. Le nombre de malformations chez ces enfants est passé de 1990 à 2002 de trois à vingt-deux cas pour mille: aucun enfant avec un ou plusieurs membres manquants en 1990, soixante-quinze en 2002, sept enfants aux têtes absentes ou malformées en 1990, deux cent vingt-neuf en 2002!» rapporte le contre-amiral Claude Gaucherand.

Et comme si l'horreur ne suffisait pas, « les cas de leucémie ont été multipliés par 13 en dix ans tandis que les cas d'autres cancers sont multipliés par 5 ou 6. En 2002, 160 cas de cancers, dont 85 leucémies auxquels il faut ajouter les cas des enfants mourant chez eux ignorés des statistiques. Comment soigner le cancer dans un pays soumis à l'embargo où tout ce qui touche au chimique et au rayonnement est considéré comme pouvant être à "double usage" ? Eh bien ! on le soigne comme on peut, c'est-à-dire mal : le livre de 250 pages listant les médicaments prohibés s'enrichit avec régularité de nouveaux noms : le cure-dents n'y est-il pas déjà nomenclaturé ?! J'arrêterai là ce témoignage, non sans avoir évoqué cet enfant atteint de la fièvre noire et qu'il fallait laisser mourir faute de médicament salvateur, ou ce garçon de huit ans déjà proche de l'autre rive d'où il nous regardait, soumis à une chimiothérapie bricolée, ou bien encore ce nourrisson de 40 jours pesant 2 kilos dont la vue m'amena au bord du malaise. »

Assassinats sous couvert du Conseil de sécurité

Ce spécialiste des questions du Proche-Orient estime que « nous sommes là en présence de ce qui devrait interpeller la conscience de chacun d'entre nous. Sous le couvert du droit, du droit international et de sa plus haute instance, le Conseil de sécurité des Nations unies dont la France est membre permanent, le peuple irakien qui avait émergé du sous-développement et dont l'État laïque assurait l'éducation à près de 100 % pour filles et garçons et l'émancipation des femmes – sur 65 000 étudiants à Bagdad aujourd'hui 60 % sont des jeunes filles –, riche d'un pétrole qu'on lui interdit d'exploiter est pourtant chaque jour humilié, rabaissé, montré du doigt, condamné à la mort lente par malnutrition, par manque de soins et de médicaments, ramené jour après jour à l'âge pré-industriel, pourquoi pas l'âge de pierre ? ».

À quelques centaines de kilomètres de la frontière irakienne, pratiquement tous les jours des civils palestiniens sont assassinés. Le 11 mars 2003, l'armée israélienne fait exploser trois maisons à Hébron. Le même jour, quinze chars et véhicules blindés accompagnés de trois bulldozers envahissaient un autre village en ouvrant le feu sur les civils et en faisant exploser d'autres maisons. Et le même jour toujours, « une maison appartenant à un citoyen palestinien a été dynamitée par les soldats israéliens dans le village de Selat Al Harithya, près de Jénine » rapporte l'International Press Center. Depuis quelques années, pour voler les terres de Palestine et en chasser ses habitants, l'emploi d'explosifs et de bulldozers est devenu une opération banale de l'armée israélienne. Début mai 2004, au moment même où Jean-Claude Gaudin, vice-président de l'UMP et sénateur-maire de Marseille, se prépare à accueillir un gala de soutien à l'armée israélienne dans la cité phocéenne, l'Institut d'information, de développement et de politiques d'orientation dans le domaine de la santé (HDIP) dresse un bilan pour la période de septembre 2000 à mars 2004 des violations quotidiennes des résolutions de l'ONU et des Conventions de Genève par l'armée d'occupation israélienne. Organisation indépendante à but non lucratif créée en 1989 par des chercheurs et des praticiens, le HDIP (www.hdip.org) coordonne un large réseau d'organisations non gouvernementales du domaine de la santé, travaille au développement des secteurs urbains et ruraux de la Palestine occupée et est devenue une interlocutrice privilégiée pour les organisations internationales dont l'Organisation mondiale de la santé (OMS). Durant cette période de violations systématiques des résolutions de l'ONU :

– 2 859 Palestiniens sont morts dont 308 assassinats extra-judiciaires (infractions graves à la 4e Convention de Genève, considérées comme des crimes de guerre). 600 ont été tués par des armes lourdes et 1 728 par balles.

– 41 000 Palestiniens blessés dont 2 500 handicapés permanents. L'UNICEF estime que 7 000 enfants ont été blessés.

– 25 – dont un Allemand – médecins, infirmiers, conducteurs d'ambulance tués en mission (tirs sur les ambulances ou bombardements de quartiers résidentiels), 425 infirmiers blessés, 121 ambulances attaquées ou endommagées, 36 ambulances détruites. 991 cas de refus de laisser franchir une ambulance à un barrage routier ont été relevés. 81 Palestiniens sont morts faute d'avoir eu accès à un traitement médical. 290 cas où des hôpitaux ou des cliniques ont été attaqués et ont subi des dégâts.

– 12 journalistes tués dont un Italien et un Anglais. 295 journalistes blessés, au moins 167 journalistes attaqués par des soldats israéliens. La plupart ont été battus, détenus, ont vu leur matériel confisqué ou détruit. Au moins 94 centres de presse bombardés, saccagés ou endommagés.

– De septembre 2000 jusqu'à février 2002, les bombardements et démolitions de l'armée israélienne ont détruit complètement 720 maisons palestiniennes et endommagé 11 553 autres. 73 600 Palestiniens ont été touchés par ces crimes commis par l'armée israélienne. 30 mosquées, 12 églises, 134 puits, des cimetières ont également été détruits. 34 606 oliviers et arbres fruitiers ont été arrachés et 116 hectares de terres palestiniennes ont été confisqués et 1 434 hectares de terres ont été passés au bulldozer ou incendiés.

– Durant l'invasion israélienne de mars-avril 2002, 881 maisons ont été détruites, 2 883 maisons ont été endommagées dans les camps de réfugiés, affectant 22 500 Palestiniens habitant ces maisons. Dans la bande de Gaza, plus de 601 maisons ont été démolies complètement et environ 1 600 hectares de terres, en majorité agricoles, ont été rasées par l'armée israélienne.

Encore une fois : où est l'ONU pour faire appliquer ses résolutions et les Conventions internationales ? Ce n'est pas faute que des voix s'élèvent de plus en plus nombreuses portées par des associations internationales comme Amnesty International qui « demande sans relâche, depuis plus d'un an, que des observateurs internationaux soient déployés en Israël et dans les Territoires occupés afin de protéger les civils israéliens et palestiniens. La communauté internationale doit absolument faire pression sur le gouvernement israélien pour que celui-ci accepte la présence de tels observateurs. Amnesty International condamne fermement les violations des droits humains et du droit humanitaire perpétrées en Israël et dans les Territoires occupés, qu'elles soient commises au nom de la sécurité ou de la liberté ».

La conscience de Kofi Annan

Il est difficile d'imaginer que les observateurs régionaux de l'organisation ne soient pas alertés de ces faits. Aussi, la question doit être posée : l'ONU ne serait-elle qu'une chambre d'enregistrement des volontés hégémoniques de quelques États qui, la Bible dans une main, la mitraillette de l'autre, fauchent la vie aux quatre coins de la planète avant de parachuter des containers de corned-beef – lire: aide humanitaire – aux survivants à l'agonie? Irak, Palestine d'un côté, États-Unis, Israël de l'autre: il y a deux poids, deux mesures dans l'application des décisions du Conseil de sécurité de l'ONU. Quelle sanction contre Israël qui depuis 1947 viole systématiquement toutes les résolutions de l'ONU en faveur du rétablissement de la paix, de l'évacuation des territoires occupés et de la reconnaissance de l'État palestinien? Aucune! Même pas un soupçon de rappel à l'ordre des votes de l'ONU!... Aussi, lorsque le contre-amiral Claude Gaucherand estime à juste raison à propos de ces actes de guerre qu'ils «devraient éveiller la conscience de chacun d'entre nous», qu'en est-il de la conscience du secrétaire général de l'ONU dans le cas de la guerre contre la République d'Irak? Le 17 mars 2003, cet homme prend la responsabilité de rapatrier le personnel de l'ONU en poste en Irak et de mettre fin à la mission des inspecteurs à la demande du gouvernement américain. Il laisse donc place à la guerre là où une «communauté internationale» animée d'une réelle volonté de paix se serait empressée d'y faire barrage afin que soient respectées la Charte des Nations unies et les décisions du Conseil de sécurité. Le 20 mars suivant, trois jours plus tard, le bureau chargé du Programme Irak «Pétrole contre nourriture» communique très officiellement que «le secrétaire général s'engage à faire tout son possible pour que l'ONU relève le défi consistant à protéger la population civile "des sombres conséquences de la guerre". Après avoir laissé s'enclencher la guerre, sans aucun trouble de conscience, Kofi Annan se fait protecteur de la population civile... Sordide et déshonorante hypocrisie onusienne.

Comment le secrétaire général de l'ONU ose-t-il parler de « protéger la population civile » quand la désertion de l'ONU qu'il a lui-même ordonnée a eu pour conséquence une guerre effroyable qui dure toujours, l'occupation de la République irakienne par des troupes militaires de manière illégale en bafouant le droit international et la Charte des Nations unies, le pillage du pays par un gouvernement de collaborateurs corrompus avec l'intervention de la plus grande armée privée jamais constituée ?! Gilles Munier, secrétaire général de l'association des Amitiés franco-irakiennes, l'un des meilleurs connaisseurs français de l'Irak, lève le voile sur ce que tait l'ONU à propos des exactions de cette armée de mercenaires de Washington : « Il a suffi que les Américains le veuillent pour que des mercenaires interviennent très officiellement en Irak sans que personne n'y trouve rien à redire, ou presque. À côté des tueurs embrigadés par les États-Unis, Bob Denard – le célèbre "soldat de fortune" français – fait figure d'aventurier romantique. Selon un sénateur américain, les "chiens de guerre" sont aujourd'hui 20 000. Ils constituent ainsi la seconde force militaire après l'armée américaine, et non la Grande-Bretagne comme on le croyait. Pour que leur présence soit dénoncée, il a fallu que le 31 mars 2004 quatre d'entre eux s'aventurent fort malencontreusement dans Falloujah. Piégés par la résistance nationale, ils ont été tués, puis lynchés par la population. » (cf. *infra*, *Les « chiens de guerre » sont lâchés*, p. 343).

Une telle apathie de l'ONU, ou plutôt une telle contribution au désordre international au mépris des conventions internationales, ne peut qu'encourager certains États dans leurs prétentions hégémoniques contre les peuples, quitte à manipuler les Nations unies par tous les procédés.

Espionnage américain à l'ONU

Le 26 février 2004, Clare Short, ancien membre du cabinet de Tony Blair, ex-ministre du Développement international qui a démissionné de ses fonctions en mai 2003 pour protester contre l'intervention américano-britannique en Irak, accuse les services américains et anglais d'avoir espionné le secrétaire général de l'ONU. À la BBC qui l'interroge sur le fait de savoir si le gouvernement anglais a fait espionner le secrétaire général de l'ONU, Clare Short est formelle : « Oui, absolument (...) le bureau de Kofi Annan a été espionné à plusieurs reprises », précisant « avoir vu des retranscriptions de conversations de Kofi Annan ». Interpellé par la presse anglaise, Tony Blair refuse de « commenter les opérations des services de sécurité » et juge « profondément irresponsables » les déclarations de Clare Short. À aucun moment, le Premier ministre anglais ne déclare, ainsi que sa supposée innocence l'y autoriserait : « Cela est faux, je vais le prouver. » Car derrière les déclarations de Clare Short, Tony Blair sait bien qu'une autre affaire pourrait mettre en danger son gouvernement : celle d'un agent des services anglais que ses services ont tenté de faire taire sans succès.

À vingt-neuf ans, Katharine Gun travaille comme interprète pour les services de renseignement anglais au sein du GCHQ (Government Communications Headquarters), le quartier général de communication des services de sécurité. Elle prend connaissance, fin janvier 2003, d'une note signée et transmise aux autorités anglaises par Frank Koza, le chef de la section « Cibles régionales » à la National Security Agency (NSA), le service de renseignement américain spécialisé dans l'espionnage électronique. Le contenu de la note qui demande le concours du gouvernement anglais et de ses services pour espionner plusieurs délégations de l'ONU ne la laisse pas indifférente. Agent des services anglais pour assurer la défense de son pays, elle n'accepte pas pour autant de se prêter à des activités illégales, qui plus est contre plusieurs pays de l'organisation internationale, et pour justifier une guerre contre l'Irak. En effet, les États-Unis, voyant qu'ils sont diplomatiquement battus au Conseil de sécurité, s'efforcent alors d'obtenir le soutien d'une majorité de ses vingt membres non permanents, quitte à acheter leur voix ou à faire pression sur eux afin d'habiller leur ingérence militaire d'un semblant de légalité.

« Une opération dirigée contre les membres du Conseil de sécurité »...

La note de la NSA que publie le journal anglais *The Observer* le 2 mars 2003 en dit long sur les méthodes auxquelles cette « grande démocratie » n'hésite pas à recourir : « L'Agence est en train de monter une opération particulièrement dirigée contre des membres du Conseil de sécurité de l'ONU [UNSC] [hors États-Unis et Grande-Bretagne naturellement] afin de savoir comment ces membres réagissent vis-à-vis du débat en cours concernant l'Irak, leurs intentions de vote sur les résolutions prévues, les plans d'action/positions de négociations envisagées, alliances/dépendances, etc. – toute la gamme d'informations qui pourrait donner un avantage aux négociateurs US dans l'obtention d'un résultat favorable aux objectifs des États-Unis et permettre d'éviter les surprises (...) réinitier/créer des efforts contre les membres UNSC tels que l'Angola, le Cameroun, le Chili, la Bulgarie et la Guinée, ainsi qu'une attention particulière au Pakistan dans ses démarches à l'ONU. Nous avons également demandé (...) de prêter une attention particulière aux communications professionnelles et domestiques des membres de l'ONU non UNSC afin d'y repérer toute information intéressante concernant les délibérations/débats/vote en cours à l'UNSC (...). Nous avons une bonne couverture des activités diplomatiques à l'ONU [plusieurs délégations ONU] de plusieurs pays ne siégeant pas à l'UNSC (...) Merci de faire passer le message à vos analystes (...). Je pense que vous allez recevoir des consignes similaires par des canaux plus formels – d'autant que cet effort va aller en s'intensifiant (...) » (cf. *infra*, p. 348). Ainsi, courriels, communications téléphoniques sont systématiquement interceptées dans la plus parfaite illégalité. Objectif : disposer de renseignements permettant de manipuler les États membres du Conseil de sécurité de l'ONU. Depuis le début de l'année 2003, le gouvernement américain a offert à chacun de ses membres non permanents des aides économiques et proféré des menaces de rétorsion contre ceux qui refusaient de s'aligner sur leur position. Ainsi, le Pakistan s'est vu proposer l'annulation d'une dette d'un milliard de dollars et le Chili a été menacé de surtaxes à l'importation pour les amener à voter à l'ONU comme le gouvernement américain le leur demandait. Mais malgré le recours à ces moyens indignes d'une démocratie, diplomatiquement battus, les États-Unis renoncent à soumettre un projet de résolution au Conseil de sécurité des Nations unies. Dans les jours qui suivent, ils interviennent auprès de Kofi Annan afin de lui demander de faire évacuer le personnel de l'ONU en Irak et décident seuls dès le lendemain, accompagnés par les Anglais et les Espagnols, les bombardements et l'invasion du pays au mépris de l'assemblée des peuples.

Quels membres du Conseil de sécurité protestent alors contre le chantage économique dont plusieurs pays font l'objet et la violation de la Charte des Nations unies ?...

Des FOK bien dressés

La note de la NSA publiée par *The Observer*, l'agent Katharine Gun est licenciée, arrêtée, incarcérée et mise en accusation en vertu de la loi sur les secrets officiels. Mais le gouvernement anglais se retrouve dans une situation embarrassante car les écoutes illégales en question opérées au service de Washington viennent sur la place publique et celles-ci n'ont pu avoir lieu qu'avec l'accord de plusieurs ministres du gouvernement de Tony Blair et de David Pepper, le directeur général du GCHQ des services d'espionnage anglais... Trop tard pour faire taire définitivement l'agent Gun qui a agi avec sa conscience comme le feront également d'autres agents de la CIA aux États-Unis. Afin d'éviter un scandale encore plus grand, le 25 février 2004 Katharine Gun est libérée « faute de preuves » selon les termes mêmes du procureur Mark Ellison.

L'espionnage du bureau de Kofi Annan s'inscrit dans le cadre de cette opération. Pourquoi espionner le secrétaire général des Nations unies qui a obtenu son poste grâce à une campagne et au soutien des États-Unis en 1996 ? Tout simplement parce que, dans sa volonté hégémonique de tout contrôler, le gouvernement des États-Unis estime aujourd'hui que celui-ci ne sert plus suffisamment ses intérêts ainsi que nous allons le voir. Peut-être qu'en nommant George Bush ou un général nord-américain à la tête de l'ONU...

L'affaire est particulièrement grave, d'autant que le traité de Vienne ratifié par plusieurs États dont l'Angleterre en 1946 stipule que l'ONU est « inviolable » et « à l'abri de perquisition (...) et de n'importe quel autre moyen d'interférence ». Pourtant, c'est tout juste si Kofi Annan proteste. Edward Mortimer, son directeur de la Communication, déclare à la BBC : « Je pense que nous allons probablement en rester là. » Affaire classée. Les « FOK » – les amis de Kofi Annan *(Friends of Kofi)* – auraient-ils pour souci essentiel de ne pas déplaire aux dirigeants américains ? Le bureau du secrétaire général de l'ONU est espionné, plusieurs missions diplomatiques font également l'objet d'un espionnage systématique, tout cela en toute illégalité et en parfaite violation des traités internationaux et de la Charte des Nations unies, mais Kofi Annan « souhaite en rester là », du moins si l'on en croit son porte-parole.

D'autres responsables de l'ONU, d'administrations nord-américaine et anglaise font le choix d'une attitude autrement plus digne et conforme à leurs engagements internationaux alors que se prépare l'agression armée contre l'Irak, n'hésitant pas à remettre en cause leur propre carrière.

Horrifiés, ils démissionnent

Devant ce qu'ils découvrent en Irak – l'UNICEF estime à plus d'un demi-million le nombre des enfants de moins de cinq ans qui sont morts en Irak entre 1991 et 1998 par suite de l'embargo, soit une « moyenne » de 152 par jour !... – plusieurs responsables de l'ONU en charge du conflit donnent leur démission tout en alertant sur les effets catastrophiques qui risquent de survenir. En octobre 1998, l'Irlandais Denis Halliday, coordinateur de l'ONU pour les affaires humanitaires en Irak, démissionne face à l'attitude de son administration, après avoir mis en garde contre les « effets désastreux » des sanctions sur la population. Depuis, il mène campagne pour la levée de l'embargo. Son successeur, Hans von Sponeck, fera de même le 31 mars 2000 en signe de protestation. Et pour les mêmes raisons, Jutta Burghardt, directrice pour l'Irak du Programme alimentaire mondial (PAM) demandera également à être relevée de ses fonctions. Et quand, au charnier de l'embargo, s'ajoute celui de la guerre anglo-saxonne, de nouveaux responsables démissionnent en signe de protestation, y compris au sein de l'appareil d'État américain. C'est ainsi également que, le 7 mars 2003, John Brady Kiesling, conseiller politique à l'ambassade des États-Unis à Athènes, présente sa démission au secrétaire d'État Colin Powell après plus de vingt ans de carrière dans la diplomatie américaine.

« Ce gouvernement a choisi d'utiliser le terrorisme... »

Dans sa lettre de démission, il conteste « la manipulation systématique de l'opinion publique américaine » et affirme que « ce gouvernement a choisi d'utiliser le terrorisme comme un argument de politique intérieure, enrôlant un Al-Qaïda dispersé et largement affaibli comme allié administratif». Quelques jours plus tard, c'est John H. Brown, officier du service diplomatique, qui démissionne à son tour, estimant que «la négligence du président envers les opinions des autres nations, confirmée par son mépris de la diplomatie, est en train de donner naissance à un siècle anti-américain». Puis, à leur tour, plusieurs ministres anglais du gouvernement de Tony Blair démissionnent: Andrew Reed, député travailliste et secrétaire privé parlementaire, puis trois membres du gouvernement britannique, Robin Cook, ministre en charge des relations avec la Chambre des communes, le ministre de l'Intérieur, John Denham, et le ministre de la Santé, Lord Hunt of Kings Heath, démissionnent à leur tour pour protester contre la décision du Premier ministre Tony Blair de participer aux côtés des États-Unis à une intervention militaire contre l'Irak en passant outre les décisions de l'ONU

«Nous sommes devenus un État voyou»

«Les États-Unis eux-mêmes, par leur tendance croissante à agir de manière unilatérale et sans respect pour les préoccupations des autres, est devenu un État voyou», considère Robert McNamara, ancien secrétaire d'État à la Défense (1962-1967), le 26 juin 2000 dans une interview à l'*International Herald Tribune*. Illustration: l'adoption en 1998 de la résolution 1203 sur la situation au Kosovo. Cette résolution reconnaissant à une organisation régionale, l'Organisation du Traité Atlantique Nord (OTAN), le droit d'intervenir militairement sans accord préalable du Conseil de sécurité. De fait, elle rendait caduc l'article 53 de la Charte des Nations unies dans laquelle est stipulé qu'aucune action coercitive ne sera entreprise en vertu d'accords régionaux ou par des organismes régionaux. Madeleine Albright, la secrétaire d'État du président Clinton, précise à cette occasion la manière dont les États-Unis estiment l'organisation internationale alors qu'elle répond à la question : « L'OTAN du XXIe siècle devra-t-elle toujours disposer d'un mandat précis du Conseil de sécurité de l'ONU pour agir ? » Réponse : « Non... car dans une telle hypothèse, l'OTAN ne serait plus qu'une simple filiale de l'ONU. » On ne peut être plus clair quant à la volonté américaine de dépouiller l'ONU de ses principes fondateurs.

De même, avec le concept de « guerre préventive », les États-Unis violent le chapitre VII de la Charte, notamment l'article 39, qui énonce de façon claire que c'est le Conseil de sécurité qui constate l'existence d'une menace contre la paix, d'une rupture de paix ou d'un acte d'agression et qui décide des mesures à prendre, y compris militaires, sans que jamais dans le dispositif des mesures réservées à l'ONU soit fait mention d'interventions préventives. « Un tel concept nie les principes mêmes de la Charte », observe Nils Anderson, membre de la direction du Comité français Helsinki des droits de l'homme, pour qui « ceci relève d'une volonté de déstabilisation de l'ONU, de démantèlement de ses fondements et de mise en cause du droit international. L'unilatéralisme que veulent imposer les États-Unis est contraire à l'idée même des Nations unies ».

OCDE : des chercheurs en panne de liberté

Cet unilatéralisme nord-américain se manifeste non seulement au sein de l'ONU par toutes sortes de manœuvres visant à imposer des directeurs aux postes clés de l'administration onusienne mais également dans son environnement immédiat. Tout ce qui peut servir les intérêts américains doit être systématiquement contrôlé par des Américains – issus de la nomenklatura de Washington et sélectionnés par les services gouvernementaux –, mis sous tutelle ou disparaître. Tel fut le sort du Centre de développement de l'Organisation de coopération et de développement économiques (OCDE) en octobre 2002.

Bien que ne faisant pas partie directement du système onusien, l'OCDE en est très proche. Les travaux des chercheurs de son Centre de développement alimentent souvent les recherches, débats et initiatives de l'ONU et cette structure entretient des relations régulières avec plusieurs organisations de l'ONU comme la Banque mondiale, le Fonds monétaire international, l'Association internationale de développement ou l'Organisation mondiale du commerce.

Je parviens à rencontrer Jean Bonvin, professeur de l'Institut des hautes études en administration publique de Lausanne, entre deux avions alors qu'il rentre de Chine et s'apprête à partir pour l'Angola. Ce Suisse, fils de vigneron du Valais « né entre deux ceps de vigne comme d'autres naissent entre deux pousses de bananiers » ainsi qu'il le dit lui-même, connaît bien le Centre de développement de l'OCDE pour en être le principal animateur depuis 1980 et en avoir été élu président de 1992 à mars 1999. Économiste de formation, partageant l'essentiel de son temps entre son équipe de chercheurs – économistes, statisticiens, informaticiens, traducteurs, etc. –, ses analyses et négociations de terrain, il dénonce « la mise à mort du Centre de développement ».

La « réforme » voulue par le Canadien Donald Johnston, ancien avocat placé à la tête de l'OCDE en juin 1996 par les Américains, a consisté à liquider la tête du Centre de développement de l'organisation, éliminant carrément son président élu pour en faire depuis janvier 2003 une simple direction directement sous les ordres du secrétaire général adjoint. « Dans cet univers très hiérarchisé, cela n'est pas un détail », observe la journaliste Laurence Caramel : « Cette présidence symbolisait jusqu'à présent l'indépendance du Centre – d'ailleurs installé loin du château (nom donné au siège central de l'OCDE par ses habitués) – et de ses chercheurs dont les analyses n'ont pas toujours été dans la ligne du siège[1]. » Pour accélérer ce processus, les États-Unis, l'Angleterre et le Japon ont quitté le Centre depuis les années 1995 afin de le priver de ses principales sources de financement. Ils pensent alors scléroser ainsi ce remarquable cerveau en matière de recherche sur les problèmes entre pays riches et pays pauvres, le réduire à une simple unité de production d'analyses et de doctrine maison. Mais dans le même temps d'autres pays comme le Chili, la Corée du Sud, l'Inde le rejoignaient tandis que la Chine s'apprêtait à y entrer. Il est vrai que la personnalité et l'indépendance d'esprit de Jean Bonvin comme la connexion permanente du Centre sur les grands problèmes internationaux lui ont permis des opérations remarquables en termes d'analyses et de réalisations[2].

1. *Le Monde*, 28 octobre 2002.

2. Ian Goldin et Dominique van der Mensbrugghe, « La libéralisa-

Une mine de recherches qui échappait au contrôle américain

Jean Bonvin, qui a par-dessus tout horreur de « faire du tapis rouge » – allusion faite au temps perdu dans les fastueuses réceptions mondaines des organisations internationales – et considère comme « déterminant d'être anti-hiérarchique », a emmené l'équipe de chercheurs du Centre vers des prouesses : premier à lancer des études sur la Chine au sein de l'OCDE, le Centre développe également des recherches sur la corruption qui débouchent en 1999 sur une conférence à Washington ayant pour thème le rôle du secteur privé dans la lutte contre la corruption, projette en 1995 un programme de reconversion d'une partie des industries militaires chinoises en industries civiles concernant trois millions de travailleurs et aujourd'hui réalisé à 95 %. Sans doute le résultat de la primauté accordée par Jean Bonvin « aux idées et à la capacité d'analyse avant toute autre considération. » Autre beau « coup » : l'initiative prise afin de débloquer les négociations de l'Uruguay Round qui étaient au point mort en 1992.

« Lorsque j'ai appris que George Bush et Jacques Delors, alors président de la Commission européenne, allaient se rencontrer dans six semaines, j'ai demandé à deux chercheurs de chiffrer les bénéfices nets d'une réforme partielle des politiques commerciales qui résulteraient de l'aboutissement des négociations en cours », indique Jean Bonvin. Les chercheurs se mobilisent, travaillent sans compter et fournissent leurs conclusions : « En l'an 2002, ces bénéfices

---

tion des échanges : quel enjeu ? » *Cahier de politique économique* n° 5, Centre de développement de l'OCDE, Paris.

seraient de 195 millions de dollars dont 90 pour les pays en développement soit le double de l'aide publique au développement. Nous avons réussi à publier ces recherches dans notre cahier de politique économique une semaine avant la rencontre Bush-Delors et nos conclusions furent reprises par la presse à travers le monde, ce qui relança le débat sur les négociations. » Bien entendu, le président américain Bush, plus soucieux de protectionnisme, d'unilatéralisme et d'hégémonisme derrière son discours sur la « liberté des échanges internationaux », se trouva pris en défaut et ne dut son provisoire salut qu'à la faiblesse et la sollicitude de ses interlocuteurs européens. Remarque de Jean Bonvin : « Le secrétaire général et les Américains n'ont pas supporté qu'il y ait au sein de l'organisation une institution comme le Centre qui soit capable de mener des analyses et de faire des recommandations dont ils n'ont pas le contrôle et qui puissent aller à l'encontre de leurs intérêts à court terme mais servant aussi leurs intérêts à long terme puisque, par exemple, encourager le développement de pays comme la Chine ou le Brésil est dans l'intérêt de tous. »

Occuper le vide

Mais les États-Unis ne sont pas seuls en cause dans cette situation où ils paraissent imposer leur hégémonie sans trop de difficultés.

Certes, le secrétaire général de l'ONU « a été imposé par les Américains » comme le reconnaît François Nordmann, ancien chef de la Mission permanente d'observation de la Suisse auprès des Nations unies à Genève.

Certes, il en est ainsi de nombreux directeurs choisis par Washington pour accaparer les postes clés de l'Organisation.

Certes, le Conseil de sécurité de l'ONU est devenu au fil du temps une sorte de « Bureau yankee » où les États qui y siègent – États-Unis, Angleterre, France, Fédération de Russie, République populaire de Chine – règlent le sort du monde à coups de compromis. Au point que, depuis les années quatre-vingt-dix, ce conseil n'est plus qu'un gadget de la politique américaine par lequel la Maison-Blanche tente de régenter le monde. Et lorsqu'elle y est diplomatiquement tenue en échec, chacun sait aujourd'hui qu'elle n'hésite pas à s'en passer pour mener unilatéralement ses actions en dehors des Nations unies.

Et alors ?

Qui, au sein de l'Assemblée générale des Nations unies ou du Conseil de sécurité a manifesté son désaccord ou s'est opposé fermement aux représentants américains, tout particulièrement lorsque cet État a commis des violations flagrantes de la Charte des Nations unies ?

Les États-Unis ne font qu'occuper l'espace que leur accordent les autres États membres. Pourquoi se gêneraient-ils devant tant de silence et de complaisance assidue ? Ils ne font après tout, et quoi que que l'on pense de la politique de Washington, qu'occuper le vide.

« L'Euraméricanie nous mène à la guerre »

« Dans les organisations internationales et surtout par Bruxelles, les États-Unis imposent dans les faits leur conception du monde comme celle de l'Europe qu'ils conçoivent pour nous», indique Albert Salon, ministre plénipotentiaire, ancien ambassadeur de France, vice-président fondateur de l'association Avenir de la langue française et président du Forum francophone international (section française) alors que je le rencontre en décembre 2002. « Un exemple récent nous en est fourni par la réunion de l'OTAN à Prague des 21 et 22 novembre 2002, cette organisation qui était faite pour lutter contre le bloc de l'Est et qui est devenu un instrument de puissance américain», rapporte-t-il. Il apparaît à cette occasion de manière très nette que «les Américains sont en train de dire qui doit entrer dans la partie européenne des provinces de l'empire. La Roumanie, par exemple, qui est membre de la francophonie et fut si proche de la France s'enthousiasme pour son admission dans cette structure de guerre alors que son admission dans l'Union européenne a été repoussée à plus tard. C'est pour la même raison, sur la base de l'OTAN toujours et pour la constitution de leurs "provinces limitrophes" que les Américains font pression pour que la Turquie entre en Europe. Les courbettes de certaines de nos "élites" traduisent un nouveau type de collaboration à ce que j'appelle l'Euraméricanie et qui nous mène à la guerre. L'empire américain tel qu'il se conçoit lui-même, nie les différences et ne peut exister que dans la dominance de "l'État phare"». (cf. Documents, p. 337). À ces faits s'en ajoutent d'autres qui livrent le bilan catastrophique de l'ONU.

Un monde de désespoirs

L'état du monde? Une personne meurt de faim toutes les quatre secondes – 24 000 personnes par jour selon les statisticiens de l'ONU –, des épidémies anciennes et nouvelles se propagent, le revenu par habitant est aujourd'hui plus bas dans 80 pays qu'il y a dix ans[1], trois milliards d'habitants sur six « vivent » avec moins de deux dollars par jour, près d'un milliard de personnes sont sans travail, un milliard d'habitants de la terre ne savent ni lire, ni écrire leur nom[2], 800 millions n'ont pas accès aux soins[3], quatre millions de femmes et de fillettes sont achetées et vendues annuellement pour l'esclavage et la prostitution[4] et jamais autant d'enfants n'ont eu à « choisir » entre la guerre, la prostitution et la mort.

Image livrée par Maurice Bertrand à son retour d'Éthiopie alors que je m'entretiens avec lui en décembre 2002 : « D'après les chiffres, c'est un pays d'environ 66 millions d'habitants. Selon les statistiques de l'ONU, l'Éthiopie aura 130 millions d'habitants en 2050 alors qu'aujourd'hui ils n'ont déjà plus de quoi se nourrir. Il y a une inconscience totale de la situation mondiale dans les pays riches et il faudra bien apporter un jour des réponses aux problèmes de la planète autrement que de manière sécuritaire. Le budget militaire américain est aujourd'hui de 345 milliards de dollars, soit une fois un tiers le budget total de l'État français. C'est de la folie furieuse. On fait des politiques contraires à ce que l'on devrait faire !... » L'avenir ? Appartient-il aux 800 millions d'enfants

---

1. Source : UNICEF.
2. Source : UNICEF.
3. *Un monde meilleur pour tous*, rapport conjoint de l'ONU, de la Banque mondiale, du FMI et de l'OCDE, juillet 2000.
4. Rapport du Fonds des Nations unies pour la population (FNUAP), *L'état de la population mondiale*, 2000.

souffrant de malnutrition, aux 650 millions vivant dans un état d'extrême pauvreté ou aux 60 millions d'enfants âgés de 4 à 14 ans soumis à « des conditions d'exploitation abjectes », soit à des travaux forcés, y compris la prostitution, recensés par une étude de l'OIT ?[1] Heureusement, l'ONU veille !...

« Un gestionnaire de cas insolubles »

Face à ces chiffres qui ne manquent pas d'interpeller sur la réalité de l'action de l'ONU, une seule donnée fixe les limites de l'action de l'organisation internationale : selon le *Rapport mondial sur le développement humain* du Programme des Nations unies pour le développement (PNUD), la satisfaction des besoins essentiels de l'ensemble des populations des pays en voie de développement – nourriture, eau potable, infrastructures sanitaires, éducation, santé – est estimée à 40 milliards de dollars par an, soit 4 % de la richesse cumulée des 225 plus grosses fortunes mondiales ![2]... Dans le même temps, pour les seuls États-Unis, en mars 2003 le seul coût officiel de la guerre contre la République d'Irak est estimé au minimum à 80 milliards de dollars par mois ! Une situation qui fait dire à Maurice Bertrand, que l'ONU « n'est plus qu'un gestionnaire de cas insolubles dont les grandes puissances ne veulent plus se charger, une couverture d'opérations de répression menées dans l'intérêt des États-Unis, et accessoirement de leurs alliés, après avoir été une caisse de résonance de la décolonisation

1. UNICEF.
2. PNUD, *Rapport mondial sur le développement humain*, Paris, Economica, 1998.

et une scène de théâtre pour la rivalité Est-Ouest». Le déroulement du Sommet social de l'ONU qui s'est tenu à Genève du 26 au 30 juin 2000 confirme, si nécessaire, cet état de fait.

L'ONU borde le lit de la finance internationale

La journaliste suisse Isabelle Ducret qui observe les travaux du Sommet social, en tire les enseignements essentiels: «En fait, cette assemblée a surtout mis en évidence l'hypocrisie des États et leur absence de volonté de persévérer vers une éradication de la pauvreté. Non seulement ils n'ont pas tenu leurs belles promesses de Copenhague, mais ce n'est pas dans le couloir feutré du Palais des Nations qu'ils seront rappelés à l'ordre. Encore faut-il qu'ils daignent venir. À Genève jusqu'à hier, seuls huit présidents et dix chefs de gouvernement étaient recensés sur les bancs de l'assemblée.» Ce Sommet de Genève confirme également, s'il le fallait, où se trouve le réel «gouvernement du monde» ainsi qu'elle en témoigne au sortir des travaux de cette assemblée: «Impuissante à placer les puissants devant leurs responsabilités, l'ONU a carrément cédé aux sirènes de l'argent en préparant avec la Banque mondiale, le Fonds monétaire international et l'Organisation pour la coopération et le développement économique (OCDE) un rapport hardiment intitulé *Un monde meilleur pour tous*. Ce document a provoqué une explosion de colère auprès des représentants de la société civile attentifs à l'importance d'une résolution onusienne pour appuyer leurs actions et rappeler à leurs gouvernements leurs résolutions. Peine perdue. Aujourd'hui, voir l'ONU s'acoquiner avec les organismes jugés premiers responsables de l'aggravation de la misère relève d'une abdication totale de l'organisation. Les institutions financières tant critiquées dans leurs politiques inhumaines d'ajustement structurel s'en trouvent légitimées au lieu d'être jugées. »

Les gouvernements réunis à ce Sommet social de Genève vont s'avérer incapables de trouver des points d'accord sur des objectifs contraignants de lutte contre la pauvreté. Chaque proposition débattue lors de cette rencontre sera édulcorée au point de devenir sans contenu ou carrément enlevée de la résolution finale, les États refusant de se donner des consignes et un calendrier précis pour la mise en œuvre de leurs engagements. Et alors que les pays industrialisés et les pays en voie de développement s'affrontent sur pratiquement toutes les questions, un seul terrain d'entente est toutefois trouvé entre grandes puissances : ne pas organiser de nouvelle conférence en 2005 pour contrôler les résultats des décisions prises !...

Le monde serait-il trop beau ?

Le « grand machin », selon l'expression du général de Gaulle qui, visionnaire en matière de politique étrangère, se méfiait avec raison de l'organisation internationale et de son devenir, ne machine plus. Soumise aux volontés des dignitaires de quelques grandes puissances qui ne peuvent même plus tolérer cette démocratie d'ambassade, l'ONU a surtout affiché jusqu'à ce jour son incapacité à se transformer.

La fin de la guerre froide facteur de désordres

« D'évidence, c'est au cours de cette décennie que s'est marquée la transition du XXe au XXIe siècle. De nouveaux défis sont lancés à la communauté internationale qui invitent à se dégager de concepts dépassés pour en élaborer de nouveaux adaptés à une situation inédite», observe Jacques Le Dauphin, directeur de l'Institut de documentation et de recherche sur la paix, IDRP[1]. Et de constater dans un premier temps que la fin de la guerre froide n'a pas conduit à un monde plus sûr: «Contrairement à ce que prédisaient des analystes, nous ne sommes pas dans un monde plus harmonieux, ni dans un nouvel ordre mondial plus équilibré. Le monde bipolaire a laissé la place à un monde unipolaire demeurant tout aussi chaotique sinon plus, avec une puissance hégémonique prétendant dans une vision impériale régenter le monde.» Ensuite, le bilan de l'ONU est très contrasté: «Porteuse d'une ambition de grande portée, traduite dans la Charte adoptée en 1945 lors de sa création, l'ONU a éprouvé et continue d'éprouver des difficultés sérieuses à l'inscrire dans les faits. Alors effectivement une question se pose: peut-on se passer d'une organisation internationale de régulation des affaires du monde?» Sa réponse est sans ambiguïté: «Non.» Quant à aller vers une nouvelle organisation internationale, «laquelle?» interroge-t-il puisque «les Nations unies regroupent présentement 191 États, quasiment tous. C'est donc une organisation légitime, car issue d'une volonté collective». Précision, et non des moindres: «Il reste, c'est vrai, que pour se réapproprier pleinement les buts et principes de la Charte qui ont présidé à sa création, les mettre en œuvre dans le nouveau contexte mondial, elle doit, selon moi, se refonder pour retrouver les voies de la paix, du déve-

1. Fondé en 1997, le Conseil scientifique et le Comité directeur de l'IDRP rassemblent des universitaires de diverses régions de France, de l'étranger et des responsables associatifs, www.IDRP.org.

loppement, de la justice. Des voies qui sont les fondements de la sécurité collective, laquelle doit aujourd'hui prendre une dimension de plus en plus humaine. »

La « communauté internationale » n'existe plus

Face au bilan d'activité sinistre de l'ONU sur une soixantaine d'années et au conflit en voie de développement, se pose inévitablement la question : que faire de l'ONU ?

« Rien, car il n'y a aucune volonté politique pour la changer », répond Maurice Bertrand. Pour ce connaisseur de l'organisation internationale qui y a consacré près de vingt années d'activité, « c'est une superstructure qui est presque en dehors du monde, sans prise sur le réel. L'ONU est la représentation des États. Ce que l'on appelle la "communauté internationale" n'existe pas car il n'y a pas de volonté commune. Des choses ont changé depuis cinquante ans. La construction de l'Europe a pratiquement supprimé les guerres intra-européennes, exception faite de la guerre contre la Yougoslavie ». L'inexistence de la « communauté internationale » se symbolise notamment par l'aggravation de la misère dans tous les pays. Ainsi qu'il le fait observer, « si vous prenez l'intervention de l'ONU en direction des pays pauvres, la seule solution serait que l'on fasse des efforts considérables pour le développement économique et social de ces pays. Il faudrait que l'aide publique au développement soit multipliée par trois ou quatre ; or, depuis dix ans, elle ne fait que diminuer, ce qui veut dire que les pays riches n'ont pas du tout envie de s'occuper des pays pauvres de la planète »...

De son côté, Jacques Le Dauphin, estime qu'« il n'y a pas de recettes miracles sinon de remettre en cause le rapport de force existant par une montée sans précédent de l'intervention citoyenne». Et Nils Anderson, membre de la direction du Comité français Helsinki des droits de l'homme, de considérer que «si les coups de boutoir portés aujourd'hui contre les Nations unies devaient lui être fatals, cela signifierait que la troisième guerre mondiale est commencée». Ne l'est-elle pas de manière rampante dans la mesure où l'ONU, tout comme hier la Société des Nations, ne joue plus son rôle pour le respect de la Charte des Nations unies et s'avère de plus en plus impuissante à l'expression d'une communauté internationale? Pour Christian Pouchet, animateur du mensuel *Résistance*, auteur de plusieurs ouvrages de géopolitique parmi lesquels une étude de référence, *Le B.A.-BA de l'islamisme*[1], «l'intervention de l'OTAN en Serbie comme la crise irakienne sont symptomatiques de l'entrée de l'ONU dans une nouvelle phase. L'ONU a été très largement promue par les États-Unis contre les "souverainistes" avant la lettre – souvenons-nous de De Gaulle parlant du "machin" – et elle a plutôt servi les intérêts de ceux-ci, y compris dans le cadre de la décolonisation en facilitant la disparition des empires coloniaux européens et en réduisant les États de la "vieille Europe" à des moyennes puissances». L'ONU serait donc à un tournant de son histoire, une histoire malmenée par un monde doublement hégémonique qu'esquisse Maurice Bertrand: «L'hégémonie des États-Unis sur le reste du monde et celle des pays riches en général sur les pays pauvres. Ce système satisfait ceux qui exercent le pouvoir. L'exemple de la guerre d'Irak qui est en train de se préparer me paraît

1. *B.A.-BA de l'islamisme*, éd. Pardès.

un exemple tragique de la situation. Aucun individu un peu sérieux ne peut envisager cette guerre avec légèreté, car cela nous conduirait à une catastrophe. » Nous y sommes.

Les États-Unis en dehors du droit international

Une situation assez complexe en réalité, dont Christian Bouchet fait remarquer que « l'ONU qui s'est totalement imposée aux États n'est plus contestée par aucun de ceux-ci, mais ses règles deviennent contraignantes pour son principal initiateur au moment où celui-ci est devenu la seule puissance mondiale. Donc les États-Unis s'émancipent de ses décisions. Mieux, George Bush annonce clairement que si les décisions du Conseil de sécurité ne vont pas dans son sens, il agira quand même !... Il ne peut mieux dire son mépris pour l'institution et les règles de la démocratie internationale ». Contraignantes au point que depuis quelques années, Washington cherche à mettre en place un système lui permettant de neutraliser complètement les Nations unies. Régulièrement, les « boîtes à penser » au service de la Maison-Blanche émettent différentes hypothèses en ce sens. L'une de celles-ci consiste à modifier carrément la Charte de l'ONU afin d'y inclure la notion de « guerre préventive ». Cette thèse se situe dans le prolongement de diverses tentatives visant à prévenir l'expression d'un veto contre la politique américaine, quelle qu'elle soit. Début mars 2003, le *Washington Post* ouvrait ses colonnes à Joseph S. Nye, professeur en sciences politiques. Face à l'impossibilité de changer les membres permanents du Conseil de sécurité, ce « penseur » libéral proche du pouvoir américain suggère carrément de supprimer l'autorité du Conseil et de lui substituer celle de coalitions rassemblées par le gouvernement américain en fonction des conflits et des intérêts de Washington. Christian Bouchet en tire plusieurs constats et pose quelques questions essentielles auxquelles l'ONU doit répondre d'urgence.

Le rapport avec les États-Unis ?

« C'est aussi l'institutionnalisation de la règle "deux poids, deux mesures". Les décisions de l'ONU qui sont bonnes pour les États-Unis et l'entité sioniste sont bienvenues, les autres sont ignorées. Il faut un Tribunal pénal international pour juger Milosevic, mais aucun ne pourra juger un officiel américain ! L'Irak doit respecter les résolutions alors que ces dernières sont systématiquement négligées par Israël sans que celui-ci soit le moins du monde pénalisé, etc. Il est évident que les choses ne peuvent continuer ainsi sauf à laisser monter un profond sentiment d'injustice dans les peuples et au final complètement discréditer l'organisation. »

La question de la démocratie ?

« Sur le fond, concernant l'institution même, l'ONU a les mêmes vices que toute démocratie représentative dont le principal est que les représentants suivent la politique des gouvernements qui les y nomment, politique qui ne coïncide pas obligatoirement avec l'opinion des peuples. Dans le cas de la crise irakienne encore, cela est très net avec, par exemple, la Grande-Bretagne, l'Espagne ou l'Italie. »

L'existence d'une structure internationale du type de l'ONU ?

« Oui, c'est souhaitable, car, sinon, c'est la loi de la jungle. » Quant au fait de savoir si sa forme actuelle est acceptable, Christian Bouchet partage l'avis de la plupart des spécialistes de l'organisation rencontrés :

« Seulement très partiellement et ce qui est positif chez elle est inopérant face à la thalassocratie yankee. »

Réformer l'ONU ?

« Oui, mais dans l'état actuel des rapports de force, toute réforme visant à y établir plus de démocratie, ce qui ne veut pas obligatoirement dire un État égale une voix car les micro-États sont bien faciles à manipuler, un meilleur respect de la volonté des peuples, un système de désignation soumis à l'approbation des citoyens des États, etc., ne peut dépasser le vœu pieux ou le rêve », pense-t-il. Une analyse que partage Nils Anderson. Pour le dirigeant du Comité français Helsinki des droits de l'homme, dans un monde déstabilisé où enjeux stratégiques et conflits régionaux se multiplient et dans lequel la guerre redevient un moyen ordinaire de dicter ses ambitions ou de résoudre les crises, « l'ONU reste nécessaire. Une organisation à caractère universel, lieu de contacts irremplaçable ayant pour but de préserver la paix et de garantir, autant que faire se peut, la sécurité internationale, demeure plus que pertinente, capitale ». Pour autant, le temps est venu de faire le point sur les limites et carences de l'institution.

Avec le « nouvel ordre mondial », le rôle revenant à l'ONU de maintenir la paix et la sécurité internationales allait, disait-on pouvoir s'exercer. Il en est tout autrement, ainsi qu'il le fait observer : « Lors de l'Assemblée du Millénaire des Nations unies, nous avons pu dresser un terrible constat que durant ces dix années les guerres avaient causé plus de cinq millions de morts, déplacé plus de trente millions de personnes et que, sur tous les continents l'instabilité économique, sociale, humanitaire et écologique s'était aggravée. » L'ONU ? Elle assiste même à des génocides sans réagir ainsi qu'il le relate : « Le rapport du groupe d'étude sur les opérations de paix a reconnu que la responsabilité de l'Organisation était directement engagée au Rwanda où celle-ci était présente alors même que se commettait un génocide, comme elle était sur place lors des massacres de Srebrenica, ville décrétée "zone de sécurité ONU". »

Plus grave est l'analyse qu'il fait quant aux menaces qui pèsent aujourd'hui sur le devenir de l'ONU, dues notamment à son instrumentalisation par une ou plusieurs puissances décidant de son action : « La déclaration signée en 1943 à Moscou, préludant à l'ONU, souligne la nécessité d'établir une organisation d'égale souveraineté de tous les États pacifiques afin d'assurer le maintien de la paix et de la sécurité internationales. Que l'intention ne soit pas concrétisée est une chose, qu'elle soit ouvertement bafouée en est une autre et, d'évidence, nous sommes dans une phase où les rapports inégaux entre les États vont s'accentuant et où les mentalités impériales s'expriment avec une arrogance retrouvée », observe-t-il.

La fin de l'ONU ?

Exception faite de la thèse américaine qui consiste à instrumentaliser l'ONU, deux théories principales se font actuellement jour : l'une qui considère qu'il faut réformer en profondeur l'ONU de l'intérieur afin de la mettre mieux en accord avec les principes de la Charte et l'autre que l'ONU ne peut être réformée et qu'il faut mettre en place une nouvelle organisation internationale. Toutes deux font le constat que la résolution des grands problèmes auxquels le monde est aujourd'hui confronté nécessite une organisation internationale différente.

Les Nations unies sont nées – sans tirer beaucoup de leçons de l'échec de la SDN – dans un contexte donné, celui de la fin de la Seconde Guerre mondiale. Ses règles et ses pratiques sont marquées du sceau de son origine ; de plus, comme tout organisme, l'institution s'est figée dans ses structures et jamais ne s'est manifestée une volonté politique de l'adapter aux conditions nouvelles qui, inéluctablement, se créent. « C'est ainsi que dans le cours des années quatre-vingt-dix, on est passé, sous le couvert du droit d'intervention ou du droit d'ingérence, de l'état de statu quo qui prévalait, à un interventionnisme actif et sélectif, en fonction des intérêts ou des ambitions des États les plus puissants, au premier rang desquels les États-Unis », constate Nils Anderson. Et de s'interroger : « Le déclenchement de la Seconde Guerre mondiale a scellé l'échec définitif de la SDN, la disparition d'un monde bipolaire peut-il à son tour signifier la fin de l'ONU ? » Prudent par expérience du fonctionnement du système onusien, Maurice Bertrand considère pour sa part qu'« en l'état actuel des choses aucune réforme sérieuse ne paraît envisageable, pas plus que la création d'une autre organisation internationale pour remplacer l'ONU. Nous vivons dans un monde bloqué par les États-Unis et leur conservatisme. Dans l'ensemble, les grandes puissances sont satisfaites de l'ONU telle qu'elle existe, les Américains parce qu'ils y font la loi et les Européens sont pour le moment surtout préoccupés de l'Europe. Tant que l'Europe n'est pas constituée comme une entité politique réelle, il me semble difficile d'envisager que la question des organisations internationales soit abordée. La réforme de l'ONU ou de son remplacement n'est pas d'actualité, même si quelques individus, pour faire bien dans les discours, émettent ici ou là des idées de transformation qui ne correspondent à aucune volonté politique réelle». Pourtant, depuis les années soixante, la réforme du système des Nations unies est une question récurrente. Qu'en est-il exactement aujourd'hui ? « On débat périodiquement du rôle d'une Assemblée générale devenue totalement aphone, paralysée qu'elle est par l'article 12 qui interdit même une recommandation sur un sujet dont est saisi le Conseil de sécurité. On débat également des attributions du secrétaire général pour savoir s'il doit être un diplomate, un homme d'État ou simplement le plus haut des fonctionnaires ainsi que le stipule l'article 97 de la Charte, mais la question essentielle est celle du Conseil de sécurité, de sa composition et du droit de veto dont disposent ses membres permanents. Ce sujet est fondamental, car c'est au sein du Conseil de sécurité, lieu réel de pouvoir, que s'affirme de la façon la plus évidente un traitement inégalitaire des questions internationales et le droit de veto dont disposent ses cinq membres permanents constitue un instrument essentiel de la prise de décisions politiques inéquitables», indique Nils Anderson.

La réforme voulue par Kofi Annan contribue-t-elle à modifier cette situation ?

Moins de budget et de personnel face à plus de misère

Dès son accession au poste de secrétaire général, le 1er janvier 1997, Kofi Annan lance une série de mesures. Selon le rapport officiel[1], la réforme touche les structures de l'organisation, le personnel et l'administration.

---

1. Rapport A/51/950, 51e session de l'Assemblée générale des Nations unies, *Renouveler les Nations unies : Programme de réforme.*

Regroupements de départements, fonds et programmes de l'ONU, création de comités exécutifs pour coordonner le travail de chaque domaine, d'un Conseil de direction dont le cabinet réunit les directeurs de tous les départements, fonds et programmes de l'ONU, suppression d'environ mille postes pour lesquels le personnel n'avait pas été recruté en 1996 – ce qui donne une idée de l'état de la gestion du personnel... –, mise en place d'un nouveau système de recrutement, de placement et de promotion du personnel, création d'un bureau de médiateur pour la solution des conflits internes entre parties, renforcement du système de gestion de la sécurité de l'ONU et de ses personnels, etc. Des mesures de restructuration sont également prévues pour les équipes de terrain qui administrent les fonds, programmes et agences spécialisées présents dans 134 pays en développement, en transition ou en crise. Alors qu'en 1997, la plupart de ces programmes occupaient des bureaux séparés, afin de réaliser des économies, ces équipes « ont reçu comme instruction de partager le plus rapidement possible des bureaux communs et d'utiliser les mêmes fournisseurs de services ». La réforme de Kofi Annan a donc bien modifié l'état des lieux. En l'aggravant. C'est-à-dire en réduisant le budget et le personnel de l'ONU au moment où l'organisation doit faire face à des problèmes cruciaux de plus en plus lourds aux quatre coins de la planète. Ainsi le budget en cours 2002-2003 est caractérisé par une réduction de 3 % en termes réels par rapport au budget précédent. Évalué à 2,6 milliards de dollars il est même très inférieur en termes réels au budget 1994-1995 dont l'équivalent aux coûts actuels serait de 3,1 milliards de dollars[1] !... Mais qui pourrait

1. Source : Département de l'information des Nations unies.

s'opposer à ce toilettage qui ne touche en rien à l'essentiel : la suppression du droit de veto, l'élargissement du Conseil de sécurité à vingt ou vingt-cinq membres représentant tous les continents – avec notamment une présence des pays du Sud – et élus par l'Assemblée générale pour une période de trois ou quatre ans, un Conseil économique et social revitalisé capable de faire face à un capitalisme financier devenu prédateur ?

La réduction de budget général de l'ONU – de 2,6 à 2,48 milliards de dollars –, la réduction d'effectifs – mille personnes –, le peu de cas de Kofi Annan pour les propositions du Groupe 77[1] qui visent à démocratiser l'organisation internationale ne lui valurent pour l'essentiel que le soutien des pays occidentaux... Présentant en septembre 2002 un nouveau train de réformes intitulé « Renforcer l'ONU : un programme pour aller plus loin dans le changement » et s'attachant surtout aux questions de l'information onusienne, il prévoit alors de « regrouper les 13 centres d'information situés en Europe occidentale en un centre régional... je suis convaincu que dans les trois prochaines années, nous devrons adopter une démarche similaire dans d'autres régions du monde », précise ce même document. Toute l'information de l'ONU serait ainsi décidée et relayée par quelques lieux depuis New York. « Va-t-on vers une CNN de l'ONU qui ne distillerait qu'une information prémâchée convenant aux États les plus puissants ou à l'unique superpuissance ? » s'interroge un diplomate[2].

---

1. Fondé le 15 juin 1964 par les pays en voie de développement, le Groupe 77 dit « G77 » regroupe aujourd'hui 133 pays qui forment la plus grande coalition au sein de l'ONU.
2. Pierre Hazan, « Nations unies "made in New York" », *Libération*, 7 novembre 2002.

Les représentants des 191 États membres ? De qui tiennent-ils leur légitimité ? Certainement pas des peuples qu'ils prétendent représenter et dont les deniers alimentent le budget de l'ONU, ses organisations, programmes, bureaux régionaux et autres missions sans que ces « ambassadeurs » aient à rendre le moindre compte de leurs dépenses, comme de leurs activités ou de leurs votes devant leurs Parlements respectifs. « Qui sont, en effet, ces grands démocrates, chantres de l'État de droit et de l'opinion publique, autoproclamés autoritairement les seuls représentants légitimes de l'ensemble des citoyens du monde ? » interpelle Gregory Berkovicz, consultant et spécialiste en droit international, président du Cercle indépendant humaniste et réformateur : « Des politiciens déguisés, des lobbyistes qui taisent leur nom, des doctrinaires d'un autre temps et quelques idéalistes parfois plus dangereux encore ! »

La réforme des Nations unies ?

« Le travail de réforme, initié notamment par M. Boutros Boutros-Ghali et poursuivi par M. Kofi Annan, répond avant tout à une nécessité fonctionnelle : c'est une réforme administrative menée par les administrateurs de l'Organisation. La réforme attendue aujourd'hui pour répondre aux défis du phénomène de mondialisation est une réforme politique. Il y a là une différence de nature plutôt que de degré. La voie d'une grande refondation politique semble la plus adéquate. »

Créer une autre organisation internationale ?

« Non. La création d'une organisation internationale de troisième génération est une dangereuse utopie qui risquerait fort de porter en elle la destruction de l'organisation la plus universelle et la plus ambitieuse du point de vue des objectifs poursuivis qui ait jamais existé. »

L'influence d'une Europe en pleine construction sur une réforme de l'ONU elle-même en crise de croissance ?

« Les manœuvres commerciales et stratégiques américaines à destination de certains pays membres ou candidats de l'Union européenne démontre l'enjeu de l'existence d'une position commune européenne au sein de l'Organisation. L'Europe pourrait exister au sein de l'ONU et l'ONU aurait besoin de l'Europe pour exister politiquement. Cependant, il apparaît que la capacité d'attraction américaine et la faiblesse de dirigeants européens "à courtes vues" hypothèquent lourdement cette voie », constate-t-il.

Les structures de l'ONU, tout particulièrement le Conseil de sécurité omniprésent, sont héritées d'une situation mondiale qui date de plus d'un demi-siècle. « Elles doivent évoluer, se réformer », estime Jacques Le Dauphin. Toutefois les choses ne sont pas simples car les cinq puissances qui composent le Conseil de sécurité n'entendent pas céder un pouce de leurs prérogatives. Et « les États-Unis pèsent lourdement dans toutes les décisions de l'Organisation et en marquent profondément toutes les instances directives ou indirectes comme l'OMC, le Fonds monétaire international, la Banque mondiale, etc. C'est sous leur volonté ou leur couvert que les principes de la Charte sont violés ». Dans ces conditions, comment parvenir à enclencher les mécanismes nécessaires à une démocratisation de l'ONU que ces spécialistes de l'organisation internationale et des questions internationales sont unanimes à plaider ? Pour Grégory Berkovicz, « une démocratisation *stricto sensu* de l'ONU passe d'abord par un renforcement de la représentativité politique des “peuples des Nations unies”. Toutefois, on comprend aisément que le renforcement de cette représentativité politique bute sur les nécessités d’effectivité et de rationalisation. La démocratisation passe également par une responsabilisation politique des décideurs, au premier rang desquels le Conseil de sécurité, et par un contrôle de l’action du système ONU. En somme, on revient à la nécessité de retrouver l’équilibre des pouvoirs et des contre-pouvoirs. En premier lieu, la représentativité passerait par une réforme du Conseil de sécurité et par une réforme de l’Assemblée générale». D’autant que pour les citoyens, l’ONU apparaît comme une superstructure éloignée sur laquelle ils n’ont aucun pouvoir et ne sont associés en aucune manière, ni même informés, sinon après coup, de l’activité et de la position des représentants de son État.

Un système en perte de légitimité

S’agissant de l’équilibre des pouvoirs, «l’enjeu est d’accroître la légitimité de l’institution et l’acceptabilité des normes qui en sont issues par la société internationale qui en est destinataire», pense Grégory Berkovicz. Ainsi, selon lui, «l’Assemblée générale devrait se voir confier une mission de contrôle de l’activité des Nations unies et notamment des actes normatifs du Conseil de sécurité». Il n’oublie pas non plus le secrétaire général de l’organisation dont «le renforcement des pouvoirs et la mise en jeu de sa responsabilité devant l’Assemblée générale et le Conseil de sécurité apparaissent comme une nécessité fonctionnelle». Enfin, point capital mis en exergue par la guerre anglo-saxonne contre la République d'Irak, « un système démocratique ne saurait aujourd'hui être admis en tant que tel sans l'instauration d'un contrôle juridictionnel de la légalité des actes qui en émanent. Un contrôle *in concreto* par voie d'exception des actes de l'Assemblée générale et du Conseil de sécurité devant la Cour internationale de justice semble répondre à cette obligation », indique-t-il.

Mais ces avancées démocratiques ne viendront pas par décret. Il suffit, pour s'en convaincre, de voir les difficultés auxquelles est confronté le Groupe de travail de l'Assemblée générale des Nations unies chargé de formuler des propositions sur la réforme de la représentation au sein du Conseil de sécurité. Pour Jacques Le Dauphin, « c'est une question de rapport de force. Les États, si possible poussés par leurs opinions publiques, peuvent intervenir en ce sens mais si tous par principe sont égaux en droits, ils ne pèsent pas de la même façon. De toute manière, quelle que soit l'organisation internationale aujourd'hui, elle se trouve confrontée à cette problématique. Il n'y a pas de recettes miracles, sinon de remettre en cause le rapport de forces existant. Si on veut rendre le monde plus sûr, moins inégalitaire, plus juste, on ne peut s'en remettre exclusivement au rôle des États, aussi important soit-il, ou même d'une organisation internationale, même l'ONU, au demeurant interétatique. Cela doit s'articuler avec une montée sans précédent de l'intervention citoyenne. »

Pour sa part, Maurice Bertrand ne manque pas de souligner également que « l'une des raisons pour lesquelles l'ONU est impuissante aujourd'hui à résoudre les grands problèmes de la planète, c'est que la représentation se fait par les États. À l'Assemblée générale, chaque État a une voix, ce qui met par exemple le

Brésil au même niveau qu'une petite île du Pacifique». Et l'Afrique qui compte 54 pays a 54 voix, mais l'Inde où il y a un milliard d'individus, soit quelques centaines de millions de plus que l'Afrique, n'a qu'une voix. «On est dans l'absurdité totale. Le problème de la représentation des peuples à l'intérieur d'une institution mondiale est fondamental», dit-il. D'où l'idée qu'il émet, difficile à réaliser dans le contexte international actuel, mais susceptible, selon lui, de favoriser un rapprochement des peuples et un vent de démocratie: «L'élargissement du G8[1] peut être une approche raisonnable avec, outre les huit, l'Inde, la Chine, le Brésil, l'Indonésie et un certain nombre de représentations régionales de groupes d'États.» Maurice Bertrand pense en effet que cette disposition obligerait par ailleurs ces groupes d'États à s'organiser sur le plan régional sur le modèle de l'Europe ou non. Ce peut être le cas des 24 pays des Caraïbes, l'Amérique du Sud de langue espagnole et d'autres comme les États africains. «On aurait ainsi un endroit de travail et de négociation sérieux, ce que n'est pas l'ONU», pense-t-il, car «à l'ONU, on parle de tout mais on ne négocie rien du tout. Il y a des négociations bilatérales dans les couloirs, c'est une occasion de se rencontrer mais on ne traite rien sur le fond des grands problèmes mondiaux. Le problème de la mondialisation politique est posé et n'est pas soluble actuellement. Sans doute faut-il attendre que les États-Unis aient fini leur crise de conservatisme et que la construction européenne soit plus avancée?» Mais pendant ce temps, les problèmes non résolus s'aggra-

1. Le G7/8, institué par la France en 1975, réunit les chefs d'État ou de gouvernements des sept plus grands pays industrialisés. Il a été élargi à la Fédération de Russie en juin 1997.

vent. Et, ainsi qu'il le fait observer, « il faudra bien répondre un jour, par exemple, au phénomène de la pression migratoire (...). Il y a dans les pays riches une inconscience totale de la situation mondiale et la réponse sécuritaire ne résoudra en rien les problèmes. Le budget militaire américain est de 345 milliards de dollars, une fois un tiers le budget total de l'État français ! ».

700

Clubs d'influence onusiens pour pillages organisés

Pendant que les problèmes perdurent et s'aggravent, depuis une quinzaine d'années, quelques États s'emploient à détourner l'ONU dans ses missions en se confectionnant des clubs sur mesure avec les États qui leur conviennent. La plupart de ces groupements sont mis en place et contrôlés par les Américains qui installent à leur tête d'anciens fonctionnaires d'institutions du système onusien. « La diplomatie secrète a laissé la place à la diplomatie discrète. On parle de mondialisation tout le temps, mais on se garde d'informer l'opinion sur la réalité des problèmes », observe Maurice Bertrand. Des structures quasi privées, destinées uniquement à favoriser des opérations géopolitiques et les intérêts économiques et financiers de quelques États, se développent autour de l'ONU. Ces vingt dernières années ont ainsi été marquées par le développement faramineux de structures informelles comme le G7 devenu G8. Celui-ci réunit les chefs d'État ou de gouvernement des sept plus grands pays industrialisés avec la Fédération de Russie depuis 1997, sous la réserve qu'elle ne participe pas aux discussions économiques et financières ; le G15 qui regroupe 17 pays en développement pour promouvoir la consultation Sud-Sud et le dialogue Nord-Sud ; le G20, sommet annuel qui réunit depuis 1999 les ministres des Finances et les gouverneurs des banques centrales des pays du G8, de 11 autres pays, le ministre des Finances du pays à la présidence de l'Union européenne, le gouverneur de la BCE et des représentants de la Banque mondiale et du Fonds monétaire international ; le Groupe de Cairns qui regroupe 18 grands pays exportateurs de produits agricoles ; le Forum de Davos, etc. « Les organisations internationales du système onusien sont encore sur un principe démocratique mais il est évident que ces groupes interétatiques ont été voulus par les États qui ont choisi les membres de ces mini-clubs et ce multilatéralisme affaiblit l'influence des organisations de l'ONU », fait remarquer un fonctionnaire proche du système onusien. Et, bien souvent, c'est au sein des réunions de ces groupes et autres clubs que des pays décident de l'attitude qu'ils adopteront en commun à l'ONU, non plus en fonction de l'intérêt général mais d'intérêts particuliers, pour l'essentiel économiques et financiers. Le 13 mars 2003, Renato Martino, président du Conseil pontifical pour la justice et la paix et ex-observateur du Vatican devant les Nations unies, déclare que « les pressions exercées par les grands pays sur les petits au Conseil de sécurité de l'ONU altèrent le processus de décision de l'organisme ». Et souligne qu'« il n'est pas juste que les grands exercent sur les petits une pression plus forte que leur capacité de résistance », faisant clairement référence à l'action des autorités américaines qui prétendent bénéficier, par pressions et chantages, des votes de plusieurs pays membres non permanents du Conseil de sécurité en faveur de la guerre contre l'Irak. Le président du Conseil pontifical fait gravement observer « qu'une décision en dehors des Nations unies mettrait en doute non seulement sa crédibilité mais aussi son avenir ». Combien vaut, par exemple, la Bulgarie, ce membre non permanent du Conseil de sécurité dont le Premier ministre, l'ex-monarque Siméon de Saxe-Cobourg-Gotha, a choisi le camp de la guerre, soutenant subitement sans réserve la position américaine et mettant des bases militaires à disposition de l'armée américaine ?

Le cas de la guerre contre la République fédérative de Yougoslavie illustre comment fonctionne ce système où se retrouvent structures privées et organismes internationaux de l'ONU.

Les damnés du Kosovo

Après avoir financé et monté de toutes pièces des embryons de syndicats, de partis politiques d'« opposants », arrosé des médias, provoqué des troubles au Kosovo en finançant, armant et entraînant les groupes terroristes de l'UCK pour renverser le régime du président Milosevic en République fédérative de Yougoslavie, les Américains ont contribué à la mise en place d'un groupe régional destiné à préparer le terrain de l'intervention économique américaine dans le tissu économique yougoslave. « Ce sont les États-Unis et l'Union européenne qui ont pris directement en main la vie économique et sociale de la Yougoslavie. Ils exercent leur contrôle absolu via le G17 Plus, un cercle économique financé par l'Ouest et composé d'anciens responsables du Fonds monétaire international (FMI) et de la Banque mondiale », témoigne Michel Collon, qui a enquêté en Yougoslavie en 1999 pendant et après la première période de la guerre[1]. Les écrits et images qu'il en rapporte sont sans conteste l'un des plus importants travaux sur cette guerre voulue par Washington aux portes de l'Europe et préparée de longue date par les services américains et le Pentagone. Ceux-ci se réjouissent aujourd'hui – un peu vite – du poison qu'ils ont versé dans la construction européenne. La guerre continue aujourd'hui sous d'autres formes. *Les damnés du Kosovo*, film de Michel Collon et de Vanessa Stojilkovic, donne la parole aux oubliés des médias et fourmille de témoignages et de documents exclusifs qui aident à comprendre comment la seconde guerre des Balkans a été planifiée et les raisons de ses actuels développements[2]. « C'est G17 Plus qui a fourni tous les hommes clés du nouveau régime : le vice-Premier ministre Mirojslav Labus, le gouverneur de la banque nationale Mladan Dinkic et le ministre des Finances Bozidar Djelic. Ce sont eux qui ont préparé toutes les lois de liquidation des protections sociales et de démantèlement des droits des travailleurs. Ce sont eux, les hommes du FMI, qui ont déclenché la privatisation des entreprises autogérées par les travailleurs, le dernier héritage de Tito. Vingt-deux sociétés ont été vendues aux enchères, cinq privatisées, vingt-six sont en restructuration et l'interdiction de licencier a été supprimée pour mieux plaire aux investisseurs étrangers », précise-t-il. Mais le dépeçage de la Yougoslavie ne s'arrête pas là puisque lorsqu'il est ministre des Finances Djelic baisse l'impôt des sociétés de 20 % à 14 % et

---

1. Michel Collon, *La guerre globale a commencé*, éd. Temps des cerises-EPO, Bruxelles, et *Poker menteur*, éd. EPO, Bruxelles.
2. Le film *Les damnés du Kosovo* et documents peuvent être commandés en plusieurs langues auprès de Michel Collon, michel.collon@skynet.be

inonde de cadeaux les nouveaux patrons, les multinationales et les pays riches au moment où les gens n'ont plus de quoi vivre. Ainsi, « Djelic a annoncé que son gouvernement "rembourserait" immédiatement 60 millions d'euros à la Banque mondiale, à la Banque européenne d'investissement et au "Club de Paris". L'Ouest a détruit la Yougoslavie mais se fait "rembourser" ! » L'ancien ministre Djelic doit beaucoup à ses soutiens occidentaux. Depuis, le G17 Plus s'est transformé en parti politique afin de tenter de continuer d'influer sur la politique économique de la Serbie de l'intérieur du gouvernement. Mais la tromperie ne dure qu'un temps et les manipulations des États-Unis et des clubs onusiens contre les peuples de la Yougoslavie commencent à se faire jour.

Un dispositif semblable fut mis en place et tente de s'installer pour le pillage de l'Irak, de ses richesses archéologiques à celles de son sous-sol. Le monde est-il voué au chaos ?

Les enfants de la guerre n'ont plus rien à perdre

« Je ne traiterai pas du système de l'administration des Nations unies car c'est un non-système, considère Jean Bonvin, de l'OCDE. Qui représente les États ? Ce sont des ambassadeurs, des fonctionnaires, ce ne sont pas des élus ! rappelle-t-il. Il faut une part de rêve, d'utopie pour changer les choses, dit-il, car, sans cette utopie, nous n'y arriverons pas et nous sommes condamnés à disparaître. Les problèmes de la planète sont d'une telle dimension, d'une telle urgence qu'on ne peut les résoudre qu'à l'échelon planétaire. Or, à l'échelon planétaire il n'y a pas de gouvernement mondial, il n'y a pas de parlement mondial. Il faut repenser tout ce système sinon nous n'arriverons pas à résoudre les problèmes de la planète. »

Repenser tout ce système ? C'est ce qu'ont fait les 133 pays membres du G77, une majorité au sein de l'ONU dont les propositions sont toujours sans réponses. Quelle force leur manque-t-il donc pour exiger un réel débat sur une véritable réforme de l'ONU autour de leurs propositions ? Que resterait-il de l'ONU si cette majorité onusienne menaçait de ne plus payer ses contributions tant qu'il n'y aura pas égalité de traitement politique avec les pays riches ? Ces États et leurs peuples, méprisés comme des « citoyens de seconde zone », écartés du Conseil de sécurité, privés d'informations essentielles, bafoués jusque dans leurs droits internationaux élémentaires pourtant proclamés par la Charte des Nations unies doivent, c'est évident, faire entendre leur voix autrement que par de simples rapports. Dans la situation présente, tout est envisageable. Maurice Bertrand considère que « le seul moyen qu'un secrétaire général aurait de faire entendre sa voix, décidé à faire changer les choses, est de démissionner à une bonne occasion afin de créer un choc et de poser les problèmes. Mais pour cela il faut du courage politique et une bonne occasion ». Le conflit en Irak donnait à Kofi Annan une bonne occasion de poser les questions et de mobiliser les représentants des nations pour une réforme politique profonde de l'ONU à un moment où les peuples sont mobilisés contre la guerre et pour le respect de la Charte des Nations unies. Mais la volonté et le courage politique ne sont toujours pas au rendez-vous.

« C'est moins dans la recherche d'une nouvelle hypothétique structure mondiale que dans la mise en mouvement de millions d'êtres humains que se trouvent les clés d'un autre avenir pour le monde et, par là même, d'une Organisation des Nations unies susceptible de le réguler, insiste Jacques Le Dauphin. Mais il faut rêver cependant, car certains rêves peuvent devenir des rêves mobilisateurs. La réforme – la refondation – de l'ONU ne sera cependant possible que lorsque "Carthage aura été détruite". Mais les campagnes, même pour cette réforme, peuvent contribuer à saper les pieds d'argile de l'empire. Il convient donc de les mener avec lucidité et détermination », relève Christian Bouchet, également partisan de telles mobilisations.

Certes, rêver est indispensable. L'ampleur du chantier y invite. Mobiliser des millions d'êtres humains afin que l'Assemblée des représentants des États devienne enfin celle des « peuples des Nations unies », écrivant l'Histoire en accord avec leur Charte, pourquoi pas ? Le conflit irakien montre, s'il le fallait, qu'en se mobilisant, y compris contre leurs dirigeants comme aux États-Unis, en Grande-Bretagne, en Italie ou en Espagne, les peuples peuvent créer de grandes choses, isoler les saboteurs de la paix, changer la donne décidée par les dirigeants de quelques États. Mais, le temps est compté et le jeu de quelques grandes puissances qui régulaient le sort du monde en voie d'épuisement. À l'heure où quelques États foulent à nouveau du pied les principes et décisions des Nations unies, à l'heure où de plus en plus d'« Éthiopie » frappent avec insistance à la porte de l'organisation internationale pour construire un monde meilleur sans jamais être entendues, à l'heure où l'ONU laisse perpétrer une guerre par quelques États contre la Charte des Nations unies et contre les décisions de son propre Conseil de sécurité sans broncher, l'organisation internationale n'a que deux choix : faire rapidement respecter et vivre ses idéaux en se démocratisant ou disparaître. Mais n'a-t-elle pas déjà rompu définitivement avec le premier ?

Les enfants de la guerre, la plupart sans familles, sans toit et sans terre, la vie détruite par des agresseurs venus d'Occident ou d'ailleurs n'ont plus rien à perdre et n'attendent surtout plus rien d'une ONU à leurs yeux discréditée. Pourquoi croiraient-ils en l'ONU pour un avenir meilleur et de paix quand celle-ci a laissé assassiner leurs familles, détruire leurs villes et villages, piller leurs pays par des bandes armées parfois depuis des décennies ?

Le terrorisme de la résistance, fruit d'un trop lourd désespoir et d'une volonté de justice, est la réponse de « l'homme aux mains nues » au terrorisme prémédité, froidement calculé, planifié, odieusement répété de l'occupant occidental. Toutes les polices n'y pourront rien changer. Monsieur le secrétaire général de l'Organisation des Nations désunies pourra-t-il continuer ainsi longtemps ses discours sur « la promotion et le respect des valeurs fondamentales » dans un monde où les ruines s'amoncellent ? Dans l'attente, que personne ne s'étonne si les lâchetés et compromissions onusiennes engendrent des actes de révolte et de résistance de plus en plus radicaux et absolus. Contre les violents dont l'ONU laisse le bras armé meurtrir la planète tourne la violence. Et ce n'est que justice faute de droit.

L'ONU ? Elle est à l'image de *La Table verte*, cette satire féroce contre la guerre créée en 1932 par le remarquable chorégraphe allemand Kurt Jooss. Autour de la « table verte » se réunissent des messieurs vêtus de noir à l'image des premiers fonctionnaires internationaux de la Société des Nations de l'époque qui décident de la vie ou de la mort de millions d'êtres humains. Derrière les discours fleuves, les rapports inutiles, les menaces théâtrales et le ballet pompeux des diplomates se tient la Mort, impatiente d'ouvrir la ronde macabre à la moindre occasion. Depuis, si l'on en croit les discours de monsieur le secrétaire général, de réformette en réformette de l'ONU, bien des choses ont changé autour de la « table verte ». Pour vous en assurer, sachez que si vous avez lu ce livre en une heure, lorsque vous tournerez cette page, dans le même temps neuf cents personnes seront mortes de faim sur terre. « Seulement » de faim...

ANNEXES

L'ORGANISATION DU SYSTÈME ONUSIEN

Pour promouvoir ses idéaux, l'ONU s'est structurée autour d'un squelette qui, avec le temps, s'est musclé d'organisations, d'associations et d'institutions spécialisées répondant à des besoins nouveaux. Six organes principaux ont été créés pour assurer le fonctionnement de l'organisation : l'Assemblée générale, le Conseil de sécurité, le Conseil économique et social, le Conseil de tutelle et le Secrétariat se trouvent au siège des Nations unies à New York, tandis que le sixième, la Cour internationale de justice, est installé à La Haye, Pays-Bas.

L'Assemblée générale

C'est le principal organe de délibération ; il se compose des représentants de tous les États membres qui disposent chacun d'une voix. Ses sessions ordinaires se tiennent habituellement de septembre jusqu'à la mi-décembre. Pour assurer une représentation géographique équitable, la présidence de l'Assemblée revient chaque année par roulement à l'un des six groupes d'États suivants : États d'Afrique,

États d'Asie, États d'Europe orientale, États d'Amérique latine, États d'Europe occidentale et autres États.

Le Conseil de sécurité

Composé de quinze membres, dont cinq permanents (Chine, États-Unis, Fédération de Russie, France et Angleterre), et de dix membres élus par l'Assemblée générale pour un mandat de deux ans, il a la responsabilité principale du maintien de la paix et de la sécurité internationales. Chaque membre du Conseil dispose d'une voix. Les décisions de procédure sont prises par un vote affirmatif de neuf au moins des quinze membres. Les décisions sur les questions de fond sont prises par un vote affirmatif de neuf membres également, parmi lesquels doivent figurer les cinq membres permanents. C'est la règle de « l'unanimité des grandes puissances », encore appelée « droit de veto ». En effet, si un membre permanent est opposé à une décision, il peut voter contre, ce qui revient à opposer son veto Mais s'il ne souhaite pas soutenir une décision sans bloquer les débats en usant de son droit de veto, il peut simplement s'abstenir.

Le Conseil économique et social, cœur de la vie des OI

Le Conseil économique et social est l'organe principal de coordination des activités économiques et sociales de l'ONU, de ses organismes et institutions spécialisées, dites « organisations internationales gouvernementales » et souvent désignées sous l'appellation d'OIG ou d'OI. Il comprend cinquante-quatre membres élus pour trois ans. Les décisions sont prises à la majorité simple, chaque membre disposant d'une voix. Le système onusien comprend le Secrétariat des Nations unies, des programmes et fonds des Nations unies et des institutions spécialisées. Ces dernières, liées aux Nations unies par des accords spéciaux, relèvent du Conseil économique et social ou de l'Assemblée générale. Elles ont leurs propres budgets et organes directeurs, fixent leurs normes et principes, et dispensent aide technique et assistance dans presque tous les secteurs des activités économiques et sociales. La plupart ont leur siège en Suisse, principalement à Genève.

Le Conseil économique et social tient généralement une session de fond de cinq semaines chaque année, une fois à New York et l'autre à Genève. Tout au long de l'année, les travaux du Conseil se déroulent dans des commissions et comités qui se réunissent de manière régulière et font rapport de leur activité au Conseil.

Les institutions spécialisées

Les institutions spécialisées de l'ONU sont : l'Organisation internationale du travail (OIT), l'Organisation des Nations unies pour l'alimentation et l'agriculture (FAO), l'Organisation des Nations unies pour l'éducation, la science et la culture (UNESCO), l'Organisation mondiale de la santé (OMS), le groupe de la Banque mondiale – avec la Banque internationale pour la reconstruction et le développement (BIRD), l'Association internationale de développement (AID), la Société financière internationale (SFI) et l'Agence multilatérale de garantie des investissements (AMGI) –, le Fonds monétaire international (FMI), l'Organisation de l'aviation civile internationale (OACI), l'Union postale universelle (UPU), l'Union internationale des télécommunications (UIT), l'Organisation météorologique mondiale (OMM), l'Organisation maritime internationale (OMI), l'Organisation mondiale de la propriété industrielle (OMPI), le Fonds international de développement agricole (FIDA), l'Organisation des Nations unies pour le développement industriel (ONUDI) et l'Organisation mondiale du commerce (OMC).

Le Conseil de tutelle

Il se compose des cinq membres permanents du Conseil de sécurité. Il a été créé afin de surveiller l'administration des territoires placés sous le régime de tutelle créé par la Charte dans le but de faire progresser la condition des habitants des onze territoires de tutelle existant à l'origine et de favoriser leur évolution vers l'autonomie ou l'indépendance : le Togo sous administration britannique, le Togo sous administration française, la Somalie sous administration italienne, le Cameroun sous administration française, le Cameroun sous administration britannique, le Tanganyika sous administration britannique, le Rwanda-Urundi sous administration belge, le Samoa occidental sous administration néo-zélandaise, le Nauru administré par l'Australie, la Nouvelle-Guinée sous administration australienne, les États fédérés de Micronésie, la République des îles Marshall, le Commonwealth des îles Mariannes septentrionales qui s'associent aux États-Unis en 1990 comme les îles Palaos en 1994. À ce jour, tous les territoires sous tutelle ont accédé à l'autonomie ou à l'indépendance soit en tant qu'États distincts, soit en se joignant à des pays indépendants voisins. En 1994, le Conseil de sécurité a mis fin à l'accord de tutelle qui liait l'ONU au dernier des onze territoires d'origine. Le règlement intérieur a été modifié et il ne se réunit désormais que lorsque les circonstances l'exigent.

La Cour internationale de justice

Principal organe judiciaire des Nations unies, elle est composée de quinze juges conjointement élus par l'Assemblée générale et le Conseil de sécurité. Elle statue sur les différends entre pays. Les États participent de leur plein gré aux procès, mais une fois qu'ils ont accepté d'y prendre part, ils sont tenus de se conformer à la décision de la Cour.

Le Secrétariat général

Le Secrétariat de l'ONU constitue la pièce maîtresse de cet ensemble. Il exécute les tâches techniques et administratives dont le chargent l'Assemblée générale et les autres organes de l'ONU. Il est dirigé par le secrétaire général qui assure l'orientation administrative d'ensemble. Celui-ci, décrit par la Charte des Nations unies comme « le plus haut fonctionnaire de l'organisation », est nommé par l'Assemblée générale sur proposition du Conseil de sécurité pour un mandat d'une durée de cinq années renouvelable. Il est le responsable de l'administration. Depuis sa création, l'ONU a connu sept secrétaires généraux.

Il se compose de départements et de bureaux comptant près de 8 700 personnes. Ses ressources financières proviennent du budget ordinaire et de fonds spéciaux versés par quelque 170 pays. Outre le siège de l'ONU à New York, il comprend notamment les offices des Nations unies à Vienne (ONUV) – siège des activités des Nations unies dans les domaines de la lutte contre la drogue, la prévention du crime et la justice criminelle, les utilisations pacifiques de l'espace et le droit commercial international – et l'Office des Nations unies à Nairobi (ONUN), siège des activités dans les domaines de l'environnement et de l'habitat.

Cet ensemble de structures complexe est censé, selon la Charte des Nations unies, communiquer en interne comme en externe en cinq langues officielles – l'anglais, le français, l'espagnol, le russe et le chinois – auxquelles l'arabe a été ajouté comme langue officielle de l'Assemblée générale, du Conseil de sécurité et du Conseil économique et social.

MANIPULATION MENTALE AU SEIN DE L'ONU

Se procurer certains rapports, documents publics émis par l'ONU et ses institutions spécialisées en français, l'une des langues officielles des organisations n'a rien d'évident. D'office, certains services vous imposent ceux-ci rédigés en anglais. Et lorsque vous les demandez en français, y compris avec insistance, les prétextes les plus courants fusent: « Désolé mais nous n'avons celui-ci qu'en anglais », « Il n'y en a plus mais il est en réimpression », « En français ? Il est épuisé mais nous l'aurons sans doute dans quelques semaines » ou encore « Je ne le trouve pas, nous n'en n'avons plus mais prenez celui en anglais »... Contrairement à une idée entretenue, le parler anglo-américain n'a rien d'une fatalité qui accompagnerait la période d'ultra-libéralisme actuelle sous prétexte d'impératifs de communication et de nécessités commerciales. Preuve en est que la société française de l'agro-alimentaire Bonduelle, présente dans vingt-trois pays, a fait du français la langue officielle de son groupe, y compris dans la première filiale qu'elle a ouverte en 1999 aux États-Unis, près de New York. Et la défense des langues, des cultures et de la pluralité n'est pas une petite guéguerre d'opérette ou une « cause perdue » comme les défaitistes tentent de l'accréditer : « Elle conditionne notre survie et donc, à terme, notre indépendance économique et politique », affirme l'universitaire français Charles-Xavier Durand.

Transférer l'autorité des institutions

Ce dernier rappelle que « langue et culture étant indissociables, la langue unique entraîne automatiquement l'adhésion aux principes et aux valeurs sécrétés par la culture qu'elle sous-tend. Par conséquent, elle sert de facto les intérêts des pays pour lesquels elle est aussi langue nationale ». Et l'auteur de *La Manipulation mentale par la destruction des langues*[1] de souligner les conséquences de ce processus : « Qu'on le veuille ou non, l'adoption d'une langue unique entraîne à terme le transfert de l'autorité de toutes les instances internationales qui l'utilisent vers les pays où elle est utilisée comme langue nationale, quelles que soient l'origine nationale de leurs secrétaires généraux et la composition de leurs comités de pilotage. On le voit aujourd'hui au niveau d'organisations onusiennes telles que la Banque mondiale, le Fonds monétaire international, le Tribunal international, d'autres comme l'OTAN bien sûr, mais aussi au sein de la Commission de Bruxelles. »

Imposer l'anglais comme langue unique

Albert Salon, défenseur de la langue française et président du Forum francophone international

---

1. Charles-Xavier Durand, *La Manipulation mentale par la destruction des langues*, éd. François-Xavier de Guibert.

(section française), révèle « qu'à l'initiative du Parlement européen et sur financement d'institutions publiques allemandes, autrichiennes et néerlandaises un projet de Code civil européen rédigé sur la base du droit américain est à l'étude avec l'objectif d'effacer le Code civil français et les codes dérivés – notamment le Code du travail – afin de briser le ciment social et l'influence qu'il représente en Europe et dans bien des pays du monde. Voilà comment se prépare la soumission de l'Europe à l'empire ! ».

Des hauts fonctionnaires des ministères des Finances et de la Culture français ont imaginé en septembre 2001 – circulaire Tasca – que la présentation des produits pouvait être faite par des pictogrammes et accompagnée d'une langue étrangère, autrement dit l'anglais. « Nous menons le combat contre cette disposition afin de la faire annuler par le Conseil d'État mais cela montre bien comment Bruxelles intervient par tous les moyens possibles dans la vie des États mais aussi des entreprises, des universités pour faire en sorte que le modèle et la langue anglo-américains s'imposent dans les pays. Ils ont également exigé que les candidats à l'entrée dans l'Union européenne traitent et communiquent uniquement en anglais avec Bruxelles, y compris les pays francophones dont la langue, le français, est pourtant officielle dans l'organisation », précise Albert Salon. Et dans de nombreuses organisations internationales du système onusien, il est parfois impossible de communiquer ou d'accéder à des études rédigées en français bien que les contribuables français alimentent le budget de l'ONU, que leur langue y soit reconnue comme langue officielle et que les deux langues officielles de travail de l'ONU soient le français et l'anglais.

Il en est de même pour d'autres langues officielles de l'ONU, tel l'arabe. Un fonctionnaire rapporte que lors d'une réception, l'ancienne directrice générale de l'OMS, Gro Harlem Brundtland, a remis une plaquette d'information rédigée uniquement en anglais. Un représentant d'un pays arabe lui faisant part de son étonnement que celle-ci ne soit pas également rédigée en arabe conformément aux dispositions de l'organisation, elle lui répondit que « l'anglais était désormais la langue internationale et qu'il fallait s'y adapter ». Le représentant arabe lui fit alors remarquer : « Comment cela, madame Brundtland, nous représentons une civilisation millénaire, riche d'inventions et dont la langue est parlée par des centaines de millions de personnes et vous avez la prétention de nous imposer celle de votre petit village de pêcheurs de Norvège ?! » Ne sachant quoi répondre, la directrice de l'OMS prit alors prétexte du coût exigé par la traduction. « Il suffisait de nous le demander si vous n'avez plus d'argent pour communiquer. Nous pouvons quand même payer la traduction ! » répondit le représentant arabe, offusqué et ironique.

Constat d'un sociologue d'une organisation internationale de Genève : « Si vous lisez les documents émis par les organisations internationales voici une vingtaine d'années et que vous comparez avec ceux d'aujourd'hui, vous verrez que les choses compliquées ne s'écrivent même plus, ce qui signifie qu'elles sont de moins en moins discutées dans le domaine social »...

AU KOSOVO, L'OTAN A FAIT UN MARIAGE DE RAISON AVEC LA MAFIA

Pourquoi le caractère mafieux et criminel des régimes mis en place par l'OTAN n'est-il jamais analysé ? Le constat est pourtant clair, à entendre James Bisset, ancien ambassadeur canadien en Yougoslavie : « Le Kosovo reste une société sans loi, complètement intolérante aux minorités ethniques et un des endroits les plus dangereux de la terre. »

Pourquoi le Kosovo reste-t-il une terre sans loi ? À cause de puissants intérêts économique explique l'expert canadien Chossudovsky : « Les barons de la drogue du Kosovo, d'Albanie et de Macédoine sont devenus les nouvelles élites économiques, souvent liées à d'importants intérêts commerciaux occidentaux. Les revenus financiers des trafics de drogues et d'armements ont alors été recyclés dans d'autres activités illégales comme les réseaux de prostitution. De hauts responsables du régime du président albanais Berisha ont été impliqués dans le trafic de drogues et le trafic illégal d'armes avec le Kosovo. Trafics qui ont pu fleurir impunément malgré le présence depuis 1993 d'un important contingent de troupes américaines. Ces dernières années, ce trafic de drogue a permis à l'UCK de mettre trente mille hommes sur pied de guerre en peu de temps. L'OTAN a fait un mariage de raison avec la mafia. » Ce que confirment les services de police européens et notamment l'Agence criminelle fédérale de Grande-Bretagne : « Les Albanais sont à présent le plus important groupe pour la diffusion de l'héroïne en Occident. »

On sait que la drogue est, avec les armements et la publicité, un des trois secteurs économiques les plus importants de la société capitaliste actuelle. On sait aussi que la CIA a, un peu partout sur la planète, mis en place des trafics ou des trocs « armes-drogue-pétrole », et cela en complicité avec les pires groupes mafieux. Le flirt avec l'UCK a de nombreux précédents.

La mafia albanaise contrôle aussi le détournement de l'aide internationale, réexportée, avec la corruption qui en découle. En juillet 2002, des enquêteurs de l'Union européenne « ont découvert 4,5 millions d'euros sur divers comptes à Gibraltar ». Cet argent avait été détourné de l'Agence de l'énergie du Kosovo. On ne s'étonnera donc pas que les coupures d'électricité y demeurent un fléau quotidien.

Toutes ces fraudes sont-elles un accident, un phénomène secondaire ? Ou au contraire, une partie intégrante du système mis en place ? Un officiel européen, parlant sous condition d'anonymat, répond : « La communauté internationale a injecté au Kosovo entre 15 et 18 millions d'euros ces trois dernières années, mais nous n'avons pas encore rétabli les infrastructures de base. » Il ne s'agit pas de fraudes secondaires. La même évasion massive s'est produite en Bosnie autour du clan du président musulman Izetbegevovic.

Michel COLLON

Journaliste d'investigation, écrivain et réalisateur

LES « CHIENS DE GUERRE » SONT LÂCHÉS

Ils viennent des États-Unis, de Grande-Bretagne, du Népal, d'Italie, d'Israël, des Philippines, d'Afrique du Sud mais aussi de France et... des îles Fidji. Ce sont d'anciens militaires des Forces spéciales ou des SAS qui choisissent ce « job » pour gagner mieux leur vie, des professionnels en mal d'aventure, des militants d'extrême droite en manque de « ratonnade », des dingues qui se prennent pour des croisés, des « cow-boys » qui se la jouent, et de vrais criminels. Comme juge nécessaire de préciser un site officiel américain : « Le gouvernement US n'est responsable ni des compétences ni de l'intégrité des personnes ou des sociétés dont il donne les noms et coordonnées[1]. »

1 000 dollars par jour

Les sociétés de sécurité ont des noms passe-partout et chacune a sa spécialité ou son secteur de prédilection : *Pilgrims* – basée aux îles Seychelles – assure la

1. Sociétés de sécurité faisant du « business » en Irak occupé : http ://travel.state.gov/iraq_securitycompanies.html

protection rapprochée des journalistes occidentaux, *Custer Battles*, avec 12 300 employés, sécurise l'aéroport de Bagdad, *Global Risk* monte la garde devant les administrations. *ArmorGroup* a recruté 500 Gurkhas pour protéger les VIP des entreprises américaines chargées de la « reconstruction » : *Bechtel et Kellog Brown & Root*. La surveillance des pipes-lines et des champs pétrolifères est la chasse réservée d'*Erinys*. Le contrat de 400 millions de dollars signé par cette start-up a été obtenu par Ahmed Chalabi, le factotum des néoconservateurs américains qui se verrait bien Premier ministre après le « transfert de souveraineté ». Une partie des membres des « Forces irakiennes libres », sa milice privée, est payée par ce biais.

La société *Blackwater* qui protège Paul Bremer depuis l'attentat dont a été victime Paul Wolfowitz – le n° 2 du Pentagone – à l'hôtel Rashid, est la plus connue. Elle employait les quatre mercenaires de Falloujah. Installée dans les marais de Great Dismal, à cheval sur la frontière de Virginie, elle est spécialisée dans la remise à niveau d'anciens Bérets verts, Seals ou Rangers. Salaire moyen de ses « soldats » : 1 000 dollars par jour. En février 2003, elle est allée recruter des commandos chiliens – notamment certains formés à l'époque d'Augusto Pinochet – provoquant la colère de Michelle Bachelet, ministre de la Défense du Chili.

Tueurs

Les Sud-Africains opérant en Irak pour *Erinys* seraient d'environ 1 500, une participation très critiquée à Johannesburg car le Foreing Military Assistance Act interdit aux citoyens de ce pays, hier encore un des grands pourvoyeurs de mercenaires en Afrique noire, de s'engager dans les conflits armés à l'étranger. Parmi les morts dans l'attentat contre l'hôtel Shaheen, début mars 2004, on compte Frans Strydom, connu pour avoir tué de nombreux militants nationalistes en Namibie. Parmi les blessés : Deon Gouws, un policier des escadrons de la mort sous le régime d'apartheid. La « Commission vérité et réconciliation » l'a amnistié d'environ 15 meurtres et de la destruction des domiciles d'une soixantaine de militants anti-apartheid...

Certaines sociétés ont un passé controversé comme *Dyn Corp*, accusée de trafic d'esclaves sexuels et de pédophilie en Bosnie, mais qu'importe pour le Pentagone ou la CIA. À la différence des militaires, les mercenaires ne passent pas devant une cour martiale. Pour faire disparaître les gêneurs, un billet d'avion retour suffit, ou une balle dans la nuque. Plus d'une soixantaine ont été tués en opération ces dernières semaines, mais qui s'en préoccupe ? Ils sont hors statistiques du Département de la Défense américain. L'important, pour leurs employeurs, c'est de trouver des exécutants pour les basses œuvres du Pentagone : attentats aveugles attribués à l'adversaire, exécutions de responsables baassistes ou d'universitaires liés au programme irakien d'armement[1].

Danger pour le monde

Treize sénateurs démocrates américains – dont John Rockefeller IV, vice-président du Comité chargé des

1. Toute l'actualité sur le conflit irakien et la résistance : http:// iraqtual.co

services de renseignement, et Edward Kennedy – ont écrit le 8 avril 2004 à Donald Rumsfeld pour lui demander un « compte précis » des « agents de sécurité » présents en Irak et lui dire que leur instrumentalisation crée un dangereux précédent. Ils interviennent en effet hors du contrôle du Congrès et n'ont d'ordres à recevoir que des sociétés qui les rétribuent. Leur nombre grandissant – 30 000 en juillet 2004 – pose aussi un problème au Pentagone, même s'il fait semblant de ne pas être concerné : en cas de capture, un mercenaire n'est pas protégé par les Conventions de Genève. Il peut être considéré comme un espion et fusillé sans procès. Quand il s'agit d'un Fidjien, tout le monde s'en moque, mais lorsque la victime est américaine, la presse fait de gros titres – comme cela a été le cas pour les quatre de Falloujah –, l'opinion publique s'émeut et demande aux dirigeants politiques de s'expliquer.

On ne peut qu'assister avec inquiétude à la prolifération des mercenaires en Irak. Gary Jackson, PDG de Blackwater, se verrait bien à la tête d'une grande armée privée, intervenant à la commande aux quatre coins de la planète. C'est encore de la science-fiction, mais à moyen terme, il faut craindre de voir les « chiens de garde » servir d'agents aux services américains désireux de déstabiliser certains pays, y compris occidentaux.

Gilles MUNIER

secrétaire général des Amitiés franco-irakiennes

DOCUMENTS

1 – Opération des services américains contre le Conseil de sécurité de l'ONU

To: [Recipients withheld]
From: FRANK KOZA, Def Chief of Staff (Regional Targets)
CIV/NSA
Sent on Jan 31 2003 0:16
Subject: Reflections of Iraq Debate/Votes at UN-RT Actions + Potential for Related Contributions
Importance: HIGH
Top Secret//COMINT//X1

All,

As you've likely heard by now, the Agency is mounting a surge particularly directed at the UN Security Council (UNSC) members (minus US and GBR of course) for insights as to how to membership is reacting to the on-going debate RE: Iraq, plans to vote on any related resolutions, what related policies/ negotiating positions they may be considering, alliances/ dependencies, etc - the whole gamut of information that could give US policymakers an edge in obtaining results favorable to US goals or to head off surprises. In RT, that means a QRC surge effort to revive/ create efforts against UNSC members Angola, Cameroon, Chile, Bulgaria and Guinea, as well as extra focus on Pakistan UN matters.

We've also asked ALL RT topi's to emphasize and make sure they pay attention to existing non-UNSC member UN-related and domestic comms for anything useful related to the UNSC deliberations/ debates/ votes. We have a lot of special UN-related diplomatic coverage (various UN delegations) from countries not sitting on the UNSC right now that could contribute related perspectives/ insights/ whatever. We recognize that we can't afford to ignore this possible source.

We'd appreciate your support in getting the word to your analysts who might have similar, more in-direct access to valuable information from accesses in your product lines. I suspect that you'll be hearing more along these lines in formal channels - especially as this effort will probably peak (at least for this specific focus) in the middle of next week, following the SecState's presentation to the UNSC.

Thanks for your help.

A : [destinataires cachés]
De : FRANK KOZA, DEF Responsable encadrement (Cibles régionales) CIV/NSA
Envoyé le 31 Jan 2003 0:16
Objet : Le débat sur l'Irak/Votes à l'ONU - Actions RT + Potentiel pour des contributions en relation
Importance : HAUTE
Top Secret//COMINT//XI

A tous,
À l'heure qu'il est, vous savez probablement que l'Agence est en train de monter une opération particulièrement dirigée contre des membres du Conseil de sécurité de l'ONU (UNSC) (hors US et GBR bien sûr) afin de savoir comment ces membres réagissent vis-à-vis du débat en cours concernant l'Irak, leurs intentions de vote sur les résolutions prévues, les plans d'action/positions de négociations envisagés, alliances/dépendances, etc - toute la gamme d'informations qui pourrait donner un avantage aux négociateurs US dans l'obtention d'un résultat favorable aux objectifs des États-Unis et permettre d'éviter les surprises. Par actions RT, il faut comprendre un effort particulier dans le domaine du QRC afin de réinitier/créer des efforts contre les membres UNSC tels que l'Angola, le Cameroun, le Chili, la Bulgarie et la Guinée, ainsi qu'une attention particulière au Pakistan dans ses démarches à l'ONU.
Nous avons également demandé à TOUS les "topi" des RT de prêter une attention particulière aux communications professionnelles et domestiques des membres de l'ONU non-UNSC afin d'y repérer toute information intéressante concernant les délibérations/débats/votes en cours à l'UNSC. Nous avons une bonne couverture des activités diplomatiques à l'ONU (plusieurs délégations ONU) de plusieurs pays ne siégeant pas à l'UNSC en ce moment et cette couverture peut nous fournir des perspectives en rapport avec ce qui nous intéresse ainsi que toute autre information intéressante. Nous ne pouvons pas nous permettre d'ignorer l'éventualité d'une telle source.
Merci de faire passer le message à vos analystes qui disposent éventuellement, via vos lignes-produits, d'accès similaires et plus indirects à des informations précieuses. Je pense que vous allez recevoir des consignes similaires par des canaux plus formels - d'autant que cet effort va aller en s'intensifiant (au moins pour cet objectif précis) à partir du milieu de la semaine prochaine, suite à la présentation faite par le Secrétaire d'État devant l'UNSC. Merci pour votre aide.

Source : *The Observer*, 2 mars 2003

2 – Services sexuels aux agents du maintien de la paix

3 – Des cas de plus en plus nombreux de viols commis par des fonctionnaires des Nations unies

4 – Forces de maintien de la paix et prostitution enfantine

5 – Traite des femmes en Bosnie : avec la complicité de membres de la police internationale et de l'OTAN...

NATIONS UNIES **E**

Conseil Économique et Social

Distr.
GÉNÉRALE

E/CN.4/2001/73
23 janvier 2001

FRANÇAIS
Original : ANGLAIS

COMMISSION DES DROITS DE L'HOMME
Cinquante-septième session
Point 12 a) de l'ordre du jour provisoire

INTÉGRATION DES DROITS FONDAMENTAUX DES FEMMES
ET DE L'APPROCHE SEXOSPÉCIFIQUE

VIOLENCE CONTRE LES FEMMES

Rapport de la Rapporteuse spéciale chargée de la question de la violence contre les femmes, y compris ses causes et ses conséquences, Mme Radhika Coomaraswamy, présenté en application de la résolution 2000/45 de la Commission des droits de l'homme

Violences contre les femmes perpétrées ou cautionnées par l'État en période de conflit armé (1997-2000)

E. La traite des femmes dans les zones de conflit et en dehors de ces zones

53. En temps de guerre, les femmes font souvent l'objet d'une traite transnationale en vue d'assurer des services sexuels aux combattants. Lors d'un conflit armé, les femmes et les filles sont plus exposées au risque d'être enlevées et contraintes à l'esclavage sexuel et/ou à la prostitution forcée. Bien que, de nos jours, la plupart des conflits soient des conflits internes, il arrive que des femmes et des filles soient emmenées au-delà des frontières nationales, souvent à destination de camps de soldats ou de rebelles situés sur le territoire d'un État voisin. Certains au moins de ces enlèvements aboutissent à la vente de femmes et de filles à des tiers, qui les transportent à leur tour vers d'autres régions ou pays. Les États qui accueillent sur leur territoire ou qui soutiennent ces forces rebelles assument aussi l'obligation particulière de mettre fin à cette traite d'êtres humains et faire en sorte que les auteurs de ces crimes aient à en répondre. La Rapporteuse spéciale a reçu des informations selon lesquelles des femmes seraient livrées à la traite depuis des camps de réfugiés et d'autres centres d'hébergement censés assurer leur protection. Selon d'autres indications reçues, des femmes feraient l'objet d'une traite aux fins
② d'assurer des services sexuels aux agents du maintien de la paix dans des pays où ces forces sont stationnées. La traite des femmes dans le cadre de conflits armés est désormais considérée comme un crime de guerre et un crime contre l'humanité. Il importe de juguler à cette pratique et de la dénoncer, et de veiller à ce que les coupables soient sanctionnés, même s'il s'agit de membres du personnel des Nations Unies.

F. Femmes déplacées dans leur propre pays

54. Les femmes et les filles sont exposées au viol et à d'autres formes de violence fondée sur le sexe ainsi qu'à l'enlèvement non seulement durant le conflit armé mais encore durant la fuite et même après avoir fui la zone de conflit. Dans son rapport de 1998, la Rapporteuse spéciale a examiné en détail les problèmes particuliers auxquels se heurtent les femmes réfugiées et les facteurs qui compromettent leur sécurité d'une autre manière que celle des hommes[63]. Cela dit, depuis 1997, cependant, elle est de plus en plus préoccupée par le problème des femmes déplacées dans leur propre pays. L'épidémie de conflits internes qui sévit dans les différentes régions du monde a fait apparaître clairement que ces personnes déplacées – dont la majorité sont des femmes et des enfants[64] - étaient particulièrement exposées à la violence et aux mauvais traitements. Contrairement aux réfugiés, les personnes déplacées ne bénéficient pas de normes internationales juridiquement contraignantes expressément destinées à les protéger et à leur prêter assistance[65], et il n'existe pas non plus de mécanisme de surveillance international spécifiquement chargé de protéger et d'aider les personnes déplacées, comme le fait le HCR pour les réfugiés.

55. On constate de la part de la communauté internationale une prise de conscience croissante des problèmes particuliers des personnes déplacées, qui a abouti à la formulation des Principes directeurs relatifs au déplacement de personnes à l'intérieur de leur propre pays, présentés à la Commission des droits de l'homme par M. Francis Deng, Représentant du Secrétaire général. Ces Principes directeurs prennent en considération les besoins particuliers des femmes et des enfants déplacés et préconisent des femmes déplacées à tous les stades de la planification et de la distribution de l'aide humanitaire ainsi que la protection de ces femmes contre toutes les formes de violence, y compris le viol et les autres formes de violence visant spécifiquement les femmes, dont la prostitution forcée[66]. Même s'ils se bornent pour l'essentiel à réaffirmer certaines normes internationales en matière de droits de l'homme et de droit humanitaire,

ces Principes directeurs constituent néanmoins une avancée notable. Cela étant, nombre de personnes déplacées dans leur propre pays ne bénéficient toujours ni d'une aide humanitaire ni d'une protection internationale. Les États, auxquels il incombe de protéger leurs ressortissants, sont souvent eux-mêmes les auteurs de la violence qui provoque des déplacements de population en même temps qu'ils font obstacle aux initiatives de la communauté internationale visant à protéger les personnes déplacées et à leur fournir une aide humanitaire. Les femmes et les enfants, qui constituent la grande majorité des personnes déplacées, ne peuvent espérer bénéficier de la protection et de l'aide nécessaires tant que les États ne respecteront pas les garanties énoncées dans les normes internationales relatives aux droits de l'homme et le droit international humanitaire pour la protection des personnes déplacées et tant que la communauté internationale n'aura pas mis au point un cadre concerté pour assurer de manière plus systématique la protection des personnes déplacées dans leur propre pays[67].

56. On constate de plus en plus qu'en négligeant de tenir compte des besoins des femmes dans la conception et la construction des camps de réfugiés et lors de la prise de décisions touchant la distribution de l'aide humanitaire, on a bien involontairement exposé les femmes réfugiées à un danger permanent. Les appels qui ont été lancés récemment en faveur de l'intégration d'une perspective sexospécifique dans tous les aspects des interventions menées lors d'un conflit ou à la suite d'un conflit, y compris en ce qui concerne la conception et la construction de centres d'hébergement et l'élaboration de programmes de distribution de l'aide humanitaire, sont tout aussi valables s'agissant des personnes déplacées dans leur propre pays.

G. Militarisation

57. Les faits observés un peu partout dans le monde donnent à penser qu'un conflit armé dans une région suscite dans la société une tolérance accrue de la violence. Il ressort de plus en plus clairement que le processus de militarisation, y compris la prolifération d'armes légères, qui intervient avant et pendant un conflit, de même que la démobilisation de soldats souvent désabusés et agressifs à l'issue d'un conflit, peuvent aussi contribuer à une exacerbation de la violence contre les femmes et les filles. Lorsqu'un accord de paix a été conclu et que le conflit a pris fin, les femmes sont souvent exposées à une recrudescence de certaines formes de violence qui les visent spécifiquement, à savoir la violence dans la famille, le viol et la traite des femmes aux fins de prostitution forcée[68]. De nombreux chercheurs et militants vivant dans des zones de conflit se sont intéressés à la corrélation entre violence dans la famille et violence en temps de guerre. Un rapport sur la violence contre les femmes dans les camps de personnes déplacées et de réfugiés du Timor occidental révèle que les cas de violence dans la famille et de harcèlement sexuel y sont fréquents[69]. Malheureusement, il n'est guère tenu compte de ces considérations dans les accords de paix ni lors du processus de reconstruction engagé après le conflit.

H. Forces de maintien de la paix des Nations Unies/bases militaires

58. Les femmes peuvent aussi être victimes de violences commises par des responsables de la communauté internationale ou des membres des forces internationales chargés de les protéger. Des cas de plus en plus nombreux de viols et autres actes de violence sexuelle commis par des soldats et fonctionnaires des Nations Unies chargés du maintien de la paix ont été signalés, dont
③ le plus marquant a été l'assassinat au Kosovo, en 1999, d'une fillette albanaise âgée de 11 ans par un soldat américain[70]. En outre, tout en disculpant l'armée italienne d'exactions massives lors de l'opération de maintien de la paix menée par celle-ci en Somalie entre 1992 et 1995,

une commission d'enquête italienne a établi en revanche que des agents du maintien de la paix avaient commis des exactions, dont le viol d'une femme somalienne à l'aide d'un bâton ③ d'explosif. Des informations faisant état de tortures, de viols, d'assassinats et d'autres exactions commises par des unités de maintien de la paix ont également été enregistrées au Mozambique, en Angola, au Cambodge et en Bosnie.

59. On a également relevé que les entreprises chargées de fournir la logistique militaire aux forces de maintien de la paix et à la police des Nations Unies accroissaient généralement la demande de prostitution, voire participaient à la traite des femmes aux fins de prostitution forcée. Un rapport établi par le Haut-Commissariat aux droits de l'homme et la Mission des Nations Unies en Bosnie-Herzégovine (MINUBH) a conclu que la traite des femmes à destination de la Bosnie bénéficiait trop souvent de la complicité de la police locale ainsi que de certains membres de la police internationale et de la Force de stabilisation (SFOR)[71]. Ce rapport ⑤ cite le cas d'un civil de la SFOR ayant acheté à une tenancière de maison de prostitution deux femmes pour la somme de 7 000 deutsche marks (3 057 dollars É.-U.) et note que l'OTAN a refusé de lever l'immunité diplomatique de ce membre de la SFOR, lequel a quitté la Bosnie sans faire l'objet de poursuites judiciaires[72].

60. Le problème des sévices à enfants commis par des agents du maintien de la paix a été relevé, notamment, par Mme Graça Machel. Dans son rapport de septembre 2000 sur l'impact ④ des conflits armés sur les enfants, Mme Machel a constaté que l'arrivée de forces de maintien de la paix s'accompagnait d'un accroissement rapide de la prostitution enfantine. Ces actes et les autres actes de violence commis contre des femmes et des enfants par du personnel participant aux opérations de maintien de la paix n'étaient que rarement signalés et ne faisaient généralement pas l'objet d'une enquête. Bien que l'ONU ait pris certaines mesures réglementant la conduite de ces personnels, il restait relativement rare que des mesures disciplinaires soient prises à leur encontre[73].

61. Par ailleurs, au Japon (Okinawa), aux Philippines et en République de Corée, des femmes se sont émues de ce que la présence dans leur pays de bases et de forces militaires des États-Unis avait pour effet d'y accroître les risques de viol et d'autres actes de violence sexuelle[74]. Le 8 novembre 2000, par exemple, un soldat américain a été condamné à six ans de prison par le tribunal de première instance de Séoul pour avoir étranglé une serveuse âgée de 31 ans qui avait repoussé ses avances[75]. La présence de bases militaires à proximité de populations civiles accroît les risques de certaines formes de violence. Il importe que le gouvernement du pays hôte et le gouvernement dont relèvent les forces armées prennent les mesures qui s'imposent pour prévenir ces actes de violence et veillent à ce que les auteurs de tels actes soient poursuivis et punis dans les plus brefs délais.

62. Bien souvent, les membres des forces de maintien de la paix et de la police internationale ne sont pas assez attentifs aux besoins des femmes en matière de protection ou négligent de régler dans les meilleurs délais les cas de viol et autres crimes de violence sexuelle, perpétuant ainsi un climat d'impunité dans les régions placées sous leur contrôle. Conscient de ce problème, le Conseil de sécurité a adopté, le 17 septembre 1999 une résolution dans laquelle il a noté "qu'il importait d'inscrire dans les mandats des opérations de rétablissement, de maintien et de consolidation de la paix des dispositions spéciales de protection et d'assistance en faveur des ③ groupes qui ont besoin d'une attention particulière, notamment les femmes et les enfants" et prié le Secrétaire général de faire en sorte que le personnel des Nations Unies engagé dans

6 – Corruption au bureau de l'OIT de Lusaka

AFFIDAVIT

I, DARLINGTON MWALE of Lusaka in the Lusaka Province of the Republic of Zambia do hereby make oath and say as follows:

1. That my full names are as above.

2. That I am a Zambian national residing at G5 Zamsure Gardens, Great East road Lusaka aforesaid.

3. That I am an advocate of the High Court for Zambia practising in the firm of Messrs Chilupe and Company.

4. That one Nelson Nyirenda of Lusaka, Zambia has duly sworn an affidavit before me.

5. That the said deponent was advised of his obligations and rights regarding the deposition made by himself.

6. That I confirm that the signatures on the affidavit are those of the said deponent and myself.

7. That I depose to the foregoing verily believing the same to be true and correct.

Sworn by the said)
Darlington Mwape)
at Lusaka)
this 25th day of July 2000)

Before me ____________________
~~Commissioner of Oaths~~

Alfred J. Lungu
Commissioner for Oaths
P.O. Box 33204
Lusaka, Zambia.

AFFIDAVIT

I. NELSON NYIRENDA of Lusaka in the Lusaka Province of the Republic of Zambia do hereby make oath and say the following:

1. That my full names are as above.

2. That I am a Zambian national residing at house No. 2 Mpase Road, Chilenge South, Lusaka aforesaid.

3. That I was employed by the ILO Lusaka Area Office and served as a driver from March 1994 until October 1995.

4. That during my said employment I was involved in the importation of at least twenty (20) track loads of various goods namely: floor tiles. water taps. ceiling fans. air conditioners. paints. washing basins, toilet sits, tile grout, furniture, other general building materials and beer.

5. That the said importations were being done under the direct supervision and on orders of Mr Elasto Ngoma. PASO and Mr. Adam Simbeye, Director of the ILO Lusaka Area Office.

6. That during my said employment I was further involved in exportations of at least ten truckloads to Tanzania of goods consigned to Mr. Simbeye's residence. namely: window frames. house furniture. tiles. tile grout. door frames. water taps and other general building materials.

7. That a part of the imports referred to in (four) above were made in the name of the ILO. but in fact went for a Zambian trading companies.

⑥ 8. That once the goods arrived in the name of the ILO some were dispatched to Zambian trading companies and other to Mr. Simbeye's residence in Tanzania.

9. The said exports to Tanzania were in Mr. Simbeye's name but under the ILO seal.

10. That all the goods imported were reflected on the bill of entry forms 82 and 84 which are forms used for importation of goods for diplomatic usage. These forms were signed by Mr Ngoma. Simbeye or me and stamped by Mr Ngoma or Mr Simbeye with the ILO

seal.

11. That my involvement in these export and import operations was regarding the clearance of the goods with customs at different customs offices namely Lusaka Airport, Chirundu, Livingstone.

12. That information and instructions on these consignments I received from Mr Ngoma and Mr Simbeye.

13. That the goods were mostly carried from the points of entries by lorries of Zambezi Carriers and their drivers had instructions where to deliver the goods.

14. That the goods for re export to Tanzania were most often stored in warehouses of the "Manica Freight" company.

15. That during my employment I was at many occasions assigned by Mr Simbeye to render transportation services to his relatives living in Zambia, e.g. shopping to the far off areas, most often buying meat at the Siavonga area near the Zimbabwean border, meeting or driving them to the airport. Once I delivered a load of sand to his uncle's house and the office car was so overloaded by them that its shocks were damaged. Later it was repaired by the ILO.

16. That once on Mr Simbeye's instructions I was delivering many cans of paint from Harare to Lusaka in the ILO's car when one of the cans leaked and damaged the car. It was sent to Harare for repairs at the ILO's expenses. The paint was shipped to Tanzania.

17. That in the end of 1997, at a request of Mr. Adel Gromov, I attempted to retrieve some of the above-mentioned forms 82 and 84, but stopped these attempts after I was visited the next day at around 03.30 in the morning by two police officers and threatened by them.

18. That I depose the foregoing verily believing the same to be true and correct.

Sworn by the said)
Nelson Nyirenda)
at Lusaka)
this 25 day)
of July 2000)

Darlington Mwape (LL.B, ASCZ)
COMMISSIONER FOR OATHS

Before me ____________________

REMERCIEMENTS

L'auteur remercie les employés, fonctionnaires et anciens fonctionnaires de l'Organisation des Nations unies et de ses institutions spécialisées dont il ne peut citer les noms qui lui ont accordé leur temps et permis de mener à bien cette enquête.

Remerciements également : Nils Anderson, membre de la direction du Comité français Helsinki des droits de l'Homme, Hector Bartolomei de la Cruz, ancien directeur du Département des normes internationales de l'OIT, Maurice Bertrand, ancien membre du Corps commun d'inspection des Nations unies, professeur Jean Bonvin, président émérite du Centre de développement de l'OCDE, Fabrice Boulé (InfoSud), Michel Chossudovsky, professeur d'économie à l'Université d'Ottawa, conseiller économique et consultant d'organisations internationales, Luis Cid, secrétaire-fondateur de Syndicat sans Frontières, Michel Collon, journaliste d'investigation, auteur et réalisateur, Jacques Le Dauphin (Institut de documentation et de recherche sur la paix), Viktor Dedaj, Edward P. Flaherty, avocat, défenseur des fonctionnaires internationaux, contre-amiral Claude Gaucherand, Adel Gromov, ancien responsable de programmes de l'OIT, Luc Mampaey (Groupe de recherche et d'information sur la paix et la sécurité), Gilles Munier, secrétaire général des Amitiés franco-irakiennes, Nana Rosine Ngangoué (Inter Press Service), Guy Poussy (Codéveloppement avec le tiers monde), Albert Salon (Forum francophone international), Jacques Vigne, secrétaire-fondateur du syndicat New Wood de l'ONU, Salika Wenger, députée genevoise.

TABLE

Impression réalisée sur CAMERON par

BUSSIÈRE CAMEDAN IMPRIMERIES

GROUPE CPI

à Saint-Amand-Montrond (Cher)
en août 2004

Dépôt légal : août 2004.
N° d'impression : 043407/1.
Imprimé en France